Karl-Heinz Vanicek

Beerenobst

Anbau im Garten

Mit 16 Farbtafeln,
66 Schwarz-Weiß-Bildern, 2 Gartenplänen
und 73 Zeichnungen im Text

VEB Deutscher
Landwirtschaftsverlag
Berlin

Bildnachweis
Fotos: Heinz Kühne Abb. 95, Kurt Thiele Abb. 120
Alle übrigen Fotos sind vom Verfasser
Schwarz-Weiß-Zeichnungen (nach Vorlagen des Verfassers) und Farbtafeln:
Ernst Halwaß, Nossen

3., unveränderte Auflage 1989

DDR – 1040 Berlin, Reinhardtstr. 14
Lizenznummer 101-175/116/89
LSV 4329
Lektor: Diplomgärtner Karin Rohloff
Umschlaggestaltung: Sieghard Hawemann,
Ernst Halwaß
Printed in the GDR
Gesamtherstellung: Druckerei
Neues Deutschland, Berlin
Bestellnummer: 559 236 1
ISBN 3-331-00044-2
01300

Vorwort

Gegenstand dieses Buches ist der Anbau des Strauchbeerenobstes – Johannisbeeren, Stachelbeeren, Himbeeren, Brombeeren, Gartenheidelbeeren sowie der Weinrebe – und der Erdbeere im Garten. Im Anhang ist außerdem die Beschreibung des Haselnußstrauches – einer Strauchobstart – zu finden.

Der überwiegende Anteil des Beerenobstes befindet sich in Gärten. Alljährlich werden von den Gartenfreunden weitere Beerensträucher und Erdbeeren gepflanzt. Dabei handelt es sich sowohl um die Bepflanzung neu eingerichteter Wochenend- und Kleingärten als auch um Ersatzpflanzungen für abgängige Anlagen und Sträucher in bestehenden Klein-, Haus- und Siedlergärten.

Diese Schrift will dazu beitragen, die Gartenfreunde zu befähigen, die beabsichtigte Pflanzung und Pflege des Beerenobstes mit dem größten Nutzeffekt durchzuführen und die Ertragsfähigkeit der bestehenden Pflanzungen zu erhöhen, zu ihrem eigenen und der Allgemeinheit Nutzen. Um die dazu nötigen Kenntnisse und Fertigkeiten zu vermitteln, wurden den Einzelbeschreibungen der verschiedenen Beerenobstarten allgemeine Ausführungen über die Grundlagen des Beerenobstbaues sowie Pflanzung, Pflege, Ernte und Verarbeitung des Beerenobstes vorangestellt.

Dem Gartenfreund wünsche ich bei allen seinen Bemühungen viel Freude, Erfolg und volle Körbe.

Karl-Heinz Vanicek

Inhaltsverzeichnis

Allgemeiner Teil

Bedeutung des Beerenobstanbaues im Garten

Obst ist ein besonders wohlschmekkendes, erfrischendes, saftreiches und bekömmliches Nahrungsmittel. Sein Wohlgeschmack kann durch Zubereitung und Verarbeitung noch gesteigert werden. Aus ihm lassen sich eine Vielzahl hervorragender Kompotte, Säfte, Gelees, Konfitüren und Marmeladen herstellen. Das gilt ganz besonders für Beerenobst, dessen Verarbeitungsprodukte sich durch intensives Aroma, ansprechende und intensive Färbung und erfrischenden Geschmack auszeichnen. Diese vorteilhaften Eigenschaften der Früchte, verbunden mit günstigen Anbaueigenschaften, wie geringer Platzbedarf der Sträucher, kurze ertragslose Zeit, zeitige und sichere, gleichmäßige Erträge, haben das Beerenobst schon früh in den Gärten heimisch werden lassen. Ein weiterer Grund ist der hohe Zeitbedarf für das Pflücken, der zu einem viel zu geringen Angebot auf dem Frischmarkt führt und den Gartenfreund veranlaßt, seinen Bedarf aus dem eigenen Garten zu decken. Von Vorteil ist hierbei, daß das selbstgeerntete Beerenobst unbedingt frisch, vollreif, ohne nennenswerten Verlust an Inhaltsstoffen geerntet, genossen und verarbeitet werden kann.

Gesundheitliche Bedeutung des Beerenobstes

Neben energiereicher eiweiß-, fett- und kohlenhydrahthaltiger Nahrung, wie Fleisch, Fett und Getreideprodukte, benötigt der Mensch für eine gesunde Ernährung Mineralstoffe, Fruchtsäuren sowie Schutz- und Ergänzungsstoffe, wie Vitamine, Hormone und Fermente, ferner Ballaststoffe. Alle diese Stoffe sind in wirksamer Form vor allem im Beerenobst enthalten. Zwar enthält auch Gemüse in hohem Maße Vitamine und Mineralstoffe neben Ballaststoffen, doch wird es, im Gegensatz zu Obst, vor dem Verzehr meist gekocht oder gedünstet, wobei ein großer Teil der Inhaltsstoffe verlorengeht bzw. zerstört wird. Obst wird größtenteils roh verzehrt, und selbst dort, wo es verarbeitet wird, können Gewinnung und Verarbeitung wertstoffschonend erfolgen. Von größter Bedeutung unter den Schutzstoffen sind die **Vitamine**. Frisches Beerenobst ist besondes reich an Vitamin C. Daneben kommen in allen wichtigen Beerenobstarten auch Vitamin A und B in geringen Mengen vor. Um einen Tagesbedarf von 50 mg Vitamin C allein durch Beerenobst zu decken, wäre der Genuß (an reifen Früchten) von jeweils

330 g Brombeeren,
250 g Heidelbeeren,
200 g Himbeeren,

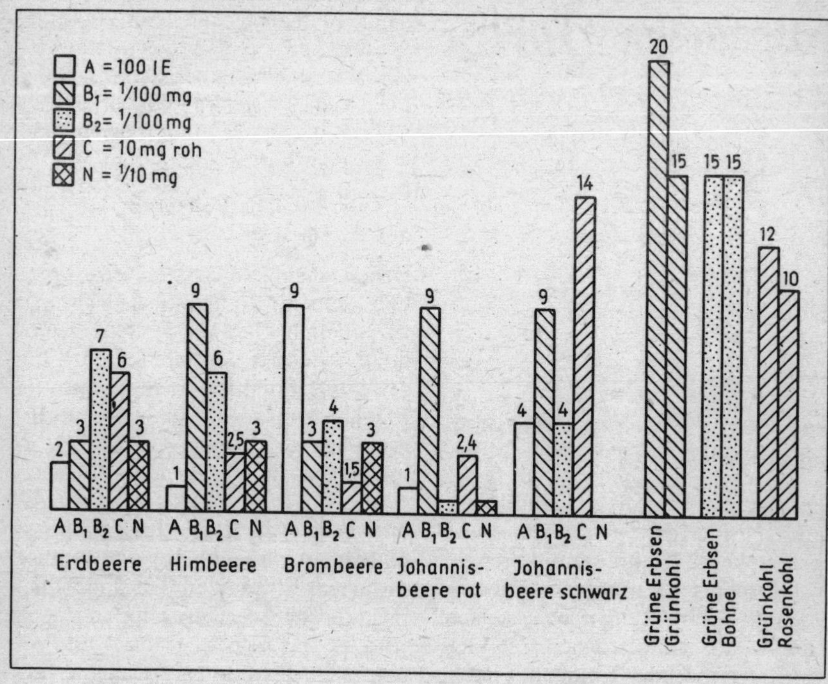

Abb. 1 Vitamingehalt der wichtigsten Beerenobstarten je 100 g Frischsubstanz (zum Vergleich einige Gemüsearten)

210 g roten Johannisbeeren,
140 g Stachelbeeren,
85 g Erdbeeren,
35 g schwarzen Johannisbeeren,
600 g Äpfeln (zum Vergleich)
erforderlich.

Die im Beerenobst in leicht aufnehmbarer Form enthaltenen **Mineralsalze und Spurenelemente** (Kalk, Kalium, Eisen, Magnesium) sind wichtig für den Aufbau des Körpers sowie für die Verdauung und den Stoffwechsel. Der hohe Basengehalt bindet die beim Stoffwechsel entstehenden Säuren und Schlackenstoffe und bewirkt deren schnelle Abscheidung.

Geschmacksstoffe, ätherische Öle und Fruchtsäuren, Fermente, Pektine und Rohfaserstoffe wirken in bestimmter Weise regulierend auf die Stoffwechselvorgänge ein. Dabei beruht die Bedeutung der erstgenannten Stoffe vor allem auf ihrer Eigenschaft, den Appetit, den Speichelfluß und die Magendurchblutung anzuregen, die der letzteren, die Tätigkeit des Magens sowie des Darms zu fördern.

Wirtschaftliche Bedeutung des Beerenobstanbaues im Garten

70 % der Beerenobstanbaufläche befinden sich in Gärten bzw. in Selbst-

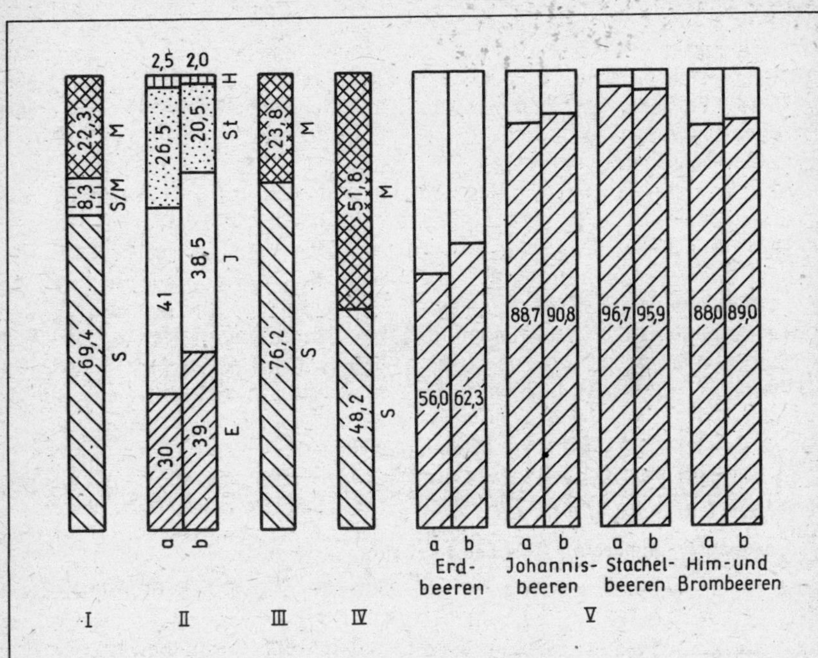

Abb. 2 Bedeutung der Beerenobstproduktion im Garten
Anteil der Selbstversorger am Beerenobstanbau
(eine Säule = 100 %)

I. Anteil des Selbstversorgerobstbaues an der Beerenobstanbaufläche 1975, geschätzt
II. Anteil der Beerenobstarten an der Beerenobstanbaufläche 1975, geschätzt
a = des Selbstversorgeranbaues, b = des Beerenobstanbaues insgesamt
III. Anteil des Selbstversorgerobstbaues an der Beerenobstproduktion 1976–1980, nach Obstertragsschätzung
IV. Anteil des Selbstversorgerobstbaues an der Bereitstellung von Beerenobst für den Markt (staatliches Aufkommen) 1980
V. Anteil des Selbstversorgerobstbaues an den einzelnen Beerenobstarten
a = an der Ertragsfläche 1975, geschätzt
b = am Beerenobstertrag insgesamt 1976–1980, nach Obstertragsschätzung

Zeichenerklärung:
S = Selbstversorgerobstbau
S/M = Marktobstbau (von 0,1–1 ha Anbaufläche) bei II.–V. unter SV geführt
M = Marktobstbau (über 1 ha Anbaufläche)
E = Erdbeere
J = Johannisbeere
St = Stachelbeere
H = Him- und Brombeere

versorgeranlagen. 76 % des produzierten Beerenobstes wachsen in Gärten heran, und 48 % des staatlichen Aufkommens an Beerenobst stammen aus Selbstversorgeranlagen bzw. Anlagen von Kleinproduzenten. Stellt man den Anteil der Selbstversorger an der Anbaufläche (Ertragsfläche) und am Gesamtertrag gegenüber, wird deutlich, daß bei allen Beerenobstarten die auf die Fläche bezogene Produktionsleistung der der marktversorgenden Betriebe gleichkommt oder sie übertrifft. Dabei darf als sicher angenommen werden, daß in vielen Fällen aus Unkenntnis und Zeitmangel die Pflege- und Erntearbeiten im Garten nur unzureichend und unzweckmäßig durchgeführt und die den Beständen innewohnenden Ertragsmöglichkeiten nur ungenügend ausgenutzt werden.
Um die in den Gärten, speziell bei Beerenobst vorhandenen Ertragsreserven voll zu erschließen und gleichzeitig die Versorgung der Bevölkerung mit Beerenobst zu verbessern, sollte es sich jeder Gartenfreund angelegen sein lassen, die notwendigen Kenntnisse zu erwerben und weiterzugeben.

Botanische Grundlagen des Beerenobstanbaues

Der Gartenfreund, der ständig mit Obstgewächsen und anderen Gartenpflanzen umgeht, sollte sich auch mit den wichtigsten botanischen Fragen des Beerenobstes befassen.

Bau und Wachstum der Beerenobstgewächse

Ganz gleich, wie alt ein Obstgehölz ist, stets können wir drei Organe unterscheiden: die Wurzel, den Sproß (Ast, Trieb) und das Blatt. Diese Organe sind selbst wieder zusammengesetzt aus unzähligen kleinen Gebilden, den Zellen, die zu Zellverbänden, den sogenannten Geweben, zusammengefügt sind.
Je nach den Aufgaben, die die einzelnen **Gewebe** zu erfüllen haben, sind die Zellen von unterschiedlicher Beschaffenheit. Zu unterscheiden sind Hautgewebe, Grundgewebe, Leitgewebe und Festigungsgewebe. Mit Ausnahme des Hautgewebes sind die verschiedenen Gewebearten eng miteinander verbunden und verflochten.
Neben diesen fertigen, voneinander deutlich zu unterscheidenden Geweben (Dauergeweben) finden wir in den Wachstumszonen der Pflanze außerdem **Bildungsgewebe**, d. h. unfertiges Gewebe, das während der Wachstumszeit in ständiger Teilung begriffen ist und dessen neugebildete Zellen sich anschließend strecken. Bildungsgewebe befindet sich als sogenannter Vegetationspunkt oder Vegetationsscheitel an der Spitze der Wurzeln und der Triebe sowie in den Knospen und bewirkt hier das Längenwachstum dieser Organe. Ferner finden wir Bildungsgewebe in einer dünnen Zellschicht als **Kambium** zwischen Holz und Rinde eingelagert. Es bewirkt in älteren Pflanzenteilen das Dickenwachstum.

Die Wurzel

Aufgabe der Wurzel ist es, die Pflanze fest im Boden zu verankern, vor allem aber Wasser und Nährstoffe aus dem Boden aufzunehmen und zu den Sproßorganen weiterzuleiten. Ferner nimmt sie an der Umwandlung und

Speicherung der Nährstoffe teil. Nach der Stärke ihrer Ausbildung unterscheiden wir Haupt-, Neben- und Faserwurzeln. An den Nebenwurzeln sitzen die **Faserwurzeln**, die eigentlichen aktiven Wurzelteile, an denen sowohl das Wachstum als auch die Nährstoffaufnahme vonstatten gehen. Beerenobst wird bis auf wenige Ausnahmen, vor allem Neuzüchtungen, ungeschlechtlich vermehrt. Die Wurzeln gehen hier nicht auf das Keimwürzelchen des Sämlings zurück, sondern es sind **Adventivwurzeln**, d. h. aus Sproßgewebe völlig neu entstandene Wurzeln.

Der Sproß

Die Beerenobstarten bauen ihren Sproß, d. h. ihre dauerhaften oberirdischen Teile, im Laufe der Zeit aus jährlich an Zahl zunehmenden Jahrestrieben auf, die je nach Art ausdauernde Gewächse von wechselnder Gestalt bilden.

Strauchartig wachsende Gehölze, wie Johannis- und Stachelbeere, entwikkeln aus dem Wurzelstamm heraus mehrere gleichstarke Äste, die ständig von weiteren aus der Astbasis und dem Wurzelstock entspringenden Jungtrieben ergänzt werden.

Schößlingsträucher, zu denen wir Himbeeren und Brombeeren rechnen, sind dadurch gekennzeichnet, daß aus dem Wurzelstock starke Ruten von begrenzter Lebensdauer entspringen, die im folgenden Jahr fruchtbare Seitentriebe entwickeln und nach dem Ertrag gewöhnlich absterben. Neue Ruten entstehen aus dem Wurzelstock, der Rutenbasis und aus unterirdischen Ausläufern.

Klettergehölze entwickeln aus dem Wurzelstock einen oder wenige Stämme mit starkem Längenwachstum, die sich nicht selbst tragen, sondern an einer Stützvorrichtung emporranken. Von den heimischen Beerenobstgehölzen gehört die Weinrebe hierzu.

Als einziges Beerenobstgewächs ist

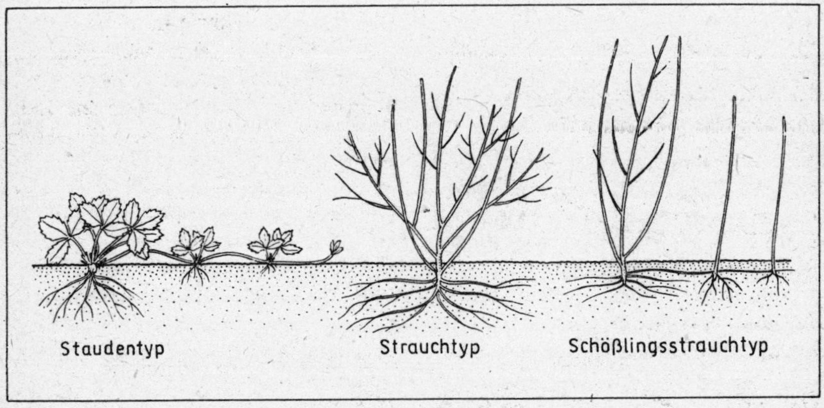

Abb. 3 Sproßformen des Beerenobstes

die Erdbeere eine **Staude**, d. h. ein ausdauerndes, krautartiges Gewächs mit kurzem, wenig verzweigtem, rosettenartigem Sproß und nach der Blüte erscheinenden fadenförmigen Ausläufern.

Die **Aufgabe des Sprosses** ist es, mit Hilfe seiner Blätter Kohlendioxid aus der Luft aufzunehmen (zu assimilieren) und Blüten und Früchte zu tragen sowie Nährstoffe und Assimilate zwischen den Organen, den eigenen Wachstumszonen und den Wurzeln zu leiten und Reservestoffe zu speichern.

Der aktive Teil des Sprosses ist der **Trieb**, also das jüngste Sproßorgan. An ihm findet sowohl das Längenwachstum als auch die Entwicklung der Blätter, Blüten und Früchte statt.

Nach außen ist der Sproß anfangs durch die Oberhaut, später durch die **Rinde** geschützt, die in ihren äußeren Schichten verkorkt ist. Die Rinde stirbt späterhin ab und wird durch eine neue ersetzt, die sich tiefer im Gewebe bildet. Die absterbende Rinde bildet mit der Masse der abgestorbenen Bastzellen die **Borke**, die sich bei alten Gehölzen in Schuppen oder Streifen ablöst.

Die in den Blattachseln der Triebe befindlichen **Knospen** sind ebenfalls als Sproßgebilde aufzufassen. In ihnen wird der Sproß des kommenden Jahres bis zum Herbst weitgehend vorgebildet. Sie stellen gewissermaßen die Überwinterungsform des jungen Sprosses dar.

Entsprechend ihrer Ausbildung lassen sich Lang- und Kurztriebe unterscheiden. **Langtriebe** sind kräftig entwickelte Triebe, zumeist auf den günstig gestellten oberen Teilen der Krone bzw. vorjähriger Triebe sowie aus Adventivknospen an der Strauchbasis hervorgegangen. Dagegen sind **Kurztriebe** nur schwach entwickelt, meist mit gedrängt stehenden Blättern und zahlreichen Blütenknospen. Sie gehen aus den Seitenknospen der Lang- und Kurztriebe hervor.

Besonderheiten der Trieb- und Knospenbildung

Vom Baumobst unterscheidet sich die Triebentwicklung des Strauchbeerenobstes dadurch, daß sowohl Lang- als auch Kurztriebe regelmäßig blühfähige Knospen tragen. Als Ausnahme gilt, daß aus schlafenden Knospen und aus Erneuerungsknospen hervorgehende Triebe in der Regel unfruchtbar sind, also keine Blütenknospen tragen. Erst die folgende Triebgeneration ist fruchtbar.

Auch die Knospenbildung unterscheidet sich wesentlich vom Baumobst. Zu erkennen sind kombinierte Knospen, Holzknospen und Blütenknospen.

Kombinierte Knospen weisen neben einer oder zwei Triebanlagen eine oder mehrere Blütenanlagen auf. Mitunter gelangen die Blütenanlagen hier nicht zur Entfaltung. Kombinierte Knospen finden sich vor allem an kräftig entwickelten Langtrieben, d. h. Trieben über 20 cm Länge, und grundsätzlich bei der Weinrebe.

Holzknospen weisen gewöhnlich nur eine Triebanlage auf; sie finden sich bevorzugt an der Spitze von Seitentrieben. Besondere Formen der Holzknospen sind die kuppelförmigen Gipfelknospen an der Spitze gut entwickelter und ausgereifter Langtriebe so-

wie die adventiven Erneuerungsknospen an älteren Gerüstästen, vor allem an deren Basis.
Blütenknospen enthalten je nach Entwicklungsstärke eine oder mehrere Blütenanlagen. Sie befinden sich vor allem an den Kurztrieben sowie an der Basis von Langtrieben, ferner als Nebenknospen kräftig entwickelter kombinierter Knospen an Langtrieben.
Diese Art der Knospenentwicklung bewirkt die hohe Ertragssicherheit des Strauchbeerenobstes. Die am besten ausgebildeten Blütenstände finden sich an etwa 3- bis 5jährigen Gerüstastsystemen mit kräftigem Zuwachs in den Spitzenregionen von wenigstens 10 bis 20 cm Länge. Dieser Zuwachs muß sowohl durch entsprechende Düngung als auch durch Maßnahmen der Kronengestaltung gesichert werden.
Aus den **Triebanlagen einer kombinierten Knospe** gehen gewöhnlich nur ein längerer Trieb und eine Blattrosette hervor. Je nach der Entwicklungsstärke der Triebanlagen entwikkeln sich aus ihnen Langtriebe (20 cm lang und länger) oder Kurztriebe unterschiedlicher Länge bis hinunter zur Blattrosette mit mehreren gedrängt stehenden Blütenknospen (Büscheltrieb). Die Wuchsstärke der Austriebe nimmt von der Spitze zur Basis des Ausgangstriebes bis zur völligen Knospenruhe ab.
Bei den **Schößlingssträuchern** Himbeere und Brombeere entstehen in der Regel Langtriebe nur aus Knospen an der Strauchbasis bzw. aus unterirdischen Ausläufern und Wurzelknospen. In allen ihren Blattachseln entwickeln sich potentielle Blütenknospen. Erst aus diesen gehen von unten nach oben an Wuchsstärke abnehmende Kurztriebe hervor, die mit einem Blütenstand abschließen.
Ebenso wie die gesamte Wuchsform ist auch die Trieb- und Knospenbildung bei der **Weinrebe** von der des Strauchbeerenobstes verschieden. Die Besonderheiten sind in der Beschreibung der Weinrebe erläutert.

Das Blatt

Assimilation, Verdunstung des größten Teils des aufgenommenen Wassers und Atmung sind die Aufgaben der an den Trieben befindlichen Laubblätter. Das **Laubblatt** besteht aus der Blattspreite und dem Blattstiel und sitzt mit dem verbreiterten Grund des Blattstiels der Sproßachse auf. Vielfach wird der Blattstiel von zwei sorteneigentümlichen, fiederförmigen **Nebenblättchen** flankiert, z. B. Himbeere. Die eigentümliche Blattform, die große Blattfläche und der dünne Querschnitt stellen eine Anpassung an die besonderen Aufgaben dar, die das Laubblatt zu erfüllen hat.
Dafür ist das Laubblatt auch im Innern entsprechend ausgebildet. Ober- und Unterseite der Blattfläche sind durch eine **Oberhaut** geschützt, ein einschichtiges, blattgrünfreies Hautgewebe, das auf der Außenseite noch von einer wachsartigen Haut, der **Kutikula**, überzogen ist. An die Hautschicht der Oberseite schließt sich das sehr blattgrünreiche **Palisadengewebe** an, in dem hauptsächlich die Assimilation stattfindet. Darunter folgt das blattgrünärmere, von zahlreichen Zellzwischenräumen durchsetzte

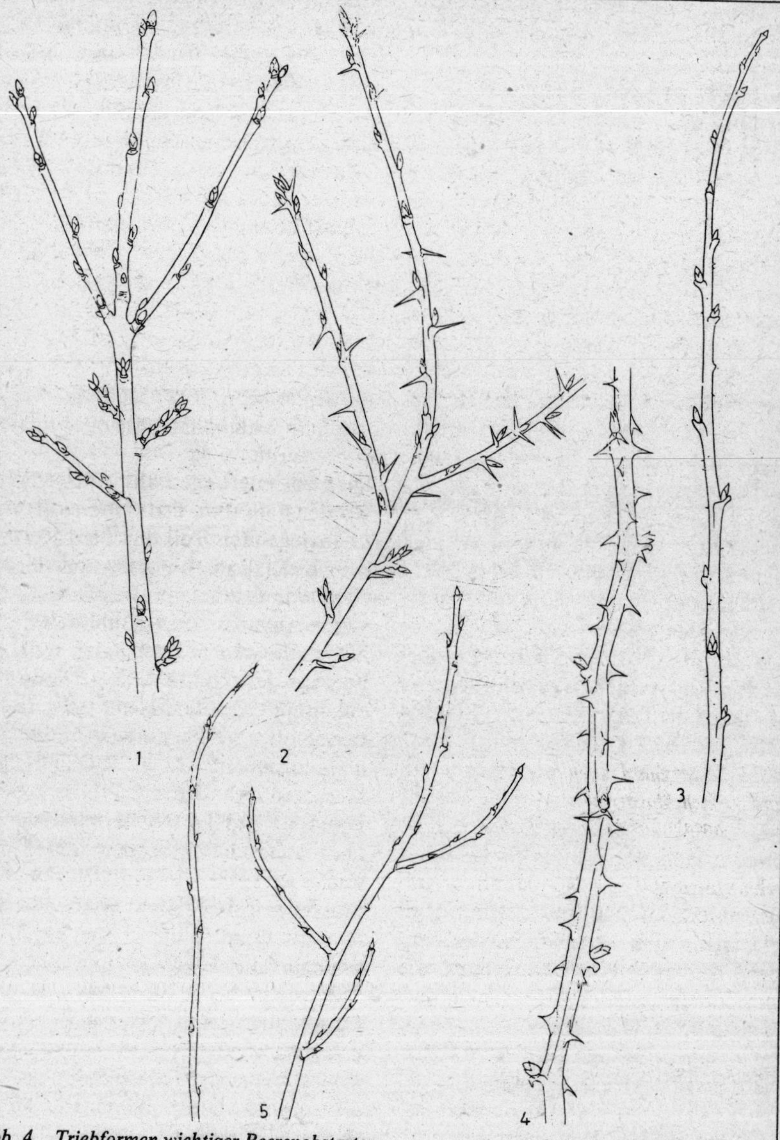

Abb. 4 Triebformen wichtiger Beerenobstarten
1 = Johannisbeere, 2 = Stachelbeere, 3 = Himbeere, 4 = Brombeere, 5 = Gartenheidelbeere

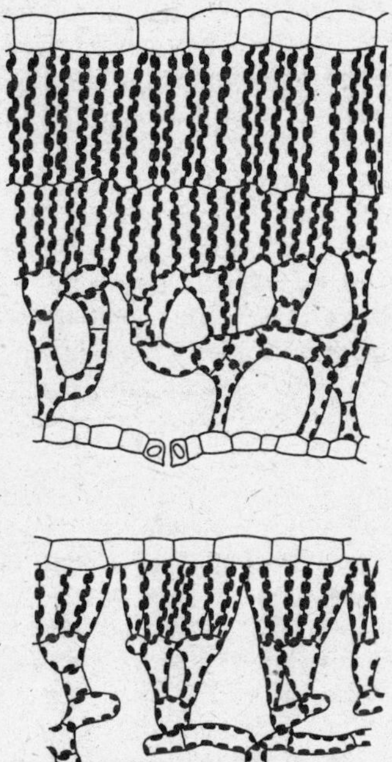

Abb. 5 Querschnitt durch Laubblätter (Hasel) (nach Mägdefrau) Oben Sonnenblatt, unten Schattenblatt

Schwammgewebe. Die Oberhaut der Blattunterseite ist mit zahlreichen **Spaltöffnungen** versehen. Diese sind verschließbare kleinste Öffnungen, die eine Verbindung mit der Außenluft herstellen.

Nährstoffaufnahme der Beerenobstgewächse

Im Gegensatz zu den Tieren benötigen die grünen Pflanzen zum Aufbau und zur Erhaltung ihres Körpers keine vorgebildeten organischen Stoffe wie Zucker und Eiweiß. Die Pflanzen sind imstande, mit Hilfe der aus dem Sonnenlicht gewonnenen Energie aus einer Reihe von Grundstoffen die benötigten organischen Stoffe selbst herzustellen. Folgende **chemische Elemente** sind zum Aufbau und zur Ernährung der Obstgehölze erforderlich:

In größeren Mengen

Stickstoff, Phosphor, Kalium, Kalzium, Magnesium, Eisen und Schwefel = Makronährstoffe.

In geringeren Mengen

Kupfer, Bor, Zink, Mangan, Molybdän = Mikronährstoffe oder Spurenelemente.

Während der ebenfalls erforderliche Kohlenstoff und der Sauerstoff zum überwiegenden Teil aus dem Kohlendioxid der Luft stammen und der nötige Wasserstoff ein Bestandteil des Wassers ist, werden alle übrigen Stoffe als im Wasser gelöste Salze bzw. Ionen aus dem Boden aufgenommen.

Wichtig für das Leben der Pflanzen ist ferner das **Wasser**. Die genannten Nährstoffe müssen in Wasser gelöst sein, wenn sie von der Pflanze aufgenommen und verarbeitet werden sollen. Auch der Transport der Nährstoffe sowie der Assimilate ist nur in Wasser gelöst möglich. Wasser ist ferner notwendig zum Aufbau der pflanzlichen Substanz und um den Pflanzenzellen die erforderliche Straffheit zu geben. Der Pflanzenkörper besteht in holzigen Teilen zu 40 bis 50 %, in den Blättern zu 50 bis 87 % und in den Früchten zu 80 bis 95 % aus Wasser.

Die **Aufnahme** der im Bodenwasser gelösten **Nährstoffe** erfolgt durch die

Wurzel, genauer gesagt durch die Wurzelhaare. Diese dringen zwischen alle Bodenteilchen und saugen das zwischen ihnen befindliche Wasser auf. Von den Faserwurzeln steigt das Wasser in den Gefäßen des Holzteiles durch Wurzel, Stamm und Äste bis in die Blätter. Der **Transport** des Wassers wird vor allem durch die Verdunstungstätigkeit der Blätter bewirkt. Durch sie werden zugleich die Nährstoffe in den Geweben des Blattes angereichert. Das Wasser tritt in Form von Wasserdampf aus den Spaltöffnungen aus.

Durch die gleichen Spaltöffnungen tritt auch die atmosphärische Luft in das Innere des Blattes und gelangt durch die zahlreichen Zellzwischenräume mit den Zellen in Berührung. Diese nehmen das in der Luft enthaltene Kohlendioxid auf. In den Blattgrünkörperchen der grünen Pflanzenzelle wird unter dem Einfluß des Sonnenlichts Wasser in Wasserstoff und Sauerstoff gespalten. Während der Sauerstoff entweicht, tritt der Wasserstoff mit dem Kohlendioxid zu organischen Verbindungen (Assimilaten) zusammen. Diesen Vorgang nennt man Photosynthese bzw. **Assimilation**; das Ergebnis sind Kohlenhydrate (Zucker, Stärke, Zellulose). Im weiteren Verlauf entstehen auch Fette und Öle. Die aufgenommenen Stickstoff-, Phosphor- und Schwefelverbindungen werden mit Kohlenhydraten und Spaltprodukten zu Eiweiß- und anderen Verbindungen umgebildet.

Die für die Wachstums- und Lebensvorgänge benötigte Energie erhält die Pflanze durch die **Atmung**. Unter Sauerstoffaufnahme wird organische Substanz abgebaut und Kohlendioxid an die Außenluft abgegeben. Während der Aufbau pflanzlicher Substanz, die Kohlenstoffassimilation, nur am Tage erfolgt, geht die Atmung, der Abbau, auch bei Nacht vonstatten. Der Atmung dienen im Blatt die Zellzwischenräume, bei Sproß und Wurzel Gewebespalten in den Markstrahlen, die in den Lentizellen nach außen münden. Lentizellen sind die weißgrauen bis braunen Korkwärzchen, die auf den Trieben zu erkennen sind.

Blühen und Fruchten

Blütenbildung

Eine besonders schätzenswerte Eigenschaft des Beerenobstes allgemein ist die hohe Fruchtbarkeit und Ertragssicherheit. Als vegetativ vermehrte Pflanzen sind bereits die jungen Gehölze fruchtbar, d. h. blüh- und fruchtungsfähig. Sobald die frisch gepflanzte Jungpflanze angewachsen ist und die normale Triebbildung eingesetzt hat, kann mit der Bildung von Blütenknospen gerechnet werden.

Die **Anlage von Blütenknospen** erfolgt auf Grund bestimmter innerer und äußerer Bedingungen bereits im Vorjahr in der Zeit von Anfang Juli bis Anfang September. Bis zum Eintritt des Winters sind die Blütenorgane weitgehend vorgebildet. Vom Beginn des Knospenschwellens bis zum Austreiben der Blütenknospen bilden sich dann vor allem die inneren Blütenorgane endgültig aus.

Die Ausbildung kräftiger Blütenknospen erfordert **ausreichende Nährstoffversorgung** und ein günstiges enges Verhältnis der Assimilate zu den Nährstoffen. Solche Blütenknospen bilden sich nur an kräftigen, gut ernährten Langtrieben, an Astsystemen, die nicht älter als 3 bis 4 Jahre alt sind. Deshalb ist es erforderlich, durch sachgemäßen Pflanzenschutz das Laubwerk einschließlich der Knospen gesund und leistungsfähig zu erhalten und durch sachgemäße Kronengestaltung für ausreichende Belichtung und Erneuerung aller Kronenteile zu sorgen.

Bau der Blüten

Die aus den Blütenknospen hervorgehenden Blüten, die gewöhnlich zu mehreren in Blütenständen angeordnet sind, sehen bei jeder Beerenobstart anders aus und zeigen doch eine große Übereinstimmung.

Die Blüten des Beerenobstes sind zwittrig, d. h. männliche und weibliche Organe befinden sich in einer Blüte. Dem Blütenstiel sitzt der Blütenboden auf, an dessen Rand sich 5 grüne **Kelchblätter** befinden, die die junge Knospe schützen. Den meist behaarten Kelchblättern folgen nach innen zu 5 vielfach auffällig gefärbte **Kronblätter**, sodann der Kreis der **Staubblätter**, der männlichen Organe der Blüte. Ein Staubgefäß besteht aus dem Staubfaden und dem meist keulig verdickten Staubbeutel, der den Blütenstaub enthält.

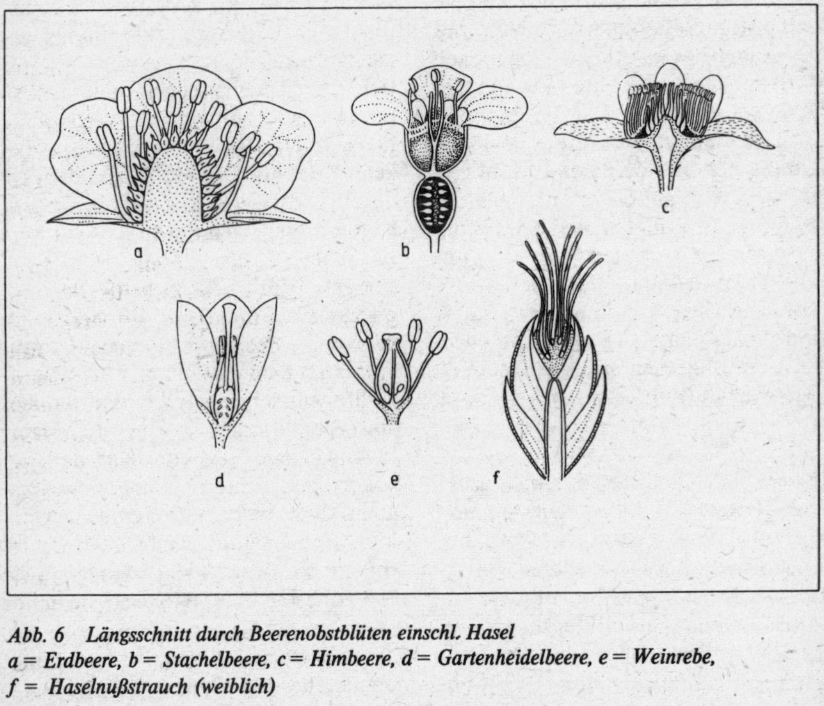

Abb. 6 Längsschnitt durch Beerenobstblüten einschl. Hasel
a = Erdbeere, b = Stachelbeere, c = Himbeere, d = Gartenheidelbeere, e = Weinrebe, f = Haselnußstrauch (weiblich)

Die Mitte der Blüte wird von den **Fruchtblättern** eingenommen, die das weibliche Organ der Blüte, den oder die Stempel, bilden. Der **Stempel** besteht im einfachsten Fall aus dem keulig erweiterten Fruchtknoten mit den Samenanlagen, dem darauf stehenden stielartigen Griffel und der oberen scheibenartigen Verbreiterung des Griffels, der Narbe.

Die Blüten der zu den Rosengewächsen gehörenden Arten **Erdbeere, Himbeere** und **Brombeere** sind groß und auffällig. Kelch- und Kronblätter sind gut ausgebildet, Staub- und Fruchtblätter sind zahlreich. Demgegenüber sind die Blüten der **Stachel-** und **Johannisbeeren** kleiner und unscheinbarer. Sie enthalten nur 5 unauffällige kleine Kronblätter, 5 Staubblätter und einen dem Fruchtknoten aufsitzenden zweizipfligen Griffel. Bei der **Gartenheidelbeere** sind die Kelchblätter stark verkleinert, und die weißlichen Kronblätter sind zu einer Glocke verwachsen. 8 Staubblätter und ein fadenförmiger Griffel sind säulenförmig angeordnet. Noch kleiner und unscheinbarer ist die Blüte der **Weinrebe**. Die kleinen, grünen Kronblätter sind seitlich und oben zusammengewachsen und lösen sich bei Reife als „Mützchen“ vom Kelchrand.

Fruchtbildung

Unsere Beerenobstarten sind **Insektenblütler**, das heißt, die Bestäubung wird überwiegend von Insekten besorgt. Dazu haben die Blüten besondere Einrichtungen, nämlich am Grunde der als Lockmittel dienenden Kronblätter Nektarien. Dies sind Drüsen, die einen zuckerhaltigen Saft absondern, der neben dem Blütenstaub von den Insekten gesammelt wird. Außerdem ist der Blütenstaub klebrig und bleibt leicht am Körper der blütenbesuchenden Insekten haften.

Sobald sich im Frühjahr die Blüte öffnet, ist die **Narbe** in der Regel empfängnisfähig. Zwei Tage später sind im allgemeinen auch die Staubbeutel reif, platzen und geben den **Blütenstaub** frei. Die reife Narbe sondert eine süße, klebrige Ausscheidung ab, die die winzig kleinen **Pollenkörnchen** festhält und zum Keimen anregt. Die Pollenkörner treiben Pollenschläuche, die durch das lockere Gewebe des Griffels bis zu den im Fruchtknoten befindlichen **Samenanlagen** vordringen. Jeweils ein Pollenschlauch befruchtet eine Samenanlage.

Bei dem mehrsamigen Beerenobst kommt es darauf an, daß sich **möglichst viele Samenanlagen** entwikkeln. Wird ein Teil der Samenanlagen durch Frost oder andere ungünstige Witterungserscheinungen sowie Krankheiten zerstört, häufig bei Erdbeeren, Him- und Brombeeren, so wächst die Frucht nur auf der Seite oder dem Teil des Blütenbodens mit normaler Samenbildung. Nicht oder nicht genügend befruchteter Samen führt bei Weinreben und Schwarzer Johannisbeere zum „Rieseln“ der angesetzten Früchte. Je mehr entwicklungsfähige, befruchtete Samenanlagen Johannisbeer- und Stachelbeerfrüchte enthalten, um so größer werden sie.

Beerenobst ist praktisch **selbstfruchtbar**, einer der Gründe für die hohe Ertragssicherheit. Bereits Bestäubung der Narbe mit Pollen der gleichen

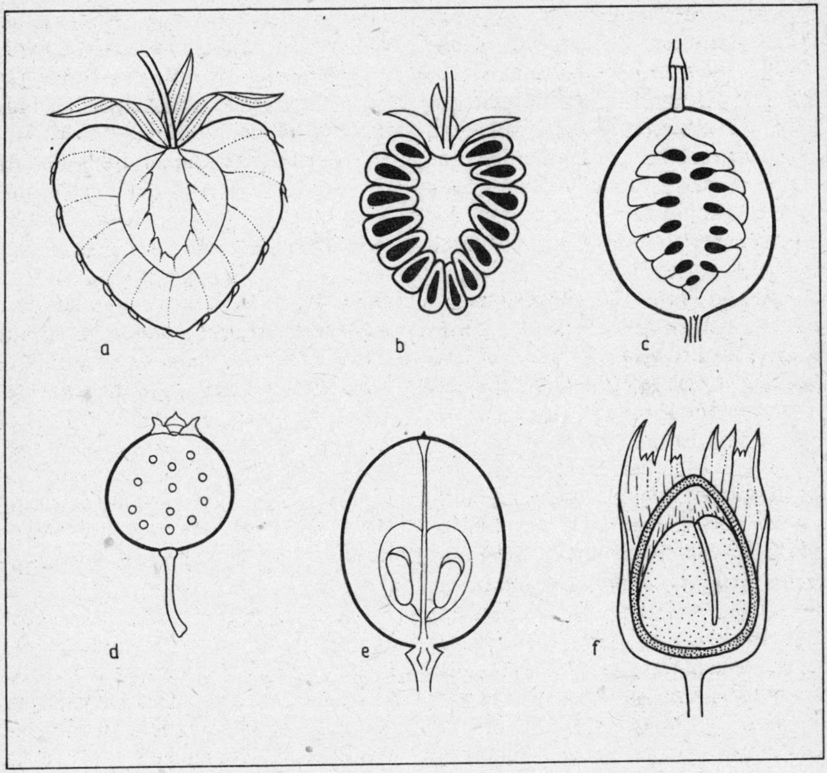

Abb. 7 Längsschnitt durch Beerenobstfrüchte einschl. Hasel
a = Erdbeere, b = Himbeere, c = Stachelbeere, d = Gartenheidelbeere, e = Weinbeere, f = Haselnuß

Blüte oder auch einer anderen Blüte der gleichen Pflanze bzw. Sorte führt hier zur Befruchtung.

Aus dem mit dem Blütenboden verwachsenen Fruchtknoten von Johannisbeere, Stachelbeere, Gartenheidelbeere und Wein entsteht eine **Beere**, die zahlreiche Samen enthält. Je nachdem, wie viele Fruchtblätter am Aufbau des Fruchtknotens beteiligt sind, ist dieser ein- oder mehrfächrig. Aus den drei Gewebeschichten des Fruchtknotens entstehen außen die Haut, die nächste Schicht ist fleischig ausgebildet, und die innere Schicht, in die die Samen eingebettet sind, ist gallertig-saftig.

Außer dem Fruchtknoten nehmen häufig auch andere Blütenteile an der Fruchtbildung teil, so insbesondere der Blütenboden, während die übrigen Blütenteile absterben oder sich nicht weiterentwickeln. Die Frucht der Erdbeere wird ausschließlich aus dem fleischig gewordenen, vergrößerten Blütenboden gebildet. Man bezeichnet sie deshalb als **Scheinfrucht**. Die zahlreichen eigentlichen Früchte sind in Form kleiner Nüßchen in die Außenhaut der Scheinfrucht eingesenkt, die deshalb gleichzeitig eine **Sammelfrucht** (Sammelnußfrucht) ist. Die Früchte der Himbeere und der Brombeere sind ebenfalls Sammelfrüchte. Sie bestehen aus zahlreichen kleinen einsamigen fleischigen Steinfrüchten, welche sich auf dem verbreiterten Blütenboden entwickelt haben und durch einen zarten Haarfilz aneinander haften (Sammelsteinfrucht).

Der Standort und seine Eignung für den Beerenobstanbau

Als Standort bezeichnen wir die natürlichen Umweltbedingungen. Die sicht- bzw. meßbaren Teile der natürlichen Umwelt sind Boden, Klima und Geländeoberfläche. Diese Faktoren und ihre Eigenschaften stehen in engster Wechselbeziehung zueinander und gestalten so die jeweiligen Standortverhältnisse.

Der Standort soll den **Ansprüchen der** betreffenden **Obstarten** und -sorten weitgehend **entsprechen**. Diese werden stets dort ihre höchsten Leistungen aufweisen, wo sie ähnliche Bedingungen vorfinden wie in ihrem Ursprungsgebiet. Darüber hinaus sind sie natürlich in der Lage, sich den gegebenen Verhältnissen mehr oder weniger anzupassen.

Im Selbstversorgerobstbau ist der **Standort gegeben.** Hier kommt es darauf an, solche Arten und Sorten für den Anbau auszuwählen, deren Ansprüche mit den Standortbedingungen am besten übereinstimmen. Der Gartenfreund ist allerdings oft bemüht, möglichst viele Obstarten in seinem kleinen Garten unterzubringen, auch solche, deren Dauerhaftigkeit und Ertragssicherheit an diesem Ort nicht erwiesen sind. Fehlendes Wissen und mangelnde Erfahrung werden zu oft durch einen unbegründeten Optimismus ersetzt, der jedoch nicht vor Enttäuschungen schützt, wenn trotz aller Pflege und sonstigen Bemühungen die erwarteten Erfolge ausbleiben. Deshalb kann nur geraten werden, den Anteil weniger sicherer Arten und Sorten gering zu halten.

Boden

Der Boden dient den Pflanzen nicht nur als Standort im eigentlichen Sinne, sondern auch zur Ernährung. Er ist ein **Gemenge von mineralischen Bestandteilen** verschiedener Korngrößen, die durch die Verwitterung der Gesteine entstanden sind, und von **Zersetzungsprodukten organischer Stoffe.** An der Gesteinsverwitterung sind physikalische, chemische und biologische Kräfte beteiligt. Die Zersetzung organischer Masse ist hauptsächlich ein biologischer Vorgang.

Mit zunehmendem **Feinerdegehalt** nimmt die Bindigkeit oder Zusammenhangkraft des Bodens zu, da die Feinerde(Ton-)teilchen die Fähigkeit besitzen, bei Wasseraufnahme zu quellen und die übrigen Bodenteilchen zu verkleben. Eine ähnliche Wirkung hat auch **Humus**, der zugleich die hauptsächlichste Stickstoffquelle des Bodens ist. An Feinerde und Humus reicher Boden hat ein höheres Aufnahme- und Haltevermögen für Wasser und Nährstoffe als ein überwiegend sandiger Boden, und zwar um so mehr, je feiner die Bodenteilchen sind.

Sehr bedeutsam für die Bodeneigenschaften ist der **Strukturzustand** des Bodens. Bei **Einzelkornstruktur** lagern die einzelnen Bodenteilchen gleichmäßig nebeneinander. Ein derartiger Boden ist verhältnismäßig dicht gelagert und hat ein geringes Hohlraumvolumen. Bei **Krümelstruktur** sind die Bodenteilchen zu Krümeln verklebt. Ein in Krümelstruktur befindlicher Boden ist luftreich, locker und erwärmt sich leicht. Niederschlagswasser wird schnell aufgenommen und gut festgehalten. Der günstige Luft- und Wasserhaushalt des Bodens führt zu einer lebhaften Entwicklung der Bodenorganismen, also zur Bodengare. Damit es zu einer stabilen Krümelung kommt, muß der Boden ausreichende Mengen an Ton, Kalk und Humus enthalten. Die Bodenlebewesen selbst sind durch ihre Ausscheidungen, Kot, Schleim, Pilzgeflecht usw., an der Krümelbildung beteiligt. Alle Maßnahmen der Bodenpflege, wie Bodenbearbeitung, Humusversorgung und Düngung, haben u.a. die Erhaltung und Herstellung der Krümelstruktur zum Ziel.

Die **Bodenreaktion** bzw. der Kalkgehalt spielen für das Gedeihen des Beerenobstes eine spezielle Rolle. Die Weinrebe verlangt kalkhaltigen Boden, wenigstens aber neutrale Bodenreaktion. Johannis-, Stachel-, Him- und Brombeere sind recht anpassungsfähig. Neutrale Reaktion ist günstig und zuträglich. Erdbeeren dagegen erfordern schwach saure Reaktion. Sie sind gegen frische Kalkgaben empfindlich. Gartenheidelbeeren benötigen sogar stark saure Bodenreaktion, wie sie Gartenboden gewöhnlich nicht aufweist, auf Hochmoor-, Wald- und Heideboden aber meist anzutreffen ist.

Die Kulturfähigkeit von leichten Böden, insbesondere Sandböden, hängt vielfach von einem ständig ausreichend hohen **Grundwasserstand** ab. Dagegen wird stark wasserhaltender Ton- oder Humusboden bei hohem Grundwasserstand leicht zu kalt und naß und in seinem Lufthaushalt gestört. Je leichter der Boden durchgängig ist, um so höher darf der Grundwasserstand sein. Doch darf er auch auf Sandböden nicht ständig höher als 50 cm stehen, wenn keine Beeinträchtigungen eintreten sollen. Als günstig für mittlere Böden wird ein Grundwasserstand von 1,00–1,50 m angesehen.

Eignung der Böden für den Beerenobstanbau

Der Beerenobstanbau findet seine besten Bedingungen ganz allgemein auf einem sandigen, **humosen Lehmboden** sowie auf **humosen Lößböden.** Dabei soll der Boden eine genügende Mächtigkeit besitzen. Leichte Beschaffenheit der Oberkrume und lehmiger bis toniger Untergrund ohne Bodenverdichtungen oder sonstige ungünstige Schichten sind am brauchbarsten.

Sandböden sind günstig, wenn neben Grobsand auch Feinsand enthalten ist und wenn sie sich durch größeren

Staub- und Mineralsplittergehalt dem Lehmboden nähern. Wichtig für eine obstbauliche Nutzung sind günstige Niederschlags- und Grundwasserverhältnisse oder Bewässerungsmöglichkeiten. Eine ausreichende, regelmäßige und sachgemäße Düngung mit organischen und mineralischen Düngemitteln spielt auf Sandböden eine größere Rolle als auf anderen Böden.

Tonböden eignen sich, wenn durchlässige Schichten im Untergrund für einen guten Wasserabzug sorgen. Hoher Wassergehalt und starke Verdunstung bewirken flachen Wurzelverlauf sowie ungenügendes Ausreifen des Holzes und erhöhte Frostempfindlichkeit bei gleichzeitig erhöhter Frostgefahr.

Wald- und Heidehumusböden lassen sich bei intensiver Bearbeitung und Düngung meist in einen für den Beerenobstanbau befriedigenden Zustand versetzen. Durch Kalkzufuhr läßt sich der Humus in eine günstige Form überführen. In ursprünglichem Zustand bieten sie gute Voraussetzungen für den Anbau von Gartenheidelbeeren.

Stein- und Geröllböden sind nur dann obstbaulich brauchbar, wenn sie eine genügend starke Verwitterungsdecke und hohen Grundwasserstand aufweisen und wenn sie von lehmigen und tonigen Bestandteilen durchsetzt sind.

Um die obstbauliche Eignung des Bodens festzustellen, sollte eine **Bodenuntersuchung** auf wenigstens 50 cm Tiefe vorgenommen werden. Hierzu wird eine Bodenaufgrabung durchgeführt, die sehr genau das Bodenprofil erkennen läßt und gestattet, Bodenproben aus allen Schichten zu entnehmen.

Klima

Nicht weniger als der Boden bestimmt das Klima Wert und Eignung eines Standortes für den Beerenobstanbau. Als Klima bezeichnen wir den **durchschnittlichen Wetterverlauf** in einem Gebiet über einen größeren Zeitraum. Die klimabildenden Faktoren sind Luftdruck, Temperatur, Luftfeuchtigkeit und Niederschläge, Sonneneinstrahlung und Luftbewegung.

Von dem Klima größerer Gebiete, dem sogenannten Großklima, kann das örtliche Klima unter dem Einfluß örtlicher Gegebenheiten, Geländeform, Bebauung, Bewuchs usw., mehr oder weniger abweichen. Wir sprechen von **Kleinklimabezirken**, die in günstigen Fällen besonders wertvoll sein können. So ist es in günstigen örtlichen Lagen häufig möglich, bestimmte Obstarten- oder -sorten noch dort anzubauen, wo für sie allgemein klimatisch nicht mehr geeignete Bedingungen herrschen. Kleine Südhänge, geschützte Gärten, selbst südliche Wände und Mauern können solch ein **günstiges Ortsklima** ausbilden.

Temperatur

Praktisch gestatten die Temperaturverhältnisse im gesamten Gebiet der Deutschen Demokratischen Republik den Anbau von Beerenobst. Daß natürlich nicht überall die gleichen günstigen Bedingungen herrschen, geht aus der Anbaudichte hervor.

Die **Wärmeansprüche des Beerenobstes** sind relativ gering. Die höchsten Ansprüche der hier beschriebenen Arten hat die Weinrebe, die außerhalb der bekannten Weinbaugebiete im Elbtal bei Dresden, im Saale- und Unstrutgebiet nur an geschützten südlichen Wänden und Mauern mit Aussicht auf dauernden Erfolg angebaut werden kann. Wesentlich weniger anspruchsvoll sind, mit abnehmenden Ansprüchen, Erdbeere, Brombeere, Himbeere, Stachelbeere, Johannisbeere und Gartenheidelbeere.

Die **Frosthärte** der Beerenobstarten ist ihren Wärmeansprüchen nicht gleichzusetzen. Stachelbeere und Rote Johannisbeere sind recht frosthart. Die anderen Beerenobstarten sind empfindlicher, wobei zwischen den einzelnen Sorten noch erhebliche Unterschiede auftreten.

Die örtliche Temperaturausbildung ist wesentlich von der Geländegestaltung abhängig.

In besonderer Weise zeigt sich die klimabildende Wirkung der Geländeoberfläche bei der **Entstehung von Frostlagen.** Diese treten gegenüber ihrer geschützten Umgebung im Frühjahr durch Erfrieren der Blüten häufig sichtbar in Erscheinung. Frostlagen entstehen dort, wo sich die schwere, abfließende Kaltluft sammelt oder staut. Gewöhnlich sind die tiefsten Geländestellen, Talsohlen, abflußlose Senken, eingeschlossene Lagen, betroffen. Früh- und Spätfröste treten zuerst hier auf. Die **Frostgefährdung entscheidet** unter unseren Verhältnissen mehr als ein anderer Klimafaktor **über die Ertragssicherheit** einer Anlage. Allerdings treten Spätfröste in unserem Gebiet ziemlich regelmäßig auf, örtlich jedoch sehr unterschiedlich, so daß mit ihrem Ausbleiben nirgends sicher gerechnet werden kann. Die Blüten sind selbst gegen geringe Frostgrade empfindlich, und Temperaturen unter −4 °C führen mit Sicherheit zum Erfrieren.

Licht

Der Einfluß des Klimafaktors Licht, der ausschlaggebend für die Bildung organischer Stoffe und damit für das Leben der Pflanze ist, ist in unserem Gebiet weniger stark ausgeprägt als der Einfluß anderer Klimafaktoren. **Lichtmenge** und **Sonnenscheindauer** sind im Jahresmittel, ungeachtet jährlicher Schwankungen, fast überall gleich. Die Lichtwirkung ist um so intensiver, je steiler die Lichtstrahlen auf die Erdoberfläche auftreffen. Den stärksten Lichteinfall haben deshalb südlich geneigte Flächen.

Die **Lichtansprüche** des Beerenobstes werden im allgemeinen hinreichend erfüllt. Leichter Schatten wird oft gut vertragen, ohne daß es zu nennenswerter Ertragsminderung kommt. Bei Stachel- und Johannisbeeren sowie bei Himbeeren kann es bei intensiver Sonneneinstrahlung und hohen Temperaturen sogar zu Sonnenbrandschäden an den Früchten kommen. Beerenobst ist deshalb auch noch recht gut zum Anbau in Gärten im Waldgelände geeignet, wo bei Baumobst dauernder befriedigender Ertrag ausgeschlossen ist.

Niederschläge

Die Beerenobstarten haben, ebenso wie die meisten anderen Gartengewächse, einen recht beträchtlichen Wasserbedarf. Um ihn zu decken, das heißt, den Wasserverbrauch aus dem

Boden zu ergänzen, sind ausreichende Niederschläge erforderlich. Nur in seltenen Fällen steht der Pflanze genügend hohes und geeignetes Grundwasser zur Verfügung.
Die Winterfeuchtigkeit wird bereits in den Frühjahrsmonaten stark angegriffen. Die normalen **Sommerniederschläge** reichen gewöhnlich nicht aus, den Feuchtigkeitsbedarf der einzelnen Arten während dieser Zeit zu decken, so daß man nicht ohne zusätzliche Bewässerung auskommt. Hierüber ist im speziellen Teil nachzulesen.
Am empfindlichsten reagiert auf fehlende Niederschläge die Erdbeere, danach die Himbeere. Darüber hinaus besteht eine unmittelbare Abhängigkeit der erforderlichen Niederschläge von den durchschnittlichen Sommertemperaturen. Das heißt, je höher die Temperaturen, desto geringer ist die Luftfeuchtigkeit, um so höher müssen die Niederschläge sein.

Wind

Auch der Klimafaktor Wind ist für die Eignung eines Geländes wichtig. Leichter Wind fördert die Transpiration und damit Nährstoffaufnahme und Stoffwechsel der Pflanze. Ferner trägt er zur Durchmischung der Luftschichten bei und verhindert die Ansammlung von zu heißer, zu kalter und zu nasser Luft.
Entsprechend ihrer Herkunft aus der Strauch- und Krautschicht der Wälder sind, bei erheblichen Sortenunterschieden, die Beerenobstarten recht empfindlich gegen starke Windeinwirkungen. Dies trifft besonders für Erdbeere und Himbeere zu. Deshalb kommt es darauf an, für den Beerenobstanbau **geschützte Lagen** auszuwählen oder zu schaffen. Als geschützt bezeichnen wir eine Lage, die, ohne den starken Winden schutzlos ausgesetzt zu sein, die erforderliche Durchlüftung aufweist. Gegen die Hauptwindrichtung, die bei uns zumeist der Westen ist, sollen die Anlagen auf jeden Fall abgeschirmt sein. Geschützte Lagen entstehen im Windschatten von Bodenerhebungen, Wäldern, Pflanzungen und Gebäuden.

Eingliederung des Beerenobstes in den Garten

Umfang des Beerenobstbestandes

Von der gesamten Obstertragsfläche nimmt das Beerenobst etwa 13,4 % (Kernobst = 55 %, Steinobst = 32 %) ein. Demgegenüber betragen die Anteile des Beerenobstes an der Obstertragsfläche des Selbstversorgerobstbaues etwa 16 % (Kernobst = 48 %, Steinobst = 36 %). Dieser höhere Anteil hat seine Ursache insbesondere in der höheren Ertragssicherheit des Beerenobstes gegenüber dem Kernobst, die sie mit dem Steinobst teilt, sowie in einer Reihe weiterer günstiger Eigenschaften, die seine Eingliederung in den Garten des Selbstversorgers erleichtern:

1. Strauchbeerenobst **übersteht extreme Winterfröste** besser als die meisten anderen Obstarten und -sorten.
2. Die Blüten des Strauchbeerenobstes sind gegen **ungünstige Witterungserscheinungen**, insbesondere Spätfrost, trotz teilweise erheblicher Frühzeitigkeit widerstandsfähiger als Kern- und Steinobst.

3. Die allgemein **geringen Platzansprüche** des Beerenobstes erlauben die Nutzung kleinster Räume und Plätze. Die teilweise geringeren Lichtansprüche gestatten den Anbau von Beerenobst unter höheren Obstarten bzw. im Schatten von Bäumen. Die kurze Kulturzeit von Erdbeeren ermöglicht es, diese Art in die Gemüsefruchtfolge einzugliedern.
4. Strauchbeerenobst **stellt geringere Ansprüche an die Pflege** als die meisten Kern- und Steinobstarten. Es bringt auf zusagenden Standorten auch ohne regelmäßige Düngung, Bewässerung und Pflanzenschutzmaßnahmen noch annehmbare Erträge. An solchen Standorten ist es besonders zum Anbau als Naschfrucht in Wochenendgärten geeignet.
5. Der geringere Flächenertrag von Beerenobst einerseits und der hohe Handarbeitsaufwand für die Erntearbeiten andererseits bedingen ein relativ **geringes Marktangebot,** von Erdbeeren abgesehen. Im Garten spielt der Pflückaufwand in Anbetracht der geringen Pflanzenanzahl jedoch eine untergeordnete Rolle.

Anteil der Beerenobstarten

Der Anteil der zum Anbau ausgewählten Beerenobstarten sollte sich vor allem nach der Eignung des Standortes und der davon abhängigen Leistung der Arten richten. Auch der mögliche Pflegeaufwand sollte bedacht werden. Schließlich muß man die Erntezeit, den Pflückaufwand und die Vielseitigkeit der Verwendung der Früchte in die Überlegungen einbeziehen.
Die höchsten Ansprüche an Bodengüte, Bodenpflege, allgemeine Pflege stellt die Erdbeere. Dafür bietet sie hohe Ertragsaussichten, vielseitige Verwertungsmöglichkeiten und höchste Qualität der Frischware und der Verarbeitungserzeugnisse. Bei etwa gleichhohen Standortansprüchen folgen entsprechend ihrer Bedeutung für die Verarbeitung und den Frischverzehr Johannisbeere, Stachelbeere, danach Himbeere und Brombeere. Sehr spezielle Ansprüche an den Standort stellen Tafeltraube und Gartenheidelbeere, die im Garten deshalb nur eine vergleichsweise geringe Rolle spielen. Soweit es der persönliche Geschmack und die Umweltbedingungen erlauben, sollte man diesen Arten allerdings auch einen Platz im Garten einräumen.
Folgendes flächenmäßiges Artenverhältnis (bezogen auf die gesamte Beerenobstanbaufläche) hat sich in normalen Lagen als günstig erwiesen und wird vielseitigen Ansprüchen gerecht: 35 % Erdbeeren, 20–25 % Rote und Weiße Johannisbeere, 15 % Schwarze Johannisbeere, 10 % Stachelbeeren, 20 % Him- und Brombeeren. In den folgenden Musterplänen sind die in den vorangegangenen Ausführungen dargelegten Grundsätze ausgedrückt.

Anbauformen

Allen Selbstversorgerpflanzungen ist eigen, daß Baumobst, Beerenobst und sonstige Zier- und Nutzpflanzen auf engstem Raum nebeneinander stehen. Vielfach werden Obst und andere Nutzpflanzen miteinander gemischt angebaut, um den zur Verfügung stehenden Platz maximal zu nutzen.

Abb. 8 Mischkultur: Beerenobst unter Obstbäumen. Pflege und Ernte beider Kulturen sind erschwert

Beim Anbau von Strauchbeerenobst oder Erdbeeren innerhalb eines geschlossenen Bestandes von Obstbäumen machen sich beide Kulturen Wasser und Nährstoffe streitig. Daneben wirkt – unberücksichtigt seiner teilweisen Schattenverträglichkeit – starke Beschattung durch Obstbäume ungünstig auf das Beerenobst. Die Reife wird verzögert, erhöhter Krankheitsbefall ist nicht auszuschließen, die Qualität der Früchte ist gegenüber im Freistand gereiften gemindert: es fehlt an Aroma und Süße.

Zu diesen gegenseitigen Beeinträchtigungen kommt außerdem noch die gegenseitige Erschwerung der Bearbeitung und Pflege hinzu. Da die Pflegemaßnahmen häufig nicht übereinstimmen, wird diese oder jene Arbeit zum Nachteil einer Kultur unterlassen. So muß z.B. bei Erdbeerenunterkultur die Nachblütespritzung von Apfelbäumen gegen die Obstmade unterbleiben, da die Erdbeeren gerade zu dieser Zeit blühen und reifen. Desgleichen ergeben sich Schwierigkeiten bei der Bodenbearbeitung, die für Obstgehölze möglichst flach, für die Bestellung zu Gemüse und Erdbeeren aber ziemlich tief durchgeführt werden soll.

Nach Möglichkeit ist Beerenobst **nicht als ständige Unterkultur** oder Zwischenpflanzung, sondern als Block- oder Reihenpflanzung anzulegen. Erdbeeren sind in die Gemüseanbaufläche einzubeziehen, um im Verlauf des Fruchtwechsels stets ausrei-

Abb. 9 Gruppenpflanzung: Erdbeeren in Blockpflanzung. Alle Bearbeitungsmaßnahmen sind optimal durchführbar

chend Land für Neupflanzungen zur Verfügung zu haben.
Kann auf die zusätzliche Nutzung der Baum- und Strauchgassen – auch vorübergehend – nicht verzichtet werden, sollte folgendes beachtet werden:
Zwischen Beerensträuchern sind nur solche Gemüsearten, Futter- und Zierpflanzen anzubauen, die eine flache Bodenbearbeitung erfordern, damit die flachstreichenden Wurzeln der Sträucher nicht beschädigt werden. Am besten geeignet sind Buschbohnen und Gewürzpflanzen. Mit der höheren Bodennutzung durch zwei Kulturen muß natürlich eine entsprechende zusätzliche Düngung und Bewässerung einhergehen.

Strauchformen

Spezielle Strauchformen finden wir nur bei Johannis- und Stachelbeeren. Sie werden als Büsche, Fußstämmchen und Hochstämmchen herangezogen und gepflanzt.
Büsche stehen auf eigener Wurzel, sie sind starkwüchsig, ergänzen sich ständig aus dem Wurzelstock und sind deshalb langlebig.
Fußstämmchen werden eintriebig aus

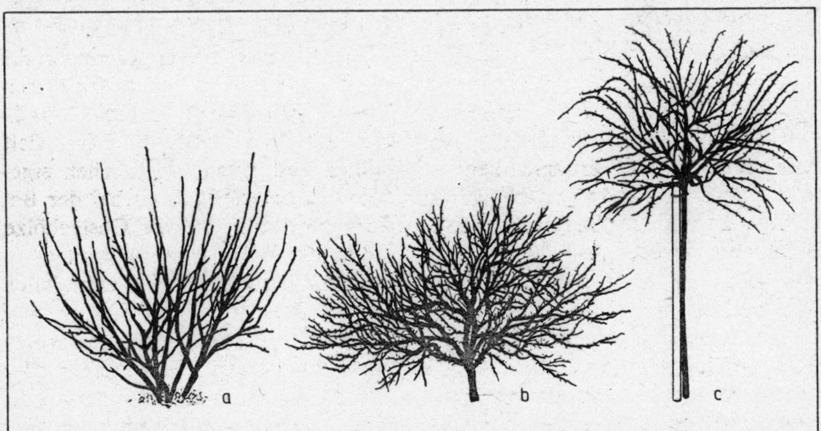

Abb. 10 Strauchformen
a = Johannisbeerbusch, b = Stachelbeerfußstamm, c = Stachelbeerhochstamm

der sortenechten Wurzel gezogen oder auf Goldjohannisbeere veredelt und haben eine Stammhöhe von etwa 30 cm. Da sie sich nicht aus der Wurzel ergänzen können, ist ihr Wachstum ziemlich schwach.

Hochstämmchen werden auf Goldjohannisbeere veredelt und haben eine Stammhöhe von 80 bis 120 cm. Ihr Wachstum ist ebenfalls schwach. Ein Vorteil der Stämmchen ist, daß die Früchte besser ausgebildet sind, nicht beschmutzen und – vor allem bei der Stachelbeere – leichter zu ernten sind. Hochstämmchen brauchen ständig einen Pfahl; der Stamm kann niemals allein die Krone tragen.

Pflanzenweiten

Jedes Gewächs benötigt einen bestimmten Standraum, der ihm eine ausreichende Ernährung aus der Luft und dem Boden sicherstellt. Es ist einleuchtend, daß Gehölze bzw. Pflanzen auf gutem, nährstoffreichem Boden bei ausreichenden Niederschlägen eine größere **Kronenausdehnung** erhalten als auf armem, trockenem Sandboden in trockenem Klima. Entsprechend wachstumsfördernd wirken sich auch regelmäßige Düngung und Bewässerung aus. Regelmäßige Maßnahmen der Kronengestaltung, die die Förderung der Fruchtbarkeit zum Ziel haben, z. B. Fruchtholzschnitt und Herabbinden der Gerüstäste, vermindern dagegen den Kronenumfang.

Die Leistung und die Gesundheit eines Obstgewächses werden um so höher sein, je besser die **Standraumbedürfnisse** erfüllt sind. Die Pflanzweiten müssen deshalb so bemessen werden, daß weder die Kronen noch die Wurzeln der erwachsenen Pflanzen miteinander konkurrieren. Dabei ist zu beachten, daß die Ausdehnung der Wurzeln die der Krone gewöhnlich übersteigt.

Ein weiterer wesentlicher Faktor für die Festlegung der Pflanzweiten ist die **Sicherung der Pflege- und Erntearbeiten.** Es hat sich beim Beerenobst wie beim Baumobst als günstig erwiesen, die Gehölze **in Reihen** zu **pflanzen** und innerhalb der Reihen so dicht, wie es mit der optimalen Entwicklung der Pflanzen und ihrer Erträge noch zu vereinbaren ist. Die **Abstände der Reihen** sind dagegen so zu bemessen, daß die Gassen bequem zu begehen sind, um alle Pflege- und Erntearbeiten ordnungsgemäß durchführen zu können.

Die in der Vergangenheit mitunter praktizierten **Beet- und Nestpflanzungen** haben gegenüber der Reihenpflanzung keinen Vorteil. Vielmehr besteht immer die Gefahr, daß sich die Pflanzen gegenseitig bedrängen und in ihrer Ertragsleistung zurückgehen, ganz abgesehen von der erschwerten Bearbeitung und Ernte. Dagegen kann die regelmäßige **Mischung von Hochstämmchen und Büschen** nicht nur von zierender Wirkung sein, sondern auch zu einer besseren Platzausnutzung führen.

Die Pflanzstellen werden vorteilhaft an Hand einer Planzeichnung festgelegt. Die Obstgehölze sind durch einen Kreis anzugeben, der etwa dem endgültigen Umfang der Krone des Strauches entspricht. Dadurch hat der Gartenfreund stets den **Standflächenbedarf** der Gehölze vor Augen und wird davor bewahrt, weitere Gehölze

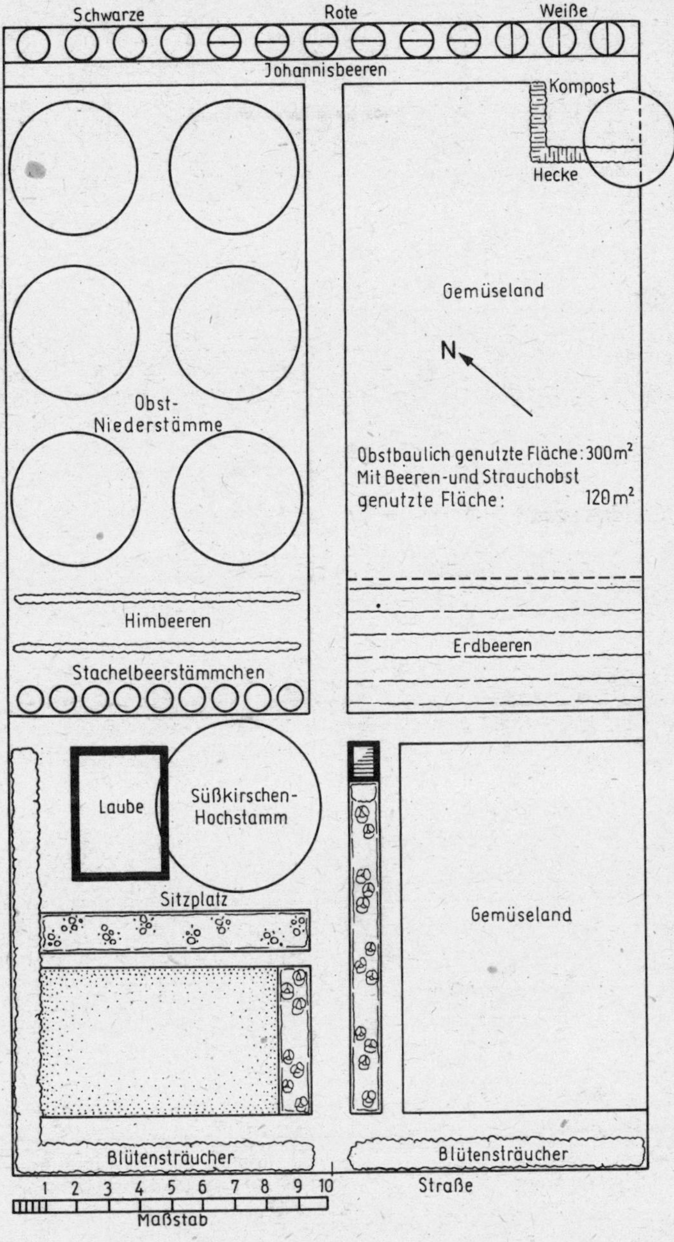

Abb. 11 Gartenplan. Eingliederung von Beerenobst in einen Garten von 700 m² Gesamtgröße

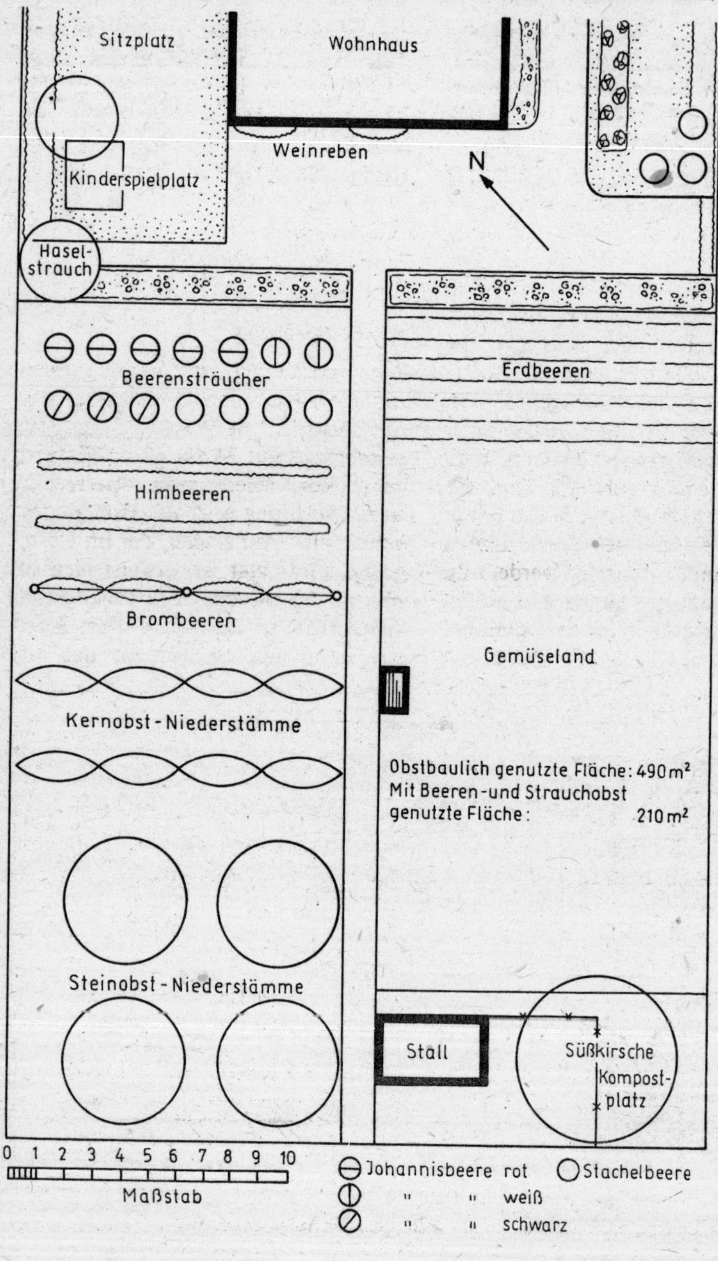

Abb. 12 Gartenplan. Eingliederung von Beerenobst in einen Garten von 1200 m² Gesamtgröße

zu pflanzen, die dann natürlich zu eng stehen würden. In diesen Plan werden auch die Sortennamen eingezeichnet. Das erspart viel Ärger mit den Etiketten, die nur zu oft verlorengehen oder deren Befestigungsdraht in Stamm oder Äste einschneidet.

Die Obstpflanzung ist so aufzubauen, daß man die kleineren Gehölze immer auf die Sonnenseite der größeren stellt. Abgesehen von den erforderlichen Pflanzabständen sind die Gehölze so zu pflanzen, daß die Benutzung von Weg- und Platzflächen nicht behindert wird und die notwendigen Grenzabstände gewahrt bleiben. Logischerweise ergibt sich ein **Grenzabstand** von jeweils der Hälfte bis wenigstens zwei Fünftel des gewöhnlichen Pflanzabstandes. Dadurch werden die beiderseitigen Ansprüche am wenigsten beeinträchtigt. In der Kleingartenordnung des Verbandes der Kleingärtner, Siedler und Kleintierzüchter vom 18. 4. 1985 sind Grenzabstände festgelegt, die in diesem Sinne für Beerensträucher 1 bis 1,25 m, für aufrechtwachsende Brombeeren und Himbeeren 0,75 m betragen.

Allgemeines über die Vorbereitung des Bodens

Bodenlockerung

Zur Beseitigung von Verdichtungen und zur allgemeinen Auflockerung ist der Boden für Beerenobstpflanzungen mindestens auf 30 bis 40 cm Tiefe zu bearbeiten. Diese zwei Spatenstich tiefe Lockerung wird als „Holländern" bezeichnet. Auf Boden, der im Untergrund verdichtet ist, erweist sich oft das 40 bis 60 cm tiefe Rigolen als zweckmäßiger. Besonders beim Rigolen ist darauf zu achten, daß die

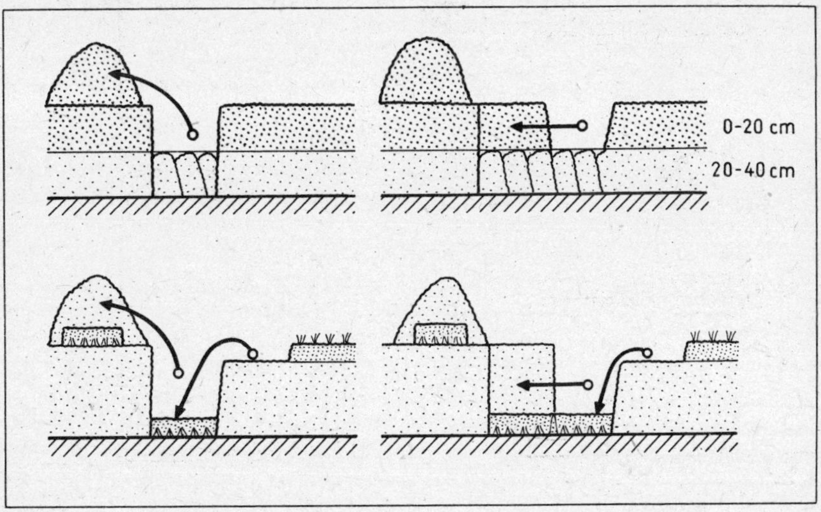

Abb. 13 Holländern, oben ohne, unten mit Austausch der Bodenschichten

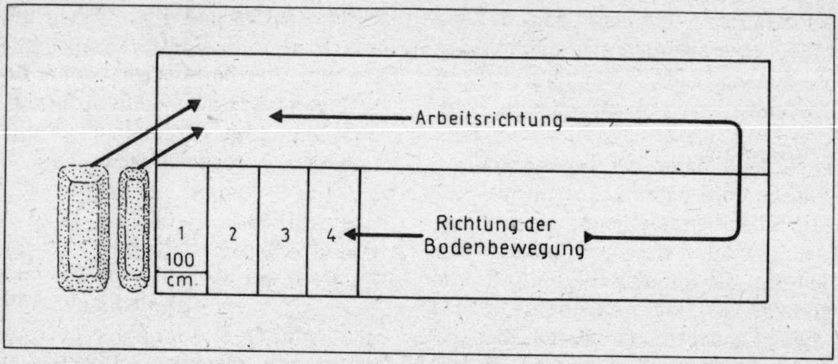

Abb. 14 Zweckmäßige Arbeitsrichtung beim Rigolen

obere, an Humus und Kleinlebewesen reiche Schicht nicht in den Untergrund und roher, steriler Boden aus dem Untergrund nicht nach oben gelangt.

Bei der **Kultivierung roher Wald- und Heideböden** erweist es sich als zweckmäßig, den Auflagehumus gut zu zerkleinern und mit dem darunter befindlichen Mineralboden unter Kalkzugabe zu vermischen. In allen anderen Fällen vermeidet man es jedoch, rohen, untätigen Boden nach oben zu bringen und humushaltigen, tätigen Boden zu „begraben". Vielmehr besteht die Aufgabe einer guten Bodenbearbeitung darin, die tätige, humose Krumenschicht durch geeignete Bearbeitungsmaßnahmen, Humusanreicherungen usw. allmählich zu vertiefen. Dort, wo die **oberste Bodenschicht sehr stark verunkrautet** oder mit Bauschutt und ähnlichem versetzt ist, kann es mitunter angeraten sein, die Schichten auszuwechseln.

Pflugbearbeitung ist natürlich leistungsfähiger, schneller und damit billiger, läßt sich jedoch nur auf genügend großen Flächen, z. B. bei der Neueinrichtung einer Kleingartenanlage, sinnvoll durchführen.

Auf ganzflächige Tiefenlockerung kann verzichtet werden, wenn einzelne Sträucher gepflanzt werden sollen. Dabei ist vor allem an Nachpflanzungen in Klein- und Siedlergärten gedacht. Hier beschränkt man sich auf die Vorbereitung einer Pflanzgrube. Die **Abmessungen der Pflanzgrube** betragen je nach der Größe des Gehölzes 0,75 bis 1,0 m im Quadrat bei einer Tiefe von 40 bis 50 cm. Wie beim Holländern und Rigolen ist die Krumenschicht von der darunterliegenden Schicht getrennt zu halten. Die unterste Schicht wird nicht ausgehoben, sondern nur umgestochen. Auf schwerem, bindigem Boden sowie auf Boden mit einem Verdichtungshorizont bleiben die Pflanzgruben über Winter geöffnet, damit der umgebende Boden sich mit Luft anreichert und verwittern kann. Danach wird er bei offenem Wetter wieder eingefüllt. Sofern der Boden beim Zufüllen nicht so feucht ist, daß er schmiert, sollte er festgetreten werden, damit er schnell den notwendigen Schluß erhält und die Grube recht bald bepflanzt werden kann.

Vorkultur

Neben einer gründlichen Bodenlockerung ist auch auf eine geeignete Vorkultur zu achten, und zwar um so mehr, je anspruchsvoller die Obstarten sind, die gepflanzt werden sollen. Nach Möglichkeit sind solche Vorkulturen zu wählen, die den Boden in guter Gare und frei von Unkraut, besonders frei von Wurzelunkräutern, hinterlassen.

Die höchsten Ansprüche stellt in dieser Beziehung die Erdbeere.

Als geeignete **Vorfrüchte** haben sich Kartoffeln, gut deckende Gemüsearten, Futterpflanzen und Mais erwiesen. Ungeeignet sind Getreide und Rüben. Rasen und Grünland sind wegen der starken Festlegung der Nährstoffe und der langsamen Verrottung der Rückstände bis zur Pflanzung nicht geeignet.

Auf rohem Boden ist eine zweimalige Lupineneinsaat zweckmäßig. Durch diese Form der **Gründüngung** wird der Boden außer mit Humus auch mit Stickstoff angereichert. Unkraut kommt unter der dichtstehenden Lupine nicht auf. Die erste Einsaat erfolgt zeitig im Mai in einer Menge von 2 kg je 100 m^2. Sobald die Lupine voll blüht, etwa Mitte bis Ende Juli, wird sie untergebracht und eine zweite Einsaat vorgenommen. Nach dem ersten Frost walzt man sie nieder und bringt sie ausgangs des Winters unter, damit keine Stickstoffverluste auftreten.

Bodenverbesserung

Die Bodenverbesserung ist am vorteilhaftesten wirksam, wenn **Mineralboden** von entgegengesetzter Beschaffenheit auf möglichst große Tiefe **eingearbeitet** wird. So ist es günstig, einem leichten Sandboden möglichst große Mengen Ton oder schweren Lehm beizumengen oder Tonboden bzw. schwerem Lehmboden Sandboden mittlerer Korngröße beizumischen. Gleichzeitige Zuführung von Brannt- und Löschkalk zu Ton- und schwerem Lehmboden und von kohlensaurem Düngekalk bzw. Kalkmergel zu Sandboden ist meist geeignet, die Bodenstruktur tiefgründig zu verbessern. Diese Verfahren sind natürlich sehr material- und zeitaufwendig, sollten aber, wo entsprechender Boden leicht zu beschaffen ist, angewendet werden.

Die Bodenverbessserung kann z. B. auch darin bestehen, daß auf Standorten mit ungünstigen Bodenverhältnissen, wie Geröll- und Kalkböden, Abraum-, Schutt- und Müllhalden, **Mutterboden** in einer Mächtigkeit von etwa 20 bis 40 cm aufgebracht wird. Die verhältnismäßig geringe Durchwurzelungstiefe des Beerenobstes verspricht für dieses Verfahren guten Erfolg. Für größere Flächen verbietet es sich von selbst.

Stalldung, Kompost, Gründüngung sollten ausschließlich zur Verbesserung der Krume dienen, also nur 20 cm tief eingearbeitet werden. Das Einbringen von frischem **Stalldung** und **Gründüngung** in tiefere Bodenschichten zum Zwecke der Bodenverbesserung ist unzweckmäßig, da diese Humusmassen unter dem dort herrschenden Sauerstoffmangel nicht normal abgebaut werden und den Boden nicht verbessern. Dagegen sind gut durchfeuchteter, gejauchter **Schwarztorf** oder ausgefaulter, kompostierter **Seeschlamm** ohne weiteres geeignet, auch den Unterboden mit Humusstoffen anzureichern, auf längere Zeit lokker zu halten und seine Wasserkapazität zu verbessern. Von Schwarztorf oder Seeschlamm werden je nach der Einbringungstiefe 15 bis 30 l/m² aufgebracht und mit Grabegabel oder Spaten eingearbeitet.

Allgemeines zur Bodenpflege

Gutes Gedeihen und hoher, gleichmäßiger Ertrag des Beerenobstes setzen u. a. auch eine sachgemäße Bodenpflege voraus. Die in Frage kommenden Maßnahmen sind Bodenbearbeitung, Humusversorgung und Düngung, Bodenbedeckung und Bewässerung.

Bodenbearbeitung

Im Herbst gründlich gelockerter und mit Humus angereicherter Boden befindet sich im Frühjahr meist in dem erwünschten Garezustand. Die **Aufgabe der Bodenbearbeitung** besteht zunächst darin, den ursprünglichen, günstigen Bodenzustand zu erhalten. Vor allem kommt es auf die Bewahrung der Winterfeuchtigkeit an, da die sommerlichen Niederschläge in unserem Breiten nur selten für die Versorgung der Kulturpflanzen ausreichen. Diesem Zweck dient die ständige Hackarbeit. Durch sie wird das Unkraut als starker Wasser- und Nährstoffkonkurrent vernichtet und eine flache Krümeldecke geschaffen, die einen guten Verdunstungsschutz darstellt. Zugleich wird die Bodenkruste, die sich auf bindigem Boden sehr leicht einstellt, durchbrochen. Dadurch werden Wasseraufnahme und Durchlüftung des Bodens erleichtert.

Im Gegensatz zu einjährigen Kulturen ist eine alljährliche tiefe Bodenbearbeitung nicht nur überflüssig, sondern oftmals, besonders auf flachgründigen Böden, nachteilig, da sich die Hauptmasse der Wurzeln in der Schicht bis 25 cm Tiefe befindet. Eine verhältnismäßig **tiefe Lockerung** erfolgt lediglich im Winterhalbjahr. Hierbei wird gleichzeitig die Krume gewendet und Stalldung, Gründung oder Komposterde usw. eingebracht. Diese Lockerung ist nicht tiefer als 15 cm vorzunehmen, um die Wurzeln zu schonen. In unmittelbarer Nähe der Sträucher wird der Boden nur ganz flach umgestochen.

Die laufende **sommerliche Bodenbearbeitung** beschränkt sich auf eine oberflächige Lockerung von nicht mehr als 5 bis 7 cm Tiefe. Je nach Bodenart und Witterungsverlauf wird es notwendig sein, die Hackarbeit im Abstand von 2 bis 4 Wochen zu wiederholen. Wurde der Boden im Herbst tief gelockert, so ist die erste Bearbeitung im Frühjahr notwendig, sobald der Boden oberflächig abgetrocknet ist und die Furchenkämme grau werden.

Zum **Umgraben** im Herbst oder Nachwinter soll der Boden, vor allem bindiger Boden, gut durchfeuchtet, aber nicht naß sein. Sonst schmiert er und zerfällt beim Graben nicht, sondern bleibt in Klumpen liegen. Auch zu trockener Boden klumpt. Die som-

Abb. 15 Umgraben des Bodens unter Beerensträuchern mit der Grabegabel

Abb. 16 Unkrautbekämpfung mit der Schuffel

merlichen **Hackarbeiten** sind unmittelbar nach Regenperioden durchzuführen. Während Sandboden sofort anschließend gehackt werden kann, muß bei bindigem Boden stets etwas gewartet werden, bis dieser genügend abgetrocknet ist. Er darf bei der Bearbeitung nicht schmieren oder kleben, sonst verkrustet er danach.

Im allgemeinen wird die Bodenbearbeitung im Selbstversorgerobstanbau von Hand vorgenommen. Zum **Umgraben** benutzt man **Spaten** oder **Grabegabel**. Am besten ist die Grabegabel geeignet, da sie die Wurzeln weitgehend schont. Auf mittlerem und leichtem Boden ist sie leistungsfähiger und leichter zu handhaben als der Spaten.

Als **Hackgeräte** sind solche Geräte zu empfehlen, die im Rückwärtsgehen betätigt werden. Dadurch wird vermieden, daß der gelockerte Boden festgetreten wird und Unkraut wieder anwächst. Zu nennen sind hier Ziehhacke, Schuffel, Jätekralle, Rotorhakken und Handgrubber. Die Ziehhacke hat ein schmales, in Arbeitsstellung waagerecht stehendes Blatt. Die Schuffel hat ebenfalls ein schmales, waagerecht stehendes, aber zweiseitig zugeschärftes Blatt und arbeitet auf Zug und Stoß. Beide Geräte durchschneiden den Boden auf etwa 2 cm Tiefe und hinterlassen eine feinschollig gelockerte Schicht. Auch größere Unkrautpflanzen werden abgeschnitten und vernichtet. Jätekrallen und

Abb. 17 Flache Bodenlockerung mit dem Handgrubber

leichte Rotorhacken lockern den Boden auf etwa 3 cm Tiefe intensiv. Schwere Rotorhacken und Handgrubber mit an der Spitze verbreiterten Zinken arbeiten auf 4 bis 6 cm Tiefe. Sie lockern und mischen den Boden. Deshalb eignen sie sich u.a. auch zum Einarbeiten von Mineraldüngern und vererdeten organischen Düngern. Auflaufendes und kleines Unkraut wird verschüttet.
Besonders auf bindigen Böden hat sich wechselweise Anwendung von Schuffel und Grubber bewährt. Bei jedem Bearbeitungsgang wird die Richtung geändert. Für einen leichten, unkrautfreien Boden genügt mitunter die Anwendung der **Eisenharke**, durch die sowohl die Bodenkruste und auflaufendes Unkraut zerstört, als auch die erwünschte Krümeldecke geschaffen werden. Unkrautfreies Land läßt sich sehr schnell bearbeiten. In einer Stunde werden etwa 150 bis 200 m^2 geschafft.

Bodenbedeckung

Bodenbearbeitung und Unkrautbekämpfung können ganz oder teilweise erspart werden, wenn man die Pflanzscheiben, Beerenobstreihen oder auch größere Gartenflächen mit einem geeigneten Material bedeckt.

Bodenbedeckung mit organischem Material

Als **Deckmaterial** eignen sich fast alle trockenen, unverrotteten pflanzlichen Stoffe, besonders Stroh, Schilf, Kartoffelkraut, Laub, Reisigholz und Staudenabfälle. Am günstigsten ist ein aus allen Stoffen gemischtes Material. Beimischungen von Reisig sorgen für eine größere Lockerheit und Dauerhaftigkeit der Decke.
Das **Bedecken** führt man am besten im Herbst durch. Die zu bedeckende Fläche wird mit dem Handgrubber gelockert, mit der Holzharke geglättet und leicht mit Trittbrettern angetreten. Anschließend wird das Deckmaterial in einer Menge von 1,5 bis 2 kg je m^2 (als lufttrockenes Material gerechnet) aufgebracht. Diese Packung bleibt das ganze Jahr über liegen; sie wird nicht mit Erde bedeckt. Jährlich müssen je m^2 etwa 0,5 bis 1 kg frisches Material nachgedeckt werden, um das verrottete zu ersetzen. Eine besondere Humusdüngung ist in diesem Fall nicht erforderlich.

Weniger Material als angegeben aufzubringen, ist nicht ratsam, da eine schwache Decke den Unkrautwuchs nicht verhindert, sondern das Unkraut durchwachsen läßt. In diesem Fall ist es kaum noch wirksam zu bekämpfen. Gegebenenfalls ist ein geeignetes, auch gegen Wurzelunkräuter wirksames chemisches Unkrautbekämpfungsmittel, z. B. „Azaplant-Kombi", anzuwenden. Einzeln aufkommende Unkräuter müssen gejätet werden.

Die **Vorteile der Bodenbedeckung** sind so erheblich, daß man ihre Anwendung prüfen sollte.

Außer den bereits genannten sind folgende Vorteile der Bodenbedeckung zu nennen:

- keine Beschädigung der Wurzeln bei der Bodenbearbeitung,
- ausgeglichene Temperatur- und Feuchtigkeitsverhältnisse unter der Bodendecke,
- Förderung des Bodenlebens,
- ständige langsame Zufuhr von Humus und Nährstoffen,
- Schutz der Wurzeln vor Winterfrost.

Eine einmal begonnene Bodenbedekkung sollte ständig fortgesetzt werden. Die Wurzeln der Pflanzen breiten sich unter der schützenden Decke bis dicht an die Bodenoberfläche aus. Fällt die Bodenbedeckung nach einigen Jahren aus, so ist eine Schädigung der Wurzeln und damit der ganzen Pflanze nicht zu vermeiden.

Ein recht beachtlicher **Nachteil** jedoch ist, daß die Bodenbedeckung die Blütenfrostgefahr erhöht. Die Streudecke verhindert den Wärmenachschub aus dem Boden, so daß es beim Absinken der Temperatur über bedecktem Boden stets einige Grade kälter ist als über unbedecktem.

Zu beachten ist ferner, daß sich in der Nähe von Ackerflächen und feuchtem Wiesengelände Feld- und Wühlmäuse in der Deckschicht ansiedeln und Schaden anrichten können.

In trockenen Jahren ist für ausreichende Bewässerung zu sorgen. Geringe Niederschläge reichen nicht aus, außer der Streudecke auch den darunter befindlichen Boden zu durchfeuchten.

Bodenbedeckung mit Plastfolienbahnen

Ein weiteres Bodenbedeckungsmaterial sind Plastfolienbahnen, wie sie vom Handel angeboten werden. Geeignet ist nur genügend dicke und schwarz eingefärbte Folie, die Unkrautaufwuchs verhindert.

Am besten werden die Folienbahnen im zeitigen Frühjahr ausgelegt. Dazu ist der Boden oberflächig zu glätten und so zu formen, daß von der Reihenmitte zur Strauchmitte leichtes Gefälle entsteht; so kann das Niederschlagswasser dorthin abfließen. Daraufhin werden die Folienbahnen plan ausgelegt und an den Rändern mit Erde oder Metallstäben beschwert.

Für die Bodenbedeckung mit Folie gelten die meisten Vorteile, wie sie zuvor für die Bedeckung mit organischem Material genannt wurden. Positiv ist zu vermerken, daß die **Spätfrostgefahr nicht erhöht** wird. Von Nachteil ist jedoch, daß Humusversorgung und Düngesalzzufuhr nur nach dem Aufheben der Folie möglich sind. Leichter, sandiger Boden mit ungenügendem horizontalem Wassertransport trocknet unter den Folienbahnen stark aus, so daß es zu Trockenheitsschäden kommen kann.

Chemische Unkrautbekämpfung

Zeitliche und andere Schwierigkeiten lassen es mitunter angeraten erscheinen, auch im Garten chemische Unkrautbekämpfungsmittel anzuwenden. In Anbetracht der zahlreichen Unter-, Misch- und Folgekulturen sollte man jedoch möglichst auf sie verzichten. Viele gut wirkende Mittel haben eine Wirkungsdauer von mehreren Monaten, verhindern also einen baldigen Folgeanbau, für den man sich manchmal sehr schnell entscheiden muß. Werden die Mittel gespritzt – die günstigste Ausbringungsform – können abtreibende Spritznebel empfindliche Nachbarkulturen schädigen.
Unter Beerensträuchern, unter denen mit Gewißheit keine einjährigen Kulturen angebaut werden, lassen sich ohne besondere Schwierigkeiten geeignete Unkrautbekämpfungsmittel (Herbizide) anwenden. Weil hier jedoch die Bodenbearbeitung mittels Grubber und Schuffel äußerst einfach ist, sollte schon aus Gründen der Bodenpflege (Lockerung, Einschränkung der Verdunstung des Bodenwassers, Gründüngung im Spätsommer) auf den Gebrauch solcher Mittel verzichtet werden. Die üblicherweise angewandten Bodenherbizide, z. B. „Azaplant-Kombi", dürfen zudem nicht auf humusreichen Mineralböden und Humusböden verwendet werden.

Düngung und Humusversorgung

Bedeutung der Düngung

Alljährlich entziehen die Obstgewächse dem Boden erhebliche Nährstoffmengen, die sie zum Aufbau ihres Holzkörpers und zur Ernährung von Blättern, Blüten und Früchten benötigen. Nicht unbeträchtliche Nährstoffmengen werden durch die Niederschläge in den Untergrund gewaschen, und zwar um so mehr, je feinerde- und humusärmer der Boden ist. Auch der Unkrautbewuchs beansprucht die Nährstoffvorräte des Bodens.
Nur ein Teil der entzogenen Nährstoffe gelangt mit Laub, Unkraut und Abfällen unmittelbar in den Boden zurück. Der größte Teil wird in den Gehölzen festgelegt und mit den Früchten fortgeführt. Die nachschaffende Kraft des Bodens ist nur zu einem Teil in der Lage, durch Verwitterung der Mineralteilchen und Förderung des Bodenlebens die entzogenen Nährstoffe zu ergänzen. Wir können von unseren Obstgewächsen nur dann eine befriedigende bzw. hohe Wuchs- und Ertragsleistung erwarten, wenn wir die entzogenen Nährstoffe durch Düngung wieder zuführen. Dabei handelt es sich im wesentlichen um die vier sogenannten Kernnährstoffe Stickstoff, Kalium, Phosphor und Kalk.
Mit der Düngung sollen dem Boden jedoch nicht allein fehlende Pflanzennährstoffe zugeführt werden. Ebenso wichtig ist eine **ausreichende Humusversorgung.** Humus ist für die Aufrechterhaltung der Bodengare, die Erhaltung der Krümelstruktur und die physikalische Verbesserung des Bodens unbedingt erforderlich. Den Bodenlebewesen dienen die zugeführten organischen Massen zur Nahrung. Die leicht zersetzlichen Bestandteile, der Nährhumus, werden von den Mikroor-

ganismen des Bodens abgebaut, wobei insbesondere Kohlendioxid und Ammoniak freigesetzt werden. Die schwer zersetzlichen Bestandteile ergeben den Dauerhumus. Dieser erhöht nachhaltig die wasser- und nährstoffhaltende Kraft des Bodens und schützt ihn vor schnellen Reaktionsänderungen. Leichte Böden macht er bindiger und feuchter, schwere lockerer und wärmer.

Jeder Nährstoff hat im Leben der Pflanze seine besondere Aufgabe zu erfüllen. Ersatz eines fehlenden Nährstoffs durch einen anderen ist nicht möglich. Vielmehr wirkt sich ein deutlicher Mangel in Störungen des Pflanzenwachstums aus. Aber auch Überschuß eines Nährstoffs kann sich mitunter nachteilig bemerkbar machen. **Mangel und Überschuß** sind dabei stets im Verhältnis des einen Hauptnährstoffes zu den anderen zu sehen.

Beerenobstgewächse entziehen dem Boden die Nährstoffe im Verhältnis von etwa 8 Teilen Stickstoff, 2 Teilen Phosphor und 10 Teilen Kalium (1:0,22:1,24). (Gewöhnlich ist Phosphor ausreichend, Stickstoff und Kalium aber sind in zu geringem Maße vorhanden).

Humus- und feinerdereiche Böden sind nicht allein nährstoffreicher, sie halten die Nährstoffe auch wesentlich fester als leichte Sandböden. Eine Düngung wirkt sich auf Sandboden deshalb viel deutlicher aus als auf schwerem Boden. Das gleiche gilt auch für die Humusdüngung. Humusdünger werden auf Sandböden infolge der guten Durchlüftung und der schnellen Erwärmung von den Bodenlebewesen schneller als auf schweren Böden abgebaut, wodurch die in ihnen enthaltenen Pflanzennährstoffe schneller wirksam werden. Hinzu kommt, daß die Nährstoffe vom Boden unterschiedlich stark festgehalten werden, und zwar Stickstoff und Kalk am wenigsten, Kalium besser, Phosphor am stärksten.

Die Düngemittel

Bei den Düngemitteln unterscheiden wir zwischen organischen und anorganischen bzw. mineralischen. Organische Düngemittel enthalten die Reste von Pflanzen und Tieren sowie tierische Ausscheidungen. Mineralische Düngemittel sind dagegen natürlich vorkommende oder technisch-industriell gewonnene Salze, die im ursprünglichen Zustand oder besonders aufbereitet und gemahlen in den Handel kommen.

Organische Düngemittel

Die für den Selbstversorger wichtigsten Düngemittel sind die wirtschaftseigenen organischen Dünger, von denen der Komposterde und dem Stalldung die größte Bedeutung zukommen. Sie enthalten neben Humus und den Hauptnährstoffen für das Pflanzenwachstum außerordentlich wichtige Spurenelemente (sog. Mikronährstoffe).

Manchenorts sind Humusstoffe erhältlich, mit denen die Menge des Humusdüngers vorteilhaft erhöht oder mit denen ein spezieller Bedarf gedeckt werden kann. Es handelt sich um Schwarz- und Niedermoortorf, See- und Teichschlamm, Rindenabfälle und Stroh. Bei geringem Anfall werden wir sie gemeinsam mit den übrigen organischen Massen kompostieren, bei hinreichenden Mengen gesondert aufsetzen. Roher Schwarztorf ist besonders dazu geeignet, den Boden für den Anbau von Gartenheidelbeeren vorzubereiten.

Es kommt darauf an, diese wertvollen Düngemittel sorgfältig aufzubewahren, zu pflegen und ohne große Verluste dem Boden zuzuführen.

Für die meisten Gartenfreunde ist **Komposterde** der wichtigste Wirtschaftsdünger. Auf den Komposthaufen gehören alle pflanzenunschädlichen verwesbaren organischen Stoffe. In Anbetracht des Mangels an Humus in den meisten Böden darf kein organisches Material nutzlos verrotten.

Der **Anfall von Komposterde** in einem Kleingarten wird im allgemeinen 0,5 m^3 im Jahr nicht überschreiten. Im Siedler- und Hausgarten wird er unter Einbeziehung der Küchenabfälle, des Abortdüngers und eines Teil der Asche 1 bis 2 m^3 betragen.

Stalldung übt auf das Pflanzenwachstum wie auch auf das Bodenleben und auf den Bodenzustand einen außerordentlich günstigen Einfluß aus. Er soll niemals frisch, sondern wenigstens in angerottetem Zustand auf das Land gebracht werden. Dann wirkt er nicht nur besser, sondern läßt sich auch leichter unterbringen. Durch sorgfältige Behandlung auf der Lagerstätte muß dafür gesorgt werden, daß während der Lagerung möglichst geringe Verluste an Nährstoffen oder organischer Masse eintreten. Zu diesem Zweck wird Stalldung zu einer regelrechten Miete von max. 1,2 m Höhe und 1,5 bis 2 m Sohlenbreite aufgesetzt und mit Komposterde bedeckt.

Im allgemeinen genügen die verfügbaren Mengen an Komposterde, Stalldung usw. nicht, um den Nährstoffbedarf der Beerenobstgewächse zu befriedigen bzw. hohe Erträge zu gewährleisten. Auf eine zusätzliche Düngung mit Mineraldüngern kann deshalb nicht verzichtet werden.

Mineraldünger

Die Mineraldünger enthalten einen oder mehrere Pflanzennährstoffe. Nach dem überwiegend vorhandenen Nährstoff unterscheiden wir Stickstoff-, Phosphor-, Kali- und Kalkdünger.

Mineraldünger sind meist von salzartiger Beschaffenheit und oft wasseranziehend. Dadurch klumpen sie leicht und verlieren ihre Streufähigkeit. An Wert verlieren sie auch, wenn sie beim Lagern miteinander vermischt werden. Sie sind deshalb sehr sorgfältig in gesonderten Behältern und in trockenen Räumen aufzubewahren.

Volldünger sind industriell hergestellte Mischdünger, die mindestens die drei Kernnährstoffe Stickstoff, Kalium und Phosphor enthalten, außerdem vielfach Kalzium, Magnesium und Spurenelemente. Sie werden im Garten in zunehmendem Maße angewendet. Dies liegt vor allem daran, daß sie, obzwar teurer, bequem in der Anwendung sind, im Gegensatz zu Einzeldüngern in Kleinpackungen angeboten werden und ständig greifbar sind. Weitere Vorteile sind, daß sie nur geringen Lagerraum benötigen und keine großen Dünge- und Mischfehler vorkommen können. Nachteilig ist, daß die Düngung nicht den speziellen Ansprüchen der Pflanzen und

Die wichtigsten mineralischen Düngemittel für Beerenobst

Düngemittel	Nährstoffgehalt als Element %	Beschaffenheit	Wirkungsweise
Stickstoffdünger			
Kalkammonsalpeter	20 N 15 Ca	Grauweiß, körnig, gut streubar	schnell und nachhaltig, neutral
Kaliammonsalpeter	15 N 25 K 3 Ca	weißlichgelb fein- bis grobkörnig, gut streubar	schnell und nachhaltig, neutral
Schwefelsaures Ammoniak	21 N	feinkörnig, salzartig	langsam und nachhaltig, sauer
Piaphoskan grün	45 N 2,5 Mg	grün, feinkörnig	schnell und nachhaltig, neutral, Amid. Nur bei Bodentemperaturen über 5 °C und auf garem Boden anwenden
Phosphordünger			
Superphosphat	8 P 50 $CaSO_4$	hellgrau, erdig	schnell und nachhaltig, wasserlöslich, für neutrale Böden, wasseranziehend
Alkalisinterphosphat	11 P 28 Ca 15 K	hellgrau, pulverig	langsam, nachhaltig, zitratlöslich, alkalisch
Thomasphosphat	7 P 35 Ca 6 Mg	schiefergrau/graubraun, schweres Pulver	langsam, nachhaltig, zitronensäurelöslich, alkalisch
Kalidünger			
Kamex	33 K 10 $MgSO_4$	weißlichgrau, pulverig	ziemlich schnell, nachhaltig, neutral
Schwefelsaures Kali	42 K	weiß, feinkörnig, salzartig	ziemlich schnell, nachhaltig, neutral, fast chlorfrei
Volldünger			
Nährsalzmischung S 1	10,5 N 25,7 K 1,2 P 4 Ca 0,8 Mg	weiß, feinkörnig, salzartig	schnell und nachhaltig, mit Spurenelementen, für Flüssigdüngung
Piaphoskan blau-extra	12,5 N 3 P 16 K	blaugrau/weiß, fein- und grobkörnig	schnell und nachhaltig, chloridfrei

(Fortsetzung)

Düngemittel	Nährstoffgehalt als Element %	Beschaffenheit	Wirkungsweise
Wopil	15 N 7 P 20 K 1 Ca 2 Mg	weiß, feinkörnig, salzartig	schnell und nachhaltig, mit Spurenelementen, für Flüssigdüngung
Humustan Typ II	8 N 3,1 P 9,1 K	bräunlich, erdig	langsam, nachhaltig, enthält organische Substanzen
Kalkdünger			
Kohlensaurer Düngekalk (Kalkmergel)	36 Ca	weißlich, pulverig	langsam, nachhaltig, für leichte Böden
Karbidkalkhydrat (Bunakalk)	45 Ca	erdig-pulverig, graublau	schnell, für mittlere bis schwere Böden
Branntkalk (Ätzkalk)	58 Ca	gelblichweiß bis weißlichgrau, pulverig	schnell, energisch, für schwere Böden und Kompost

den gegebenen Nährstoffverhältnissen im Boden angepaßt werden kann bzw. die Lagerhaltung von Volldüngern mit unterschiedlich hohem Nährstoffgehalt erforderlich sein könnte.
Die wichtigsten mineralischen Düngemittel sind vorstehend aufgeführt.

Düngermengen und Durchführung der Düngung

Von großer Bedeutung für die Bestandsentwicklung und Ertragsbildung ist ein ausreichender Nährstoffgehalt im Boden, und zwar nicht nur in der Krume, d. h. in der oberen Bodenschicht bis 20 cm Tiefe, sondern auch noch in der Schicht bis 50 cm Tiefe. Die Ertragssicherheit wird wesentlich erhöht, wenn die Schicht unterhalb der Krume ausreichend mit Kalium und Phosphor versorgt ist. Das macht sich besonders in trockenen Sommern bemerkbar, wenn der Wasser- und Nährstoffbedarf vorwiegend aus tieferen Schichten gedeckt werden muß.
Der Nährstoffvorrat des Bodens kann nur durch eine **Bodenanalyse** bestimmt werden. Der Gartenfreund wende sich zu diesem Zweck an die Labors der Kreisvorstände des Verbandes der Kleingärtner, Siedler und Kleintierzüchter oder an die Außenstellen des Agrochemischen Untersuchungs- und Beratungsdienstes der Akademie der Landwirtschaftswissenschaften der DDR in Rostock, Frankfurt (Oder), Potsdam, Halle, Leipzig und Jena. Eine derartige Untersuchung sollte zweckmäßigerweise vor Anlage einer Pflanzung vorgenommen werden. Später genügt es, sie in Abständen von drei bis vier Jahren zu wiederholen. Welche Mengen an Kalium, Phosphor und Kalk mit der

Düngung zugeführt werden müssen, ergibt sich auf Grund der Bodenuntersuchung. Die Stickstoffmenge ist dagegen entsprechend dem jeweiligen Bedarf der Pflanzenart und dem Entwicklungszustand des Bestandes zu bemessen.

Dabei ist auf die Einhaltung des vorn angegebenen Nährstoffverhältnisses von 8:2:10 zu achten. Abweichungen im Nährstoffbedarf einzelner Arten können in Anbetracht der wenigen Beerenobstgewächse im Garten sowie des üblichen Mischanbaus vernachlässigt werden, zumal der vor allem für Beerenobst angewandte Volldünger „Piaphoskan blau – extra" eben dieses Nährstoffverhältnis aufweist. Akuter Kaliummangel muß durch Anwendung eines Kalidüngemittels oder eines Volldüngers mit hohem Kaliumanteil, z. B. „S1", ausgeglichen werden. Die Anwendung der Düngemittel zu den einzelnen Beerenobstarten ist in den Einzelbeschreibungen angegeben.

Bei **Aufbewahrung und Ausbringung der Düngemittel** ist zu beachten, daß sich einzelne Dünger nicht miteinander vertragen und nicht gleichzeitig gegeben werden dürfen. Ammoniakhaltige Düngemittel, wie Stalldung, Jauche und Ammoniaksalze, dürfen nicht mit Kalk oder kalkhaltigen Düngemitteln in Berührung kommen, da der Kalk zum Entweichen von Ammoniak führt und den Dünger damit entwertet. Ähnlich ist es mit Superphosphat, dessen Phosphor bei Berührung mit Kalk schwerlösliche Verbindungen eingeht.

Da auf den meisten Böden die **Gefahr der Versauerung** besteht, sind saure und physiologisch saure Dünger, zum Beispiel Schwefelsaures Ammoniak, sehr vorsichtig zu geben, und es ist stets für einen entsprechenden Ausgleich durch alkalische Düngemittel zu sorgen. Diesem Zweck dient auch die Kalkdüngung, die im allgemeinen alle 3 bis 4 Jahre in einer Menge von 15 bis 20 kg je Ar erforderlich ist.

Humusdünger ändern die Bodenreaktion kaum. Sie verhindern im Gegenteil schädliche Reaktionsänderungen.

Bewässerung

Wassermangel im Boden hemmt nicht allein die normalen Lebensvorgänge, sondern stellt das Leben der Pflanzen selbst in Frage. Vorhandene Nährstoffe können ohne Wasser nicht aufgenommen werden, so daß **Wassermangel zugleich Nährstoffmangel** bedeutet. Anhaltende Trockenheit führt dazu, daß die Pflanzen ihr Wachstum einstellen, in besonders schlimmen Fällen sogar ihr Laub verlieren, daß die angesetzten Früchte verkümmern, abfallen oder saftarm und sauer bleiben. Abgesehen von dem augenblicklichen Ertragsausfall, wirken sich die Dürreschäden auch auf die Winterhärte und den Blütenansatz für das nächste Jahr ungünstig aus.

Die vorhandenen Niederschlagsmengen genügen im Jahresdurchschnitt kaum, den Wasserbedarf der Pflanzen zu decken. Niederschlagsmenge und Wasserbedarf sind außerdem im Verlauf des Jahres nicht ständig gleich. Den **höchsten Wasserbedarf** haben die Obstgewächse im Frühjahr und Frühsommer, zu einer Zeit mit verhältnismäßig geringen Niederschlägen und oft anhaltenden Trockenzeiten.

Abb. 18 Beregnung von Erdbeeren

Am stärksten macht sich dieser Wassermangel auf leichtem, sandigem Boden bemerkbar. Im Hochsommer dagegen können die Niederschlagsmengen vielfach den Wasserbedarf übersteigen, wenn zu dieser Zeit kühles Wetter herrscht.

Durch **zusätzliche Bewässerung** während der Monate Mai bis Juli/August wird nicht nur der Ertrag des Jahres gesichert. Weitgehende Ausbildung aller Fruchtansätze während der Reifeperiode und allgemeine Qualitätsverbesserung der Früchte bewirken in den meisten Fällen beachtliche Ertragssteigerungen. Zugleich wird eine frühzeitige und ausreichende Blütenknospendifferenzierung gefördert und gesichert.

Für die Obstkulturen am günstigsten, jedoch mit hohem Wasseraufwand verbunden, ist bei mittleren Bodenverhältnissen zweifellos die **Furchenberieselung**, bei der das Wasser durch ein Furchennetz auf den Wurzelbereich der Obstgewächse ausgebracht wird. Ungeeignet ist dieses Rieselverfahren auf sandigen, durchlässigen Böden, da zuviel Wasser in der Nähe des Einlaufs versickert und nicht zu den entfernteren Stellen gelangt. Hier muß man zur Beregnung greifen.

Die **Beregnung** hat den Vorteil, daß das Wasser sehr gleichmäßig verteilt wird und sich während des Fallens etwas erwärmen und mit Sauerstoff anreichern kann. Als Nachteil ist die unvermeidliche Befeuchtung von Blät-

tern und Früchten anzusehen, die eine erhöhte Anfälligkeit für Pilzkrankheiten verursacht.
Nach der Bewässerung sind die Bewässerungsfurchen umgehend zuzuziehen bzw. ist der Boden zu hacken. Insgesamt ist zu beachten, daß wenige tiefer in den Boden eindringende Wassergaben nützlicher sind, als häufige oberflächliche. Der Boden soll nicht übermäßig, aber gründlich durchfeuchtet werden. Maßgebend für die Dringlichkeit, die Anzahl und Höhe der **Bewässerungsgaben** sind immer die Niederschlagsverhältnisse, der Boden und die Pflanzenart. Hierzu siehe die Einzelbeschreibungen. Auf leichten Sandböden ist etwa die doppelte Anzahl von Wassergaben erforderlich wie auf schweren Böden. In Trockenjahren kann eine weitere Erhöhung notwendig werden.
Die **benötigte Wassermenge** kann man leicht errechnen, wenn man die Regenhöhe mit der zu bewässernden Fläche multipliziert, also 20 (mm) $\times$ 500 (m^2) = 10 000 l = 10 m^3.

Allgemeines zur Kronengestaltung

Mit der Kronengestaltung wird bezweckt, bei Beerensträuchern ein wuchskräftiges, tragfähiges, gut gegliedertes, lichtes Kronengerüst zu erziehen und instandzuhalten sowie die Bildung und ständige Erneuerung von kräftigem Fruchtholz zu veranlassen. Der Aufbau einer kräftigen, lockeren und lichten Krone ermöglicht eine gute Belichtung des Laubes und damit eine ausreichende Ernährung der Zweige im gesamten Kronenraum. Dadurch bleibt auch das Fruchtholz im Kroneninnern lebenstätig, so daß sich der Fruchtertrag auf die ganze Krone erstreckt.

Natürliche Voraussetzungen des Kronenwachstums

Triebförderung

Betrachten wir einen aufrecht stehenden einjährigen Langtrieb, so bemerken wir, daß die jüngsten, an der Triebspitze befindlichen Knospen stärker ausgebildet sind als die in der Triebmitte oder am Triebgrund, am stärksten die sogenannte Gipfel- oder Terminalknospe. Treibt dieser Trieb im Frühjahr aus, so können wir feststellen, daß die Knospen an der Triebspitze nicht allein zeitiger, sondern auch stärker austreiben. Aus ihnen entwickeln sich mehrere kräftige Langtriebe. Das **stärkste Wachstum** weist die steilstehende Gipfelknospe auf, während die Triebstärke von der Spitze nach der Basis zu abnimmt.
Auch die **Wuchsrichtung** ändert sich von der Spitze zur Basis. Der oberste Trieb steht am steilsten. Die folgenden nehmen eine mehr schräg-aufrechte Stellung ein, und die schwachen Kurztriebe in der Triebmitte stehen waagerecht.
Auch in den folgenden Jahren beobachten wir sinngemäße Erscheinungen. Der stärkste Zuwachs ist an dem steilstehenden Mitteltrieb festzustellen, während die Triebstärke um so mehr nachläßt, je tiefer und weniger steil die alten Triebe stehen.
Mit zunehmendem Alter des Astes verlagert sich die Triebförderung von der Spitze auf die basisnäheren Knospen, und zwar um so stärker, je mehr der Altwuchs geneigt ist.

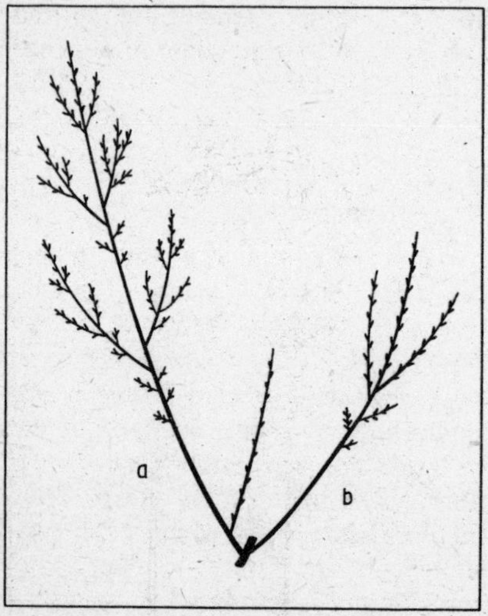

Abb. 19 Schema der Triebförderung bei Strauchobst
a = am 4jährigen Ast, b = am 2jährigen Ast

Sobald an den Triebspitzen kein nennenswerter Zuwachs mehr stattfindet, aber auch, wenn die Spitzenknospen durch Witterungseinflüsse oder Schädlinge zerstört wurden, kommt es zur Bildung von **Erneuerungsknospen an den basalen Astteilen,** aus denen kräftige, je nach Sorte bis 1 m lange Langtriebe hervorgehen. An ihnen wiederholt sich die bereits geschilderte Entwicklung. Es ist also ein bestimmter Entwicklungsrhythmus zu erkennen. Die Wuchsstärke der Erneuerungstriebe nimmt von der Astbasis zur Astmitte hin ab.

Diese hier geschilderte Entwicklung ist typisch für Johannisbeeren, Stachelbeeren und Gartenheidelbeeren, in beschränktem Umfang auch für Weinreben. Sie trifft nicht für Himbeeren und Brombeeren zu.

Kronengestaltung und Ertragsbildung

Zwischen Triebwachstum und Blütenbildung bzw. der Fruchtbarkeit eines Obstgehölzes (auch seiner einzelnen Organe und Astsysteme) besteht ein unmittelbarer Zusammenhang. Herrscht zwischen beiden ein ausgeglichenes Verhältnis, so befindet sich das Gehölz im **physiologischen Gleichgewicht.**

In der sich natürlich entwickelnden Krone befinden sich die kräftigsten und verhältnismäßig meisten Triebe und das kräftigste Fruchtholz an mittelstarken, gut belichteten Langtrieben. Mit jeder Triebgeneration baut sich die fruchtbare Zone nach außen bzw. nach oben aus. Zugleich nimmt die Anzahl der Austriebe zu, ihre Stärke sowie die der Blütenknospen jedoch ab. Die Fruchtungstendenz der Blüten sowie die Größe der aus ihnen hervorgehenden Früchte bzw. Fruchtstände nimmt ebenfalls mit abnehmender Triebstärke ab.

Die Zunahme der Triebanzahl in der Spitzenregion der Gerüstäste sowie die Bildung von Erneuerungstrieben an der Strauchbasis bewirken bei ungehindertem Wachstum ein schnelles Dichterwerden der Sträucher. Andererseits bietet die Bildung von Erneuerungstrieben die Möglichkeit zu ständiger Verjüngung und damit zur Bildung kräftiger Fruchttriebe. Ungepflegte und unbehandelte Sträucher überaltern bald, besonders auf trockenen und nährstoffarmen Standorten, und bringen nur kleine Beeren von geringer Qualität und ungenügende Erträge. Der Obstanbauer muß deshalb zu jeder Zeit bemüht sein, durch ge-

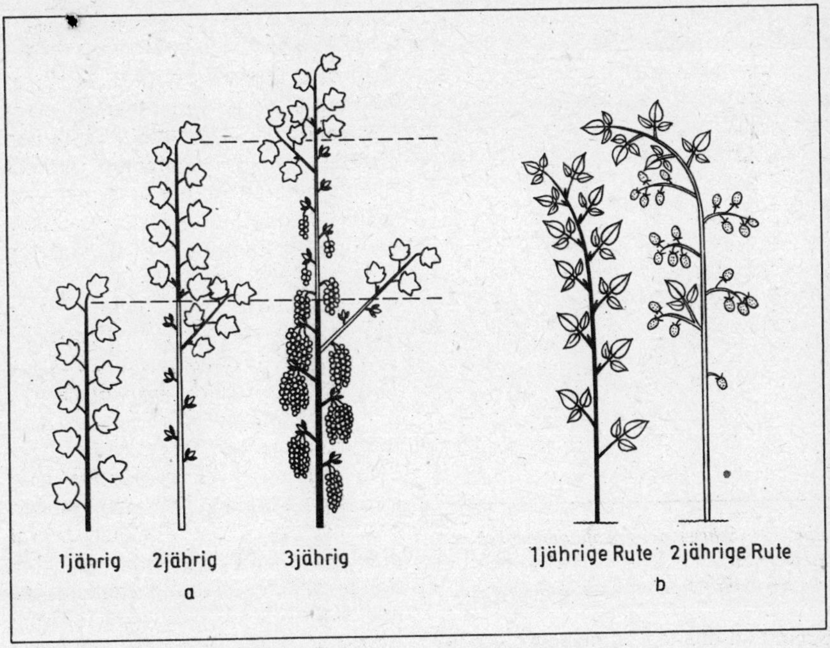

Abb. 20 Zonen der Ertragsbildung bei Beerensträuchern (nach Blasse)
a = Johannisbeere, b = Himbeere

eignete Maßnahmen die Krone in allen ihren Teilen bei voller Erhaltung der Fruchtbarkeit triebkräftig und möglichst begrenzt zu halten.

Beim Strauchbeerenobst hat jede nicht übertriebene Triebförderung auch eine Förderung des Blütenknospenansatzes zur Folge. Ausreichende Fruchtbarkeit ist also bereits durch sachgemäße und ausreichende Bodenpflege, Düngung, Bodenbearbeitung und Bewässerung sowie durch regelmäßigen Pflanzenschutz zu erreichen.

Der Kronengestaltung kommt die Aufgabe zu, durch Auslichten, Teilverjüngen und Richten der Äste zu verhindern, daß die Sträucher überaltern, auseinanderfallen und zu dicht werden. Ferner soll sie durch Lichthalten des Kroneninnern die Assimilation unterstützen und die Wirksamkeit der Pflanzenschutzmaßnahmen erhöhen.

Wirkung gestaltender Eingriffe

Die Wachstumsgesetze der natürlichen Krone gelten auch für die gestaltete Krone. Besonders zu beachten sind die Besonderheiten des Trieb- und Kronenwachstums. Von allgemeiner Bedeutung sind die Gesetzmäßigkeiten der Triebförderung sowie die der nachstehend beschriebenen Schnittwirkungen.

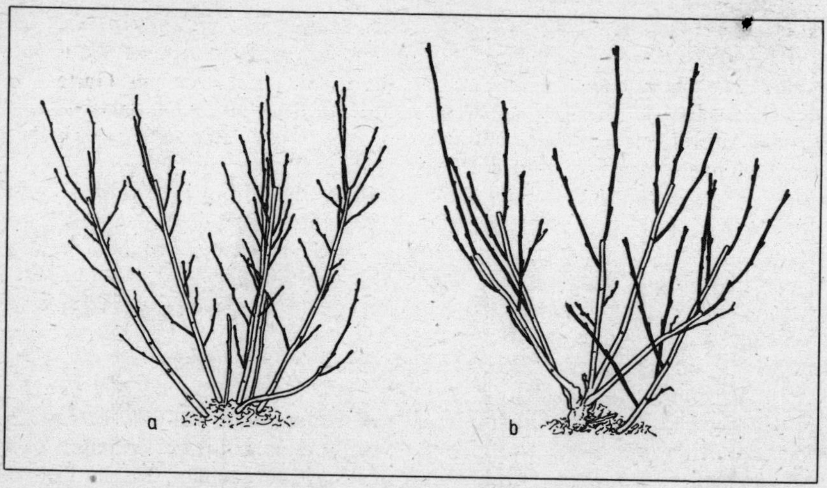

Abb. 21 Schnittwirkung bei Beerensträuchern (Johannisbeerbüschen) a = bei langem Schnitt, b = bei kurzem Schnitt

Schnittwirkungen

Beim Schnitt macht man sich die Eigenschaft der Gehölze zunutze, verlorengegangene Organe zu ersetzen und den Verlust durch verstärkten Austrieb wieder wettzumachen. Auf die Schnittmaßnahmen reagieren die Gehölze in bestimmter Weise. Besonders deutlich wird das an einer jungen, einjährigen Krone:

1. Schneidet man eine Krone in allen ihren Teilen scharf zurück, so bildet sie aus den wenigen ihr verbleibenden Knospen wenige, aber kräftige Triebe.
2. Schneidet man die gleiche Krone nur wenig oder gar nicht zurück, so bildet sie aus den zahlreichen ihr verbleibenden Knospen zahlreiche, aber schwache Triebe.
3. Schneidet man jedoch einen Teil der Alttriebe stark, den anderen schwach zurück, so treiben die stark geschnittenen Triebe verhältnismäßig schwach, die schwach geschnittenen Triebe verhältnismäßig stark aus; die schwach geschnittenen Triebe werden also gegenüber den stark geschnittenen im Austrieb gefördert.

Kronengerüst

Das Kronengerüst wird von den Gerüstästen gebildet. Es stellt gewissermaßen das Skelett der Krone dar. Als **Gerüstäste** bezeichnen wir alle vom Stamm (Wurzelstamm) bzw. von der Stammverlängerung abgehenden Hauptäste, als **Gerüsttriebe** ihre Verlängerungen. Die von den Gerüstästen abgehenden Äste werden **Seitenäste** genannt, deren letztjährige Verlängerungen sowie an den Gerüstastverlängerungen befindliche Triebe **Seitentriebe**. An den Gerüst- und Seiten-

ästen sitzt das eigentliche **Fruchtholz**. Die Eigenschaften des Kronengerüstes werden durch **Stellung und Anzahl der Gerüstäste** bestimmt. Maßgebend für die Anzahl der Gerüstäste und deren Stellung zueinander sind die beabsichtigte Gerüstastentfaltung und die Wuchseigenschaften des betreffenden Strauches, die von der Art, der Sorte und dem Standort abhängen. Kronen mit freier, naturgemäßer Gerüstastentfaltung haben eine vielfach größere Ausdehnung und benötigen mehr Platz als Kronen, die einen Fruchtholzschnitt erhalten. Schwachwüchsige Arten und Sorten, z. B. 'Heros', können eine größere Anzahl von Gerüstästen erhalten als starkwachsende, z. B. 'Rondom'.
Gewöhnliche Kronen weisen einen runden **Grundriß** auf. Schmale Kronen sind nicht allein leichter zu bearbeiten, sie werden auch besser belichtet, können demzufolge besser assimilieren, sind dadurch fruchtbarer und bringen Früchte von höherer Qualität

Abb. 22 Schema des Kronengerüsts bei Strauchobst.
Die Ziffern 1–3 sind Ordnungszahlen

hervor. Das hat zur Entwicklung von schmalen, heckenförmigen Kronen geführt, die sich auch im Garten bei freiem Stand anwenden lassen.

Kronenbau

Entscheidend für die gesamte Schnittpflege an einem Obstgehölz ist der Kronenbau, das heißt die Art der Gerüstastentfaltung.
Bei der **freien Gerüstastentfaltung** findet ein Rückschnitt der Gerüsttriebe nur während der kurzen Erziehungszeit statt. Die laufende Schnittbehandlung während der Ertragszeit besteht anfangs im **alljährlichen Auslichten** (Überwachen), d. h. im Beseitigen von Trieben, die zu dicht stehen und die Ordnung stören, später zusätzlich im regelmäßigen Beseitigen abgetragener Frucht- und Gerüstäste und deren Ersatz durch kräftige Basis- oder Bodentriebe.
Diese Art der Kronengestaltung wird zweckmäßigerweise bei allen Sträuchern von Johannis-, Stachel- und Gartenheidelbeere angewendet.
Eingeschränkte Gerüstastentfaltung ist durch alljährliche starke Schnitteingriffe gekennzeichnet. Sie besteht in einem jährlichen Auslichten der Fruchttriebe (Vereinzeln) sowie im regelmäßigen Beseitigen abgetragener Fruchtäste (Fruchtholzumtrieb), ferner gegebenenfalls in einem alljährlichen Rückschnitt der verbliebenen Triebe (Fruchtholzschnitt).
Durch diese Maßnahmen wird die Bildung und **Erziehung von Fruchtholz unmittelbar an den Gerüstästen und kurzen Seitenästen** bewirkt. Das kurze Seitenholz bzw. die einzeln stehenden Fruchtzweige ermöglichen

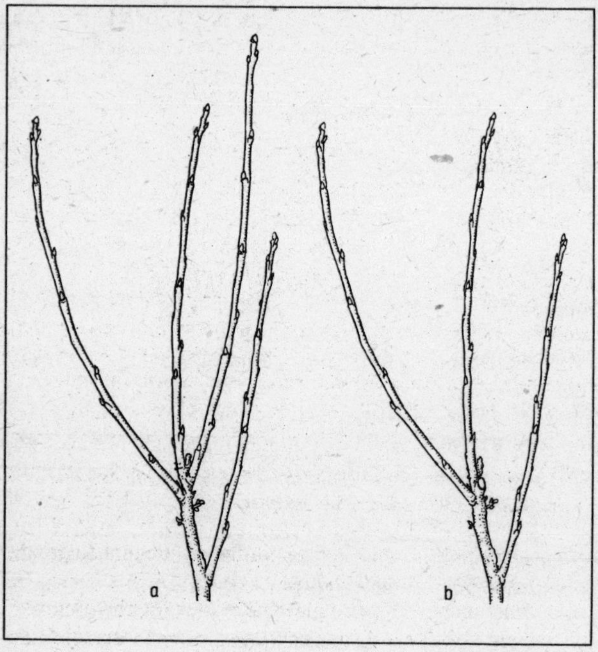

Abb. 23 Auslichten an einem jungen Ast. Überflüssige und störende Triebe werden beseitigt a = vorher, b = nachher

eine gute Belichtung und Ernährung des Fruchtholzes und bewirken damit eine Steigerung der Fruchtgüte und einen regelmäßigen Ertragsverlauf. Der ständig starke Schnitt des Seitenholzes führt zu dauernder starker Jungtriebbildung, was sich günstig auf die Ertragsbildung auswirkt. Andererseits wird durch den dauernden Rückschnitt der Kronenumfang erheblich eingeschränkt, so daß auf gleicher Fläche mehr Gehölze untergebracht werden können.

Fruchtholzschnitt und Vereinzeln der Fruchttriebe erfordern, selbst in einfachster Form durchgeführt, einen wesentlich höheren Arbeitsaufwand als der Schnitt bei freier Gerüstastentfaltung. Er setzt Erfahrung und Stetigkeit voraus. Sobald die strenge Schnittbehandlung aufgegeben wird und der Strauch sich selbst überlassen bleibt, erweist sich die gewählte Gerüstastanzahl als zu hoch und der Standraum als zu eng.

Das bloße **Vereinzeln der Fruchttriebe** (Langtriebe) einschließlich des Beseitigens der abgetragenen Fruchtäste wird bei Sträuchern der Schwarzen Johannisbeere angewendet, für die es auf Grund der spezifischen Blütenknospenbildung an einjährigen Langtrieben die angemessene Form der Kronengestaltung ist. Ferner kann es vorteilhaft bei Stämmchen schwachwachsender Stachelbeersorten angewendet werden.

Der **Fruchtholzschnitt**, der im Verein-

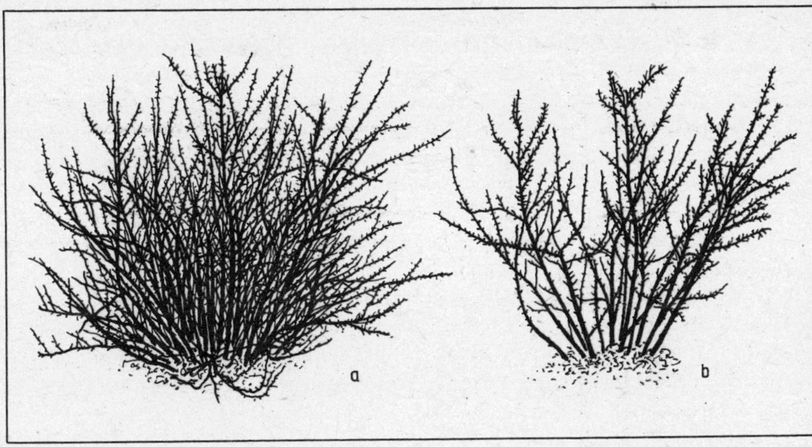

Abb. 24 Auslichten und Teilverjüngung an einem Beerenobststrauch. Abgetragene Äste und überflüssige Triebe und Äste werden entfernt. a = vorher, b = nachher

zeln und im Rückschnitt der verbleibenden Langtriebe besteht, ist die geeignete Schnittart für Stachelbeer- und einige Johannisbeersorten. Für Hochstämmchen ist er unbedingt erforderlich, wenn die Krone an zusagendem Standort und bei hohem Ertrag nicht nach kurzer Zeit ausbrechen soll. In extrem geregelter Form findet der Fruchtholzschnitt bei Weinspalieren statt.

Astrangordnung

Aus der Anwendung der Gesetzmäßigkeiten der Triebförderung und der Schnittwirkung sowie der Berücksichtigung insbesondere der Gerüstastrichtung und der Gerüstastentfaltung im praktischen Anbau hat sich die überragende Bedeutung der Astrangordnung für dieErhaltung des Gleichgewichts in der Krone und damit der Leistungsfähigkeit des Gehölzes ergeben.

Der Astrangordnung liegen folgende Grundsätze zugrunde:

1. Äste gleicher Ordnung und gleichen Alters sind in ihrer Ausdehnung und Entfaltung einander gleichzuordnen.
2. Jüngere Äste sind älteren Ästen gleicher Ordnung und gleicher Mutterachse unterzuordnen.
3. Äste höherer Ordnung sind Ästen niedriger Ordnung, aus denen sie hervorgegangen sind, unterzuordnen.

In dieser Form ist die Astrangordnung insbesondere bei Stämmchen, Weinspalieren und Heckenformen zu beachten. Dabei ist die angeführte Regel auch auf die einzelnen Elemente eines Astgerüstes anzuwenden.

Zeit und Technik der Kronengestaltung

Der **günstigste Zeitpunkt** für den Schnitt ist, technisch gesehen, der

Winter, die Zeit von Dezember bis Februar. Die unbelaubte Krone bietet den besten Überblick über ihren Aufbau. Dies ist von besonderer Bedeutung für den Erziehungsschnitt, den Überwachungsschnitt und z. T. den Fruchtholzschnitt. Der Rückschnitt der Triebe kann ohne weiteres im Winter durchgeführt werden. Der Pflanzschnitt erfolgt bei Herbstpflanzung im **Nachwinter**, bei Frühjahrspflanzung dagegen sofort nach dem Pflanzen. Das Beseitigen abgetragener Frucht- und Gerüstäste und sonstiger störender Teile, also das Auslichten, sollte man nach Möglichkeit bereits im **Sommer** nach der Ernte bzw. im Zusammenhang mit der Ernte vornehmen. Es läßt sich dann schon ohne weiteres erkennen, welche größeren Äste entfernt werden müssen, und man hat den großen Vorteil, daß die verbleibenden Organe besser belichtet und damit besser ernährt werden. Die entstehenden Wunden beginnen noch vor dem Winter zu verheilen.

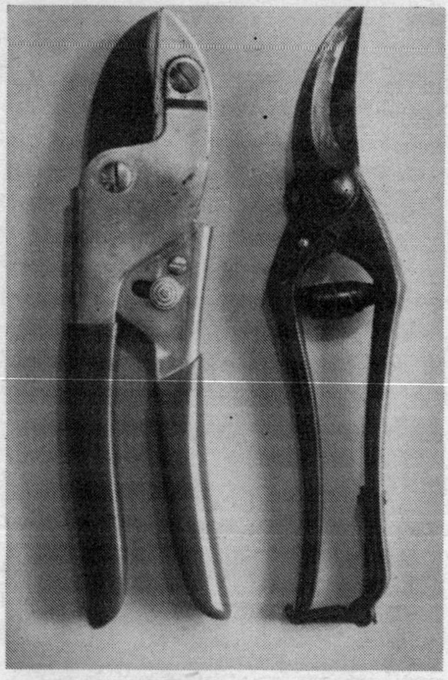

Abb. 25 Baumscheren. Links zweischneidige Schere, rechts einschneidige Schere mit „ziehendem" Schnitt

Der Schnitt muß so ausgeführt werden, daß die **Schnittwunden** schnell und vollständig verheilen, denn jede Wunde beeinträchtigt die Leistung und gefährdet die Gesundheit des Gehölzes. Eine Schnittwunde verheilt um so besser und schneller, je kleiner sie ist, je glatter ihre Schnittfläche ist und je günstiger diese zu den Leitgefäßen liegt.

Zum Schneiden verwenden wir vorzugsweise **Baumscheren**. Baumscheren sollen einfach zu handhaben, stabil, leichtgängig und der Handgröße angemessen sein, um schnelle, saubere Schnittarbeit leisten zu können. Außerdem sollen sie leicht instandzuhalten sein.

Zum Beseitigen von starken Gerüstästen an der Basis von Sträuchern eignet sich am besten eine **Langgriffschere**. Zweckmäßigerweise kann man auch eine **Baumsäge mit schmalem Blatt** verwenden.

Zum Glätten ausgerissener Schnitt- und sonstiger Wunden dient das **Gartenmesser**, die Hippe. Mit ihr können wir auch die Triebe beim Pflanzschnitt zurückschneiden.

Alle Schnittgeräte sollen pfleglich behandelt, vor Rost geschützt und wenigstens einmal im Jahr mit Spiritus gesäubert und geschärft werden. Danach werden sie mit Maschinenöl eingefettet, besonders die Gelenke.

Abb. 26 Langgriffschere zum Ausästen von Beerensträuchern

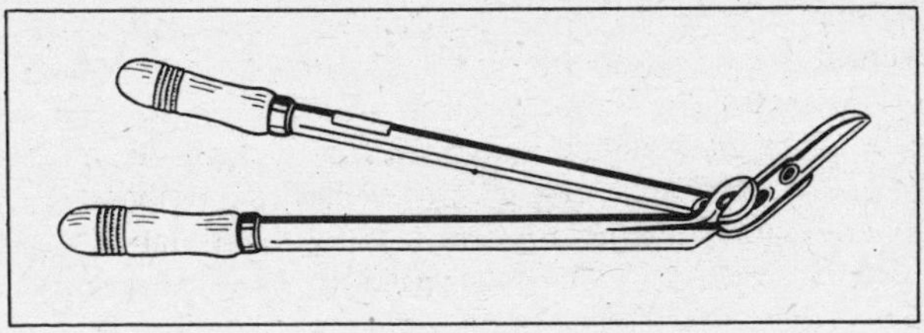

Wichtig für die Verheilung ist eine günstige **Schnittführung**. Triebe werden so zurückgeschnitten, daß ein möglichst kleiner Zapfen oberhalb der angeschnittenen Knospe verbleibt. Bei zu tief angesetzter Schnittstelle trocknet das Auge leicht aus. Die Schere wird so gegen den Trieb geführt, daß die Scherenöffnung in Richtung der Knospe und die ausgebogene Klinge nach oben zeigt.

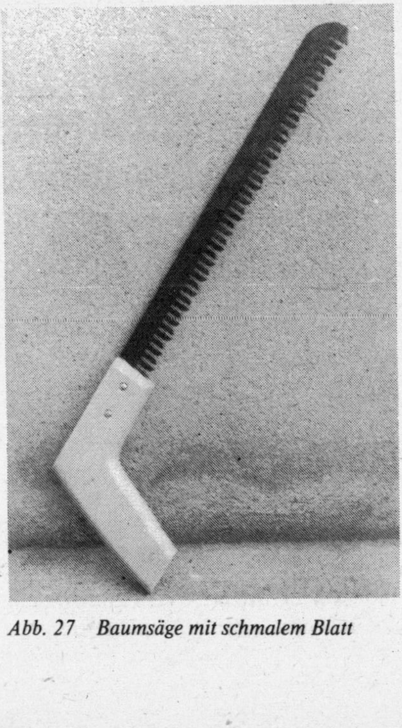

Abb. 27 Baumsäge mit schmalem Blatt

Beim Rückschnitt auf einen tiefer stehenden Trieb oder Ast ist die Schnittfläche in Verlängerung der Oberseite dieses Triebes anzulegen. Müssen Triebe und schwache Äste gänzlich entfernt werden, so schneidet man auf Astring. Dabei entsteht die kleinste Wunde. Starke Äste werden dagegen so weit zurückgenommen, daß die Schnittfläche parallel zum Ast verläuft.

Das Verheilen von Schnitt- und sonstigen Wunden wird wesentlich beschleunigt und die Infektionsgefahr herabgesetzt, wenn sie unmittelbar nach dem Schneiden einen sachgemä-

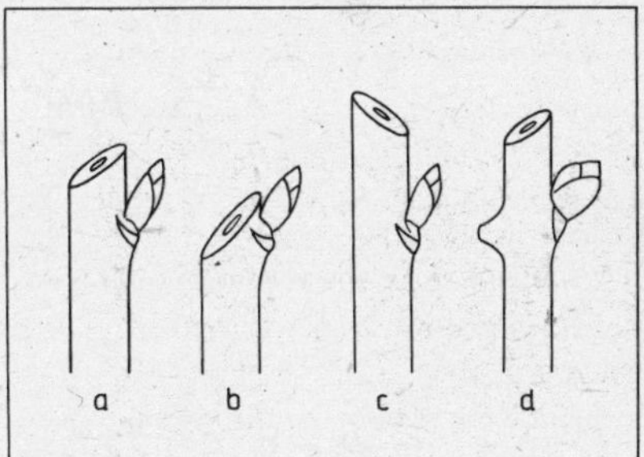

Abb. 28 Schnittführung beim Rückschnitt von Trieben.
a = richtige Führung des Schnittes, b = falsch, zu lang und zu tief, c = falsch, zu hoch, es bleibt ein Zapfen stehen, d = richtige Schnittführung beim Rebschnitt, es muß ein kurzer Zapfen stehen bleiben

Abb. 29 Richtiger Ansatz der Schere oben = beim Rückschnitt eines Triebes, unten = beim Zurücksetzen eines Astes

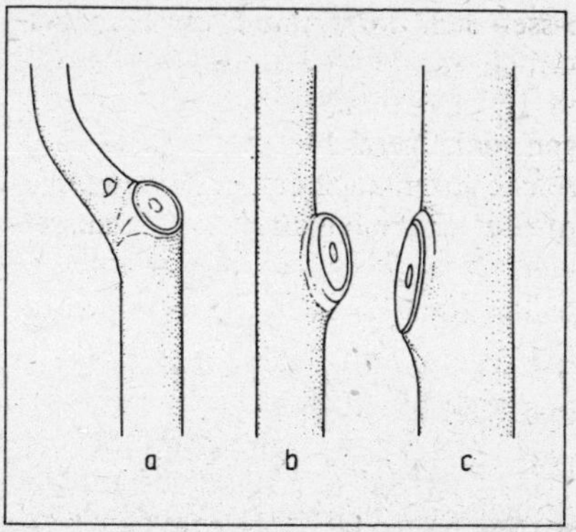

Abb. 30 Schnittführung beim Zurücksetzen und Absetzen von Ästen
a = Zurücksetzen von Ästen,
b = Astringschnitt, c = Absetzen von Ästen

ßen **Wundverschluß** erhalten. Hierzu können Baumwachs, Latex- und Alkydharzfarben und andere pflanzenunschädliche Verstrichmittel verwendet werden.

Formierungsarbeiten, wie Richten, Stäben, Herabbinden usw., nimmt man vorteilhaft im Hochsommer, in der Zeit von Juli bis August vor. Die zu diesem Zeitpunkt erreichten Formveränderungen bleiben auch weiterhin erhalten.

Allgemeine Regeln für den Pflanzenschutz

Zum Pflanzenschutz im weitesten Sinne gehören alle Pflegemaßnahmen, die der Gesunderhaltung von Strauch und Früchten dienen. Sorgfältige Standortwahl, Auswahl standortgemäßer Sorten, Anlage von Schutzpflanzungen gegen Wind und Kaltluft sind die Voraussetzungen für ein gutes Gedeihen der Obstgewächse. Sachgemäße Bodenbearbeitung, Düngung und Schnittpflege haben eine günstige Ernährung der Gehölze zum Ziel und sollen Erschöpfungserscheinungen nach reichen Ernten verhindern. Das Vermeiden von Beschädigungen bei den Kulturarbeiten sowie sorgfältige Wundpflege schützen die Gehölze vor Befall mit holzzerstörenden Pilzen und Insekten. Diese Maßnahmen sind selbstverständlich Voraussetzungen für einen erfolgreichen Obstbau und lassen sich durch nichts ersetzen. Natürlich kann auf die direkte Bekämpfung von Krankheiten und Schädlingen nicht verzichtet werden, da zahlreiche Arten auch den gesunden Organismus angreifen und die Voraussetzung für das Eindringen weiterer Schädiger schaffen.

Schutz vor schädlichen Tieren und Krankheiten

Die wichtigsten Krankheiten und Schädlinge der einzelnen Beerenobstarten sind bei deren Beschreibung angegeben. Bei ihrer Bekämpfung unterscheiden wir nach der Wahl der Mittel mechanische, biologische und chemische Bekämpfungsmaßnahmen. In Anbetracht der Schwierigkeit, im Selbstversorgerobstbau mit Rücksicht auf die verschiedenen Nachbarkulturen, vor allem in der Vegetationszeit, eine wirksame Spritzfolge einzuhalten, kommt den mechanischen und biologischen Maßnahmen eine besonders große Bedeutung zu.

Mechanische Maßnahmen

Die mechanische Bekämpfung besteht im Beseitigen von Pflanzenteilen, die von Krankheiten und Schädlingen befallen sind, sowie im Aufsuchen und Töten der Schädlinge. Die in der 1. Durchführungsbestimmung vom 5. März 1954 zum Gesetz zum Schutze der Kultur- und Nutzpflanzen – Bekämpfung von Schädlingen und Krankheiten im Obstbau während des Winters – angeordneten Bekämpfungsmaßnahmen sind, mit Ausnahme der Winterspritzung, solche mechanischen Maßnahmen. Nach dem Gesetz sind die Eigentümer und

Abb. 31 Löcherschwamm an ungepflegtem Johannisbeerbusch; Ausbrechen der Fruchtkörper schränkt nur die Verbreitung ein

Nutzungsberechtigten von Obstgehölzen verpflichtet, abgestorbene und im Absterben befindliche Obstgehölze zu beseitigen und zu vernichten. Die sonstigen Gehölze sind sachgemäß auszulichten, dürre und absterbende Äste sind zu entfernen und zu verbrennen. Die meisten dieser Maßnahmen werden bereits bei der ordentlichen **Schnittpflege** durchgeführt. Durch sie werden Ansteckungsherde beseitigt und damit eine sehr wichtige Voraussetzung für die Gesunderhaltung der Obstgehölze geschaffen. Besondere Obacht ist hierbei auf Rotpustelkrankheit, Löscherschwamm an Johannis- und Stachelbeersträuchern, Johannisbeerknospengallmilbe, Glasflügler an Johannisbeere, Stachelbeermehltau an Stachelbeere und Schwarzer Johannisbeere sowie Krebs an Brombeere zu richten. Um den Befall mit Holz- und Rindenerkrankungen (z. B. Löcherschwamm und Rotpustelkrankheit) zu verhüten, ist neben guter Allgemeinpflege sorgfältiger Schnitt, sachgemäße **Wundpflege** und u.U. Desinfektion der Wundstellen erforderlich. Wunden sind alsbald mit Baumwachs, Latex- oder Alkydharzfarbe zu verstreichen. Besonders günstig hat sich die Verwendung von Latexfarbe erwiesen, die auf die noch feuchte Wunde gestrichen werden kann. Zwecks Desinfektion kann ihr ein geeignetes Fungizid („Spritz-Cupral 45“, 0,5 %, oder Zineb, 0,5 %) zugesetzt werden.

Nicht zu vernachlässigen ist das Sammeln und Vernichten von infizierten Blütenknospen, verdorbenen und kranken Früchten, von infiziertem und abgefallenem Laub, ferner das Auslegen von Fallen, Ködern und Schutzvorrichtungen gegen schädliche Tiere, z. B. gegen Maulwurfsgrillen und Schnecken.

Blattläuse, die trotz Spritzung immer wieder an Beerensträuchern auftreten, lassen sich bei mäßigem Befall auf sehr einfache Weise bekämpfen, ohne daß andere Kulturen davon betroffen werden. Man taucht die befallenen Triebspitzen in eine Brühe aus einem geeigneten Insektengift. Als Brühebehälter dient eine schmale Konservendose.

Verbiß von Beerenobstknospen durch Vögel während des Winters und Nachwinters verhindert man durch Spannen von Zwirnsfäden, **Bedecken der Krone** mit Netzen oder leichten Tüchern und Zusammenbinden der Beerensträucher. Vogelfraß an reifen Beeren und Weintrauben läßt sich zum Teil durch Anbringen von **Scheuchen**, z. B. Aluminiumfolien, Habichtattrappen und Einhüllen der Trauben in Gazebeutel verhindern. Letzteres schützt zugleich auch gegen Wespen.

Viruserkrankungen und Mykoplasmosen machen sich an Obstgehölzen durch Mosaik- und Ringfleckenbildungen auf den Blättern, Verformungen und Absterbeerscheinungen bemerkbar. Verbreitet werden sie durch Vermehrung befallener Mutterpflanzen, außerdem durch Blattläuse und andere saugende Insekten. Ihre Bekämpfung ist nur durch Vernichtung der befallenen Gehölze möglich. Wichtig ist es, den Befall zu verhüten, indem nur virus- und mykoplasmafreies bzw. -getestetes Vermehrungsmaterial verwendet wird. Weiterhin ist die Bekämpfung von saugenden Insekten und Milben erforderlich.

Biologische Maßnahmen

Unter biologischer Bekämpfung sind der Schutz und die Förderung von Tieren, insbesondere Vögeln und Insekten zu verstehen, die uns als natürliche Feinde zahlreicher Schadinsekten wertvolle Hilfe leisten. Hierbei steht der **Vogelschutz** obenan. Vor allem werden wir die Meisen, die als eifrige Vertilger von Eiern, Raupen und Puppen vieler Schmetterlingsarten bekannt sind, besonders fördern. Durch Aufhängen von Nistkästen, Pflanzen von dichten Hecken für Strauchbrüter, Bekämpfung von Vogelfeinden, wie Katze, Krähen, Spatzen usw., Aufstellen von Vogeltränken im Sommer und Futterstellen im Winter leisten wir uns selbst den besten Dienst. Viele Insekten, die durch mechanische Bekämpfungsmaßnahmen nicht erfaßt werden, fallen unseren gefiederten Freunden zum Opfer. Eine

sehr wertvolle Maßnahme gegen zahlreiche Insekten, z. B. Stachelbeerblattwespe, ist u. a. der **Eintrieb von Hühnern** im Winter.
Auch unter den **Insekten** gibt es eine ganze Reihe **nützlicher Arten**, die es zu schützen gilt und die bei Pflanzenschutzmaßnahmen geschont werden sollten. Raupenfliegen, Raubfliegen, Schlupfwespen, Sandwespen, Laufkäfer vernichten die Larven zahlreicher Schmetterlings-, Käfer- und Blattwespenarten. Die Blattläuse werden von den Larven der Schwebfliege, des Marienkäfers und von dem Marienkäfer selbst heimgesucht.
Die Tätigkeit von nützlichen Vögeln und Insekten ist zwar sehr wertvoll für uns, reicht aber nicht aus, jeden Befall mit schädlichen Insekten ausreichend und schnell genug einzudämmen. Vor allem aber richtet sich die Tätigkeit der Nützlinge nicht gegen Pilzkrankheiten, die nicht weniger gefährlich sind als die Schadinsekten.

Chemische Maßnahmen

Die chemischen Pflanzenschutzmittel gegen Pilzkrankheiten, Insekten und Spinnmilben sind als Spritz- und Stäubemittel im Gebrauch. Im Obstbau sind die Spritzmittel ihrer größeren Wirkungsbreite und Regenbeständigkeit wegen den Stäubemitteln vorzuziehen.
Die Pflanzenschutzmittel richten sich mit wenigen Ausnahmen entweder nur gegen tierische oder nur gegen pilzliche Schädlinge. Einige haben gegen Insekten bzw. Milben und Pilzkrankheiten eine gleich günstige Wirkung. Es ist nicht möglich, die Vielzahl der heute bereits im Handel befindlichen Präparate einzeln zu nennen, die ständig durch neue Mittel ergänzt werden. Der Gartenfreund muß sich deshalb laufend über den neuesten Stand der Pflanzenschutzmittel unterrichten lassen.[1]

Insektentötende Mittel (Insektizide)

Die bei uns im Handel erhältlichen Insektizide wirken teils ätzend auf die Oberhaut der unmittelbar betroffenen Insekten, teils lähmend und tötend über das Nerven- oder Verdauungssystem von Insekten, die das Gift auch etwas später über die Atmungsorgane, die Körperoberfläche oder die Nahrung aufgenommen haben. Manche Präparate wirken nur gegen beißende oder saugende Insekten, andere sowohl gegen beißende als auch saugende Insekten.
Große Bedeutung für den Pflanzenschutz im Obstbau gegen tierische Schädlinge besonders während der Vegetationszeit haben die **synthetischen Insektengifte** (Insektizide), die auf die Insekten lähmend und tötend wirken, auch wenn die Insekten erst später mit dem Spritzbelag in Berührung kommen. Zum Teil haben sie Tiefenwirkung und erfassen Insekten, die in und unter den Blättern verborgen leben. Zahlreiche synthetische Insektengifte sind auch für den Menschen sowie warmblütige Tiere giftig.
Chlorierte Kohlenwasserstoffe, zu denen das Lindan gehört, richten sich gegen beißende und saugende Insek-

1 Pflanzenschutzmittelverzeichnis des Instituts für Pflanzenschutzforschung
Margraf, K.: Pflanzenschutzmittel für den Garten

ten und sind von verhältnismäßig langer Wirkungsdauer. Ihre lange Karenzzeit schließt ihren Gebrauch im Garten z. T. aus.
Beim Einsatz von **insektiziden Carbamaten** (Wirkstoff Carbaryl) ist zu beachten, daß sie erst 3 Wochen nach der Obstblüte angewendet werden dürfen, was ihren Gebrauch zu Frühobst im Kleingarten trotz verhältnismäßig geringer Karenzzeiten ausschließt, z. B. „bercema-Akafunin".
Organische Phosphorverbindungen, u. a. mit den Wirkstoffen Butonat, Parathion-methyl und Trichlorfon, richten sich ebenfalls gegen eine große Anzahl saugender und beißender Insekten. Von größerer Anfangswirkung als die Mittel der beiden anderen Gruppen, weisen sie nur eine kurze Wirkungsdauer und relativ kurze Karenzzeiten auf. Günstig ist die Tiefenwirkung bzw. die systemische Wirkung einiger Verbindungen, z. B. Dimethoat mit dem Präparat „Bi 58 EC". Sie erfassen auch unter Blättern versteckt lebende und im Pflanzeninnern minierende Schädlinge über den Saftstrom der Pflanze.
Um die Wirkungsbreite der Pflanzenschutzmittel zu erhöhen, wurden **Kombinationsmittel** geschaffen, die aus insektentötenden und milbentötenden bzw. pilztötenden Wirkstoffen bestehen. Emulgierbare Konzentrate können besonders vorteilhaft zur Spätwinter- und Austriebsspritzung gegen Insekten eingesetzt werden, z. B. „Oleo-Wofatox".

Milbentötende Mittel (Akarizide)

In den letzten Jahren sind Milben in stärkerem Umfang aufgetreten. Gegen sie wurden spezielle Mittel (Akarizide) entwickelt, deren Anwendung u. U. auch im Garten notwendig werden kann, z. B. gegen Spinnmilben „Tenysan-Spritzpulver" mit dem Wirkstoff Tetradifon, gegen Spinn- und Weichhautmilben „Milbol EC" mit dem Wirkstoff Dicofol und gegen Gallmilben „Fentoxan" mit dem Wirkstoff Fenazox. Für den Gartenfreund besonders interessant sind solche Mittel, die außer gegen Milben auch gegen Insekten wirksam sind, wie z. B. „Bi 58 EC".

Pilztötende Mittel (Fungizide)

Zu unterscheiden sind Kontaktfungizide und Systemfungizide. **Kontaktfungizide** richten sich gegen Pilzsporen und auf der Oberfläche der Pflanzen wuchernde Pilzgewebe. Hierzu gehören Kupfermittel, Schwefelmittel und die Mehrzahl der organisch-synthetischen Fungizide. **Systemfungizide** wirken dagegen über den Saftstrom der Pflanze auf bestimmte Krankheitserreger.
Kupfermittel (z. B. „Spritz-Cupral 45") sind von sehr starker pilztötender Wirkung. Sie richten sich vor allem gegen die Blattfallkrankheit von Johannis- und Stachelbeere sowie gegen den Falschen Mehltau der Weinrebe und werden mit Ausnahme des Weines nur für die Vorblütespritzung empfohlen. Spritzungen nach der Blüte führen, besonders bei feuchtem Wetter und in feuchten Lagen, zu Spritzschäden.
Schwefelmittel (z. B. „Pol-Sulkol-Extra") sind gegen Stachelbeermehltau sowie echte Mehltaupilze an anderen Beerenobstarten, außerdem auch ge-

gen Spinn- und Gallmilben wirksam. Zu beachten ist, daß einige Stachelbeersorten während der Vegetation schwefelempfindlich sind.

Allgemeiner anwendbar und ohne nachteilige Folgen für Pflanzen und Umwelt sind **organische Fungizide**. Besonders zu erwähnen sind die Kontaktfungizide Zineb (z. B. „bercema-Zineb 90“), Captan (z. B. „Malipur“) und Thiram (z. B. „Wolfen-Thiuram 85“) sowie das Systemfungizid Benomyl (z. B. „Chinoin-Fundazol 50 WP“). Systemfungizide sind stets im Wechsel mit Kontaktfungiziden anzuwenden.

Für den Gartenfreund von besonderer Bedeutung sind solche Präparate, die sich gegen eine Vielzahl von Krankheiten und Krankheitsstadien richten und es ermöglichen, mit einem Mittel mehrere Kulturen zu behandeln. Zusätze von Schwefel, z.B. „bercema-Zineb-Schwefel“, erweitern den Wirkungsbereich gegenüber echten Mehltaupilzen.

Schutz vor Schäden durch Pflanzenschutzmittel

Die Anwendung chemischer Stoffe im Garten, wie Düngesalze, Pflanzenschutz- und Unkrautbekämpfungsmittel, verlangt von uns gewisse Sicherheits- und Schutzmaßnahmen, um Schäden bei Mensch, Tier und Pflanze zu verhüten. Vor Beginn der Arbeit mit Pflanzenschutzmitteln sind grundsätzlich die **Gebrauchsanweisungen** durchzulesen.

Zum Spritzen wird ein **Schutzanzug** oder anderweitig nicht mehr verwendbare Kleidung angelegt.

Um sicherzugehen, daß sich auf dem Erntegut keine Rückstände von Pflanzenschutzmitteln befinden, sind die auf den Originalverpackungen oder in den Gebrauchsanweisungen angegebenen **Karenzzeiten** – Wartezeiten zwischen Behandlung und Ernte der Früchte – unbedingt einzuhalten. Mittel mit Wartezeiten von mehr als 2 Wochen sollten im Garten ausgeschlossen sein.

Nutzvieh ist von frisch gespritzten Anlagen unbedingt fernzuhalten. Schafe sind z. B. gegen Kupferspritzmittel empfindlich. Wurden Rasen, Wiesen und Futterflächen von Spritzbrühe getroffen, so kann natürlich auch Gras und Grünfutter erst nach Ablauf der Karenzzeit für Futterpflanzen geschnitten werden.

Durch das Ausbringen von Pflanzenschutzmitteln während der Vegetationszeit sind auch die für die Blütenbestäubung wichtigen **Honigbienen** gefährdet. Während der Obstblüte muß deshalb grundsätzlich jede Spritzung unterbleiben. Blühende Pflanzen in der Nachbarschaft sind vor dem Spritzen mit Folie oder Papier zu bedecken, blühende Unkräuter abzumähen. Obstpflanzungen in der Nähe von Bienenstöcken sind erst nach vorheriger Absprache mit dem Imker außerhalb der Hauptflugzeiten mit Insektengiften zu behandeln. Verschüttete Pflanzenschutzmittel und -lösungen sind mit Erde zu bedecken.

Die Schutzmaßnahmen für Honigbienen sind in der 3. DB zur Tierseuchenverordnung vom 8.6. 1978 ausführlich festgelegt und Verstöße hiergegen unter Strafe gestellt. Nachweislich verschuldeter Schaden muß ersetzt werden.

Praktische Durchführung der Spritzung

Das gebräuchlichste **Spritzgerät** im Garten ist die Rückenspritze, die von einer Person bedient wird. Sie ist je nach Typ mit einem Fassungsvermögen von 5 bis 14 l und einem Betriebsdruck von 5 bis 7 kg/cm² im Gebrauch. Für Sträucher sind auch gut zerstäubende Handgeräte geeignet.

Unentbehrliche **Zubehörteile** zu allen Spritzen sind ein Trichtersieb, ein gläserner Meßzylinder zum Abmessen der Spritzmittelmenge, ein Emaille- oder Plastebecher zum Anrühren von Spritzpulver und ein Verlängerungsrohr, das zwischen Schlauch und Spritzrohr eingefügt wird. Die Spritzdüsen sollen für die Spätwinterspritzung mit scharfem Strahl große Öffnungen, ∅ 2 bis 2,5 mm, für die Vegetationsspritzungen kleine Öffnungen, ∅ 1,2 bis 1,5 mm, aufweisen.

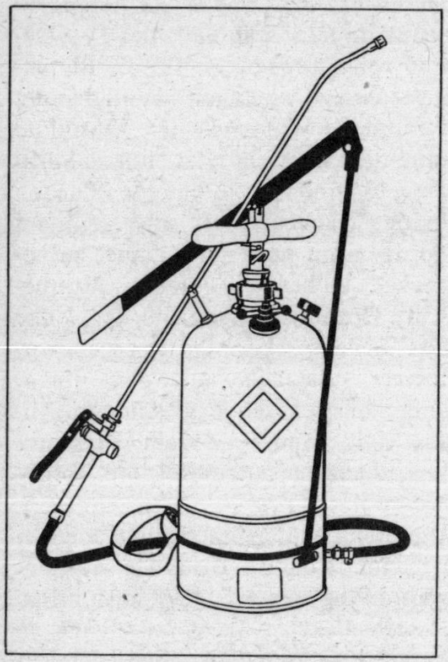

Abb. 32 Eine Rückenspritze ist gut für den Gebrauch in Beerenobstpflanzungen geeignet

Wann Spritzungen erforderlich sind, das hängt sowohl vom Entwicklungszustand der Sträucher ab als auch vom Auftreten der Schaderreger. Weil die Entwicklung der Schaderreger mit geringen Schwankungen oft gemäß der Entwicklung der Sträucher verläuft, hält man sich im Garten an die leichter erkennbare der Sträucher und führt danach bestimmte Terminspritzungen durch.

Hier unterscheiden wir:

Spätwinterspritzung während der Knospenruhe bis zum Knospenschieben,
Austriebspritzung (Vorblütespritzung) vom Knospenschieben bis kurz vor Öffnen der Einzelblüten,

Nachblütespritzungen.

Während der Blüte wird nicht gespritzt!

Um nach der Blüte die Temine von Bekämpfungsmaßnahmen zu bestimmen, sind möglichst die Hinweise des Pflanzenschutzwarndienstes zu beachten, die u. a. über die Räte der Gemeinden sowie über die Sparten des Verbandes der Kleingärtner, Siedler und Kleintierzüchter bekanntgegeben werden. Wichtig ist es auch, durch eigene wiederholte Beobachtungen des Beerenobstbestandes zu ermitteln, ob und wann eine Pflanzenschutzmaßnahme erforderlich ist.

Auf jeden Fall sollte eine Austriebspritzung durchgeführt werden, die wegen der frühen Blüte der Stachelbeere bis Mitte März zu beenden ist. Diese zeitige Spritzung richtet sich im allgemeinen nur gegen tierische Schädlinge, die den ersten Austrieb der Sträucher bedrohen. Wo Befall mit Rindenkrankheiten, Blattfallkrankheit der Johannis- und Stachelbeere und Amerikanischem Stachelbeermehltau erwartet werden muß, empfiehlt es sich, mit der Austriebspritzung zugleich „Spritz-Cupral 45" 0,5 %, auszubringen.

Um den Befall des Laubes und der Früchte mit Pilzkrankheiten und einer Reihe weiterer schädlicher Insekten, die die Menge und Güte des Ertrages stark beeinträchtigen können, zu verhindern, sind weitere Behandlungen während der Vegetationszeit notwendig. Näheres hierüber in den Einzelbeschreibungen.

Das **Spritzen** führt man am besten bei bedecktem Himmel und Windruhe durch. Bei Regenwetter zu spritzen ist zwecklos, da der Regen den Spritzbelag wieder abwäscht. Mit Ausnahme von Kupferspritzungen ist es günstig, wenn die Oberfläche der Pflanze von Tau oder Regen feucht ist, weil dann die Brühe besser netzt und sich besser verteilt.

Bei Spritzungen **während der Vegetationsruhe** kommt es darauf an, die Gehölze gründlich zu waschen; die Äste müssen triefen. Es ist wichtig, daß alle Seiten der Sproßorgane getroffen werden. Zweckmäßig beginnen wir mit den höchsten und äußeren Teilen und arbeiten abwärts nach innen zu.

Im Gegensatz hierzu sollen bei Spritzungen **während der Vegetation**

Abb. 33 Spritzbrühebelag auf Stachelbeerblatt

Zweige und Laubwerk nur benetzt werden, damit die Spritzbrühe in Form feiner Tröpfchen gleichmäßig über die ganze Fläche verteilt ist und nicht abläuft. Um Spritzschäden an dem zarten Laub zu vermeiden, ist die Spritzdüse nicht zu nahe an Blätter und Früchte zu halten.

Aus der unterschiedlichen Technik der Winter- und der Vegetationsspritzungen ergibt sich auch ein unterschiedlicher **Spritzbrühebedarf**. Am höchsten ist der Brühebedarf zur Spätwinterspritzung. Für einen ertragsfähigen Beerenstrauch benötigt man etwa 1 bis 2 l Spritzbrühe. Der Bedarf für die Vorblütespritzung beträgt etwa $^3/_4$, der für die Nachblütespritzung die Hälfte dieser Menge.

Den **Spritzmittelbedarf** errechnet man, indem die ermittelte Spritzbrühemenge durch 100 geteilt und mit der vorgeschriebenen Konzentration malgenommen wird, zum Beispiel 100 : 100 = 1 × 0,3 (Spritzkonzentration) = 0,3 kg (Liter).

Ernte und Verarbeitung des Beerenobstes

Das herangereifte Obst gilt es, durch sachgemäße Pflege, Ernte und Lagerung voll in seinem Wert zu erhalten und verlustfrei dem Haushalt zuzuführen.Die Erträge sollten wir in einem Notizbuch oder im Kleingartenkalender festhalten, weil insbesondere Düngungs- und Schnittmaßnahmen in Abhängigkeit von den voraufgegangenen oder zu erwartenden Erträgen geplant werden müssen.

Allgemeine Grundsätze der Ernte

Für den Frischverzehr kommt nur **vollreifes Obst** in Frage, denn nur vollreifes Obst weist den höchsten gesundheitlichen und geschmacklichen Wert auf. Beerenobst erreicht die Genuß- und Vollreife bereits am Strauch. Die Vollreife wird daran erkennbar, daß die Früchte weich, saftig, süß und aromatisch werden und die für ihre Sorte eigentümliche Färbung annehmen.

Erdbeeren, Himbeeren und Brombeeren sind nach Möglichkeit **in den frühen Morgenstunden** zu pflücken, solange die Früchte noch kühl sind. Warm geerntetes Weichobst verliert sehr schnell an Ansehen und verdirbt. Das trifft auch für stark betaute oder regennasse Früchte zu. Deshalb ist nach Möglichkeit bei trockenem Wetter zu ernten. Ausnahmen soll man nur machen, wenn die Früchte sofort verarbeitet werden.

Die Früchte sind in die Pflück- und Aufbewahrungsgefäße zu legen, nicht zu werfen, wenn man Beschädigungen vermeiden will. Jedes unnötige Berühren und Umpacken sollte unterbleiben, vor allem bei so druckempfindlichen Arten wie Erd-, Him- und Brombeeren. Beerenobst werden wir also gleich in Spankörbe oder Schüsseln pflücken, in denen es bis zum Verbrauch bleibt. Damit man beim Pflükken die Hände frei hat, befestigt man den Pflückkorb mit einem Gürtel am Leib oder stellt die Schüssel zwischen die Beine unter den Strauch. Die Arbeit wird erheblich erleichtert, wenn man beim Pflücken in den unteren Partien auf einem niedrigen Hocker sitzt.

Das geerntete Obst muß bis zum Genuß oder zur weiteren Verarbeitung aufbewahrt werden. Diese Zeit sollte so kurz wie möglich bemessen sein, besonders bei Erd-, Him- und Brombeeren. Der Aufbewahrungsraum sollte möglichst kühl, vor Staub, Regen, Sonne und Wind geschützt und luftig sein. Geeignet sind kühle Nordzimmer oder saubere, gut belüftbare Kellerräume.

Ertragsmöglichkeiten

Im modernen Marktobstbau werden auf gutem Boden durchschnittlich 100 kg Beerenobst je 100 m^2 geerntet. Derartige Erträge können selbstverständlich auch im Garten erzielt werden, zusagenden Standort und ausreichende Strauch- und Bodenpflege vorausgesetzt. Bei intensiver Pflege können sie sogar noch weit übertroffen werden, während sie unter mangelnden Anbaubedingungen nicht annähernd zu erreichen sind. Im Garten ist immer zu beachten, daß durch gute Pflege die Ungunst des Standortes, besonders die des Bodens, z. T. wettge-

Mögliche Erträge an Beerenobst

Obstart	Pflanzenbesatz	Ertrag in kg	
	je 10 m²	je 10 m²	je Strauch
Johannisbeeren			
rote und weiße Sorten	2,85	12	4,2
schwarze Sorten	2,0	6	3,0
Stachelbeeren	4,0	12	3,0
Himbeeren	12,5	5	–
Brombeeren			
aufrechtwachsende Sorten	4,0	10	2,5
rankende Sorten	1,4	12	7,0
Gartenheidelbeere	3,7	8	2,2
Erdbeere			
Dichtpflanzung (1. Jahr)	85	15	–
Normalpflanzung (2. Jahr)	63	12	–
Tafeltraube	6,6	13	2,0

macht werden kann. Beim Anbau von Beerenobst ist von besonderer Bedeutung, daß die Erträge im Verlauf der Jahre geringere Schwankungen aufweisen, also sicherer und zuverlässiger sind als bei Kernobst. Über die während der Haupttragszeit jeweils erreichbaren Erträge gibt die vorstehende Tabelle Auskunft. Dabei sind jährliche Abweichungen von 50 % nach oben oder unten durchaus normal. Wenn im langjährigen Mittel die genannten Erträge erreicht werden, kann man sagen, daß sich die Aufwendungen an Zeit, Geld und Material ausgezahlt haben.

Verarbeitung von Beerenobst

Die Obstverarbeitung ist ein unentbehrliches Mittel, eine das ganze Jahr über abwechslungsreiche Versorgung mit Beerenobsterzeugnissen sicherzustellen. Außerdem ist es mit ihrer Hilfe möglich, für den Rohgenuß nicht geeignete Früchte, z. B. beschädigtes, verkrüppeltes oder geschmacklich minderwertiges Obst, zu einem geschmacklich hochwertigen Erzeugnis zu verarbeiten, das in seinem Wert gutem Frischobst gleichkommt.

Es lassen sich grob folgende **Verarbeitungsverfahren** zur Herstellung von Dauererzeugnissen unterscheiden:
- Einfrosten und Gefrierlagerung,
- Einmachen (Einkochen) ganzer oder zerteilter Früchte (Kompottbereitung),
- Verarbeitung von Früchten und Fruchtmark zu Marmelade, Konfitüre u. ä.,
- Gewinnung von Fruchtsaft und Verarbeitung zu Süßmost, Sirup und Gelee,
- Weinbereitung.

Zwei Verfahren sollte der Gartenfreund besondere Aufmerksamkeit schenken: dem Einfrosten und dem Dampfentsaften. Beide sind geeignet,

Vorbereiten von Obst zum Einfrosten

Obstart	Vorbehandlung	Zuckerzugabe
Erdbeeren	entkelchen, evtl. leicht zerquetschen	Weißzucker 1:8
Himbeeren und Brombeeren	vorsichtig abbrausen, entkelchen	Weißzucker 1:8
Johannisbeeren	entrappen	Weißzucker 1:6
Stachelbeeren	Blüte und Stiel entfernen	Weißzucker 1:8
Heidelbeeren	gut verlesen, entstielen	Weißzucker 1:8

größere Beerenobstmengen schnell und wertstoffschonend haltbar zu machen.

Voraussetzung für das **Einfrosten** ist ein Tiefkühlschrank bzw. eine Tiefkühltruhe, in der eine Gefriertemperatur von −29 °C erreicht und eine Lagertemperatur von −18 °C gehalten werden kann. Die gewünschte Wirkung des Tiefgefrierens wird durch schlagartige Absenkung der Temperatur erreicht.

Sachgemäß tiefgefrorenes Beerenobst ist 6 bis 12 Monate lagerfähig. Der besondere Vorteil der Gefrierlagerung besteht darin, daß Vitamine weitgehend erhalten bleiben. Für das Einfrosten ist nur frisch geerntetes Obst in bester Qualität geeignet. Beerenobst wird roh gefrostet. Es ist damit auch nach dem Auftauen als Frischware zu bezeichnen. Vor dem Verwenden ist das Obst langsam aufzutauen.

Die **Gewinnung von Fruchtsäften** ist ein hervorragendes Mittel, in kürzester Zeit größere Mengen von Obst zu verarbeiten, auch solches, das nicht mehr für den Rohgenuß geeignet ist. Gegenüber den meisten anderen Verwertungsverfahren bleiben hierbei die Wertstoffe des Obstes (Zucker, Vitamine, Fruchtsäuren) bei sachgemäßem Vorgehen in vollem Umfang und in natürlicher Zusammensetzung erhalten.

Wirtschaftliche Verfahren, Obstsaft zu gewinnen, sind das **Dampfentsaften** und das Keltern (Mahlen und Pressen). Das Dampfentsaften ist vor allem für Beerenobst geeignet und auf

Abb. 34 Praktischer Dampfentsafter, Fassungsvermögen 5–6 kg Früchte

Herstellung von Süßmost und Obstsaft

Fruchtart	Ausbeute durch Dampfentsaften		Süßmostbereitung			Obstsaftbereitung
	10 kg Frucht ergeben Liter	Zusatz je kg Frucht[1]	Zusatz je 1 Saft		10 kg Früchte ergeben Liter Süßmost mit vorstehenden Zusätzen	Zusatz je kg Frucht[1]
		Zucker g	Zucker g	Wasser l		Zucker g
Wein	6,300	–	–	–	6,300	–
Johannisbeere, rot	6,300	120–160	200–250	1–1,5	13–17	300
Johannisbeere, schwarz	5,600				12–15	350
Stachelbeere	5,000	100	180–200	1	10–11	250
Erdbeere	6,500	60	90	0,6–0,7	11–12	150
Himbeere	6,300	100	170–180	0,5	10	200
Brombeere	5,500	90	150	1	11–12	200

1 Der Zuckerzusatz erfolgt bereits beim Dampfentsaften

den Haushalt des Selbstversorgers zugeschnitten. Der leicht verderbliche Beerenobstsaft muß durch Abtöten der allgegenwärtigen Hefe- und Schimmelpilze haltbar gemacht werden. Dies geschieht am einfachsten und auf eine dem Saft am besten zuträgliche Weise durch Erhitzen des Saftes und aller mit ihm in Berührung kommenden Gegenstände. Beim Entsaften mittels eines handelsüblichen Dampfentsafters geht die Entkeimung in einem Arbeitsgang mit dem Entsaften vonstatten. Der Saft wird hierbei auf wenigstens 70 °C erhitzt, so daß er bei sofortigem Abfüllen und Verschluß der Aufbewahrungsgefäße praktisch unbegrenzt haltbar ist.

Abgabe von Beerenobst an den Handel

Viele Gartenfreunde, die einen größeren Garten bewirtschaften, ernten mehr Obst, als sie verbrauchen oder verarbeiten können. Sie sollten das den eigenen Bedarf übersteigende Aufkommen den Aufkauforganen bzw. dem Handel zuführen. Diese Stellen sind angewiesen, auch kleinere Mengen anzunehmen. Aufkauforgane und Handel sind am Beerenobst besonders interessiert. Vielfach haben Kleingartensparten und gärtnerische Produktionsgenossenschaften die Abnahme im Auftrag der Handelsbetriebe übernommen, wie auch zwi-

schen Großverbrauchern und Kleingartensparten Liefervereinbarungen abgeschlossen wurden, die unmittelbar den Anbauumfang bestimmen.
Obst für den Handel muß gesund, sauber, unbeschädigt, versandfest und frei von fremdem Geruch und Geschmack sowie von anomaler Feuchtigkeit, sortenrein und typisch in Form und Farbe sein. In dem der Obstart entsprechendem Standard (TGL für Frischobst – 7619, 7784–7786 –) sind die geforderte Fruchtgröße sowie die Art der Verpackung und die zulässige Füllmenge, ferner die zulässigen Abweichungen von den allgemeinen Forderungen angegeben.
Gehandelt werden bei Beerenobst die Güteklase A und B. Für Erdbeeren, Stachelbeeren und Himbeeren kommt die Güteklasse „Auslese" hinzu. Übereinstimmend lauten die Forderungen wie folgt:
Güteklasse „Auslese": Früchte einer Sorte, auserlesen, einheitlich in Form, Farbe und Größe, genußreif. Mindestdurchmesser: Erdbeeren Größengruppe I = 30 mm, Größengruppe II = 20 mm; Stachelbeeren 23 mm, Verpackung nur in Kleinverpackung (Faltschachtel) mit maximal 1 kg Inhalt.
Güteklasse A: Früchte einer Sorte einheitlich in Form, Farbe und Größe, weniger einheitlich als Güteklasse „Auslese", genußreif, bei Stachelbeeren auch unreif. Mindestdurchmesser: Erdbeeren Größengruppe I = 25 mm, Größengruppe II = 15 mm.
Güteklasse B: Den Forderungen der Güteklasse A nicht genügend, jedoch den oben genannten allgemeinen Forderungen entsprechend. Unsortierte Ware ist in jedem Fall Güteklasse B.
Der Preisunterschied zwischen den Güteklassen ist so groß, daß sich das Sortieren lohnt, weil ein wesentlich höherer Erlös gewährleistet ist. Güte-

Obstart	Güteklasse	Spankorb			Kleinverpackung
		I	II	III	
Erdbeere	Auslese	–	–	–	1
	A	2	4	–	1
	B	2	4	8	–
Johannisbeere	A	2	4	8	1
	B	2	4	8	–
Stachelbeere	Auslese	–	–	–	1
	A genußreif	2,5	5	10	–
	unreif	–	+	10	–
	B	2,5	5	10	–
Himbeere	Auslese	–	–	–	1
	A	2	–	–	–
	B	2	–	–	–
Brombeere	A	2	–	–	1
	B	2	–	–	–

klasse A = 100 gesetzt, erhält man für Güteklasse „Auslese“ 115–125, für Güteklasse B 80–70 %.

Als **Verpackungsgefäße** sind Spankörbe mit 2,5 kg, 5 kg und 10 kg Inhalt sowie Kleinverpackungen mit max. 1 kg Inhalt zulässig. Sie sind vom VE Großhandelsbetrieb der Wirtschaftsvereinigung Obst, Gemüse, Speisekartoffeln über die Aufkaufstellen erhältlich, Spankörbe im Austausch.

Die **zulässigen Füllgewichte** in kg ergeben sich aus der vorstehenden Aufstellung.

Anbau der einzelnen Beerenobstarten

Erdbeere

Wirtschaftliche Bedeutung

Die Erdbeere ist auf Grund ihres Wohlgeschmacks und ihrer vielfältigen Verwertungsmöglichkeiten die wertvollste Beerenobstart. Der Bedarf des Marktes und der Verarbeitungsindustrie konnten bisher nicht gedeckt werden. Der Gartenfreund kann seinen Bedarf weitgehend aus dem eigenen Garten decken. Schon der Anbau auf kleinsten Flächen lohnt sich.
Der **Ertrag** setzt bereits im Jahr nach der Pflanzung ein und erreicht bei entsprechenden Anbauverfahren optimale Höhe. Ferner läßt sich die Erdbeere ohne Schwierigkeiten in die Fruchtfolge des Gemüsegartens einschalten, was die Bewirtschaftung erleichtert und die Sicherheit des Ertrages erhöht. Für die Versorgung der Familie mit Frischware ist von Bedeutung, daß Erdbeeren in der Reife folgern. Ein Durchpflücken der Anlage alle 2 bis 3 Tage verteilt den Ernteaufwand und das Fruchtangebot. Die Reifezeit einer Sorte erstreckt sich über 3 bis 4 Wochen.

Die Produktion von Erdbeeren liegt im Durchschnitt der Jahre 1976/80 leicht über der des gesamten übrigen Beerenobstes. Daran hat der Anbau im Garten einen Anteil von durchschnittlich 62 %.

Herkunft und botanische Besonderheiten

Die Erdbeere, botanisch *Fragaria*, gehört zur Familie der Rosengewächse (*Rosaceae*). Sie ist in Europa, Asien, Nord- und Südamerika beheimatet. Die großfrüchtige Gartenerdbeere, *Fragaria ananassa*, ist das Ergebnis einer in Holland erfolgten Kreuzung zweier in Nordamerika beheimateter Wilderdbeeren, der Scharlacherdbeere, *Fragaria virginiana*, und der Chileerdbeere, *F. chiloensis*, und der weiteren züchterischen Bearbeitung des Bastards. Dagegen stammt die rankenlose Monatserdbeere von der in Europa sowie in Asien und Nordamerika heimischen Walderdbeere, *F. vesca*, ab.
Die Erdbeere ist eine mehrjährige, **wintergrüne Staude** mit stark gestauchtem, rosettenartigem, schwach verzweigtem Sproß, welche Blätter und Wurzeln jährlich erneuert und jährlich Ausläufer bildet, die der vegetativen Vermehrung dienen. Bei der Entwicklung der Erdbeerpflanze im Jahresverlauf lassen sich deutlich zwei Perioden unterscheiden:
Die von Mitte Juli ab gebildeten Blätter überwintern in grünem Zustand. In einigen Blattachseln befinden sich Knospen, die gewöhnlich als **kombinierte Knospen** ausgebildet sind, d. h. Blüten- und Triebanlagen enthalten. Im Frühjahr erscheinen zuerst die

Blätter der Triebanlagen, danach die basalen Blütenstände. Bis zum Erscheinen der Blütenstände sind die überwinterten Blätter weitgehend abgestorben.
Während oder nach der Fruchtbildung beginnt etwa ab Anfang Juli die **zweite Entwicklungsperiode.** An dem

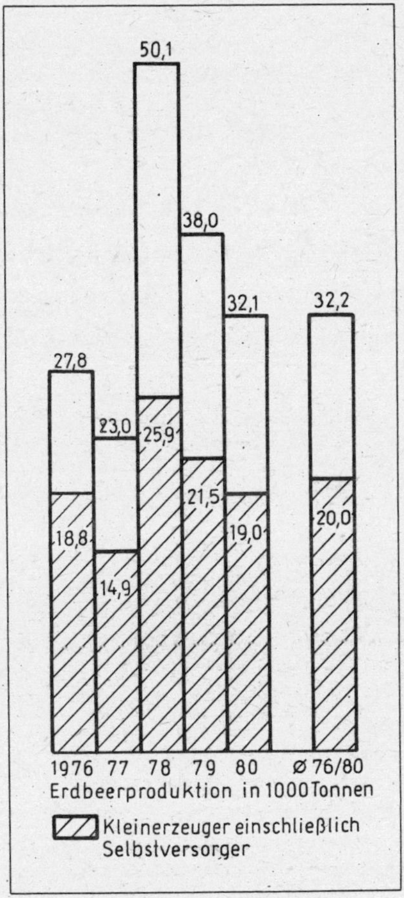

Abb. 35 Anteil der Kleinerzeuger an der Erdbeerproduktion 1976–1980

vorjährigen Kurzsproß, an den Blattnarben der überwinterten Blätter, entwickeln sich neue Wurzeln, während die alten zum Teil absterben. Gleichzeitig kommt es zu einem neuen Austrieb der Gipfelknospen. Die nun gebildeten Blätter sind gewöhnlich gedrungener und härter als die Frühjahrsblätter. In ihren Achseln entstehen z. T. die **fadenförmigen Ausläufer,** z. T. neue Überwinterungsknospen, die im weiteren Verlauf zur Verzweigung des Sprosses führen.
Am stärksten sind die Gipfelknospen entwickelt; sie bringen die kräftigsten Blütenstände hervor. Jedoch blühen die aus den seitlichen Knospen und schwächeren Gipfelknospen hervorgehenden als erste.
Der **Blütenstand** der Erdbeere ist eine zwei- oder dreiästige Trugdolde. Die zentrale Blüte ist am kräftigsten entwickelt, blüht als erste und bringt die größte und zeitigste Frucht hervor. Je höher die Ordnung der Einzelblüten ist (siehe Schema), desto später blühen diese auf, desto schwächer sind sie entwickelt und desto kürzer ist ihre Reifezeit. Diese unterschiedlichen Blüh- und Reifezeiten haben zur Folge, daß die Früchte nicht gleichzeitig, sondern **folgernd reifen** und deshalb mehrere Erntedurchgänge erforderlich machen.
Die Besonderheiten von Blüte und Frucht sind im „Allgemeinen Teil" beschrieben.

Ansprüche an den Standort

Zum guten Gedeihen verlangt die Erdbeere ein ausgeglichenes, gemäßigtes **Klima** und eine frost- und windgeschützte Lage. Gegen kalte,

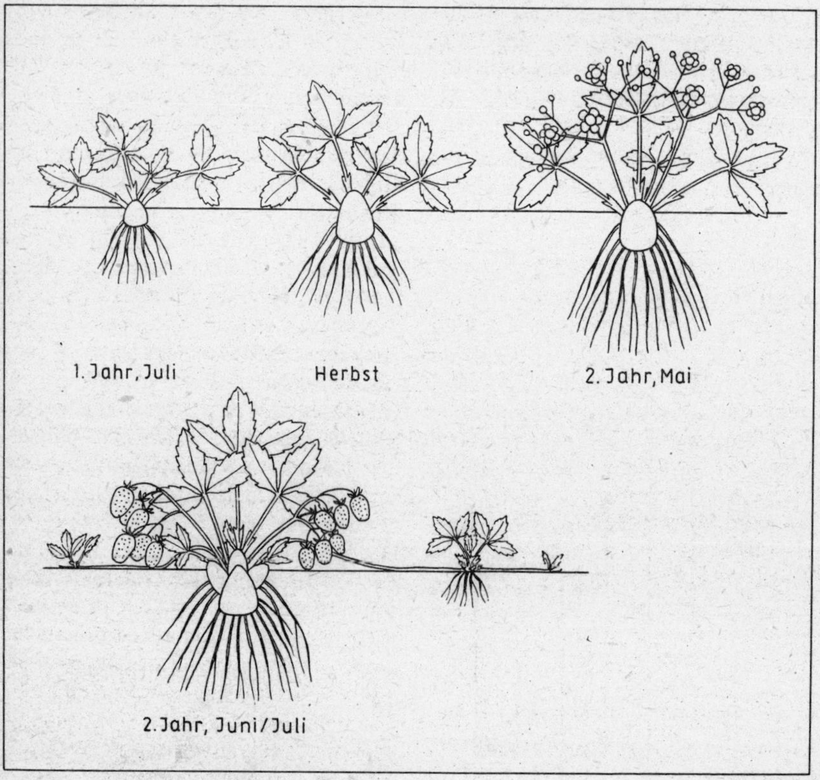

Abb. 36 Sproß- und Blütenbildung bei der Erdbeere, schematisch

Abb. 37 Blütenstand der Erdbeere. Die Abbildung zeigt deutlich die Aufblühfolge

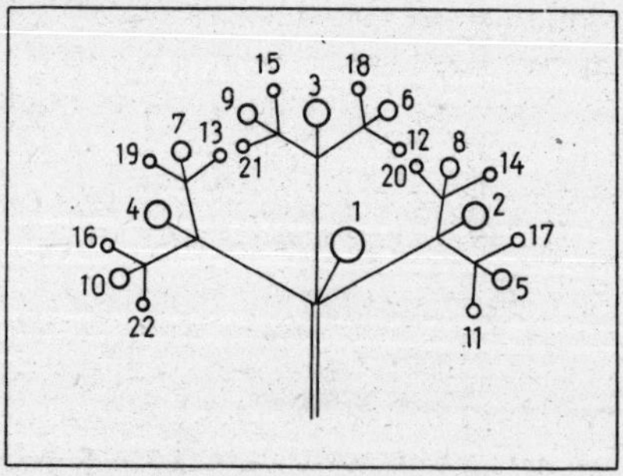

Abb. 38 Aufblüh- und Reifefolge der Erdbeere, schematisch

schneearme Winter und Sommertrokkenheit ist sie empfindlich. Spätfrostlagen scheiden wegen der größeren Gefährdung der empfindlichen Blüten in bodennahen Luftschichten aus. In freier Lage ist Windschutz erforderlich. Regenreiche Frühsommer wirken auf Blüte und Fruchtentwicklung ungünstig.

Die Erdbeere gedeiht am besten auf einem kräftigen, humosen, frischen und mittelschweren lehmigen **Boden** mit guter Wasserführung. Ihr Anspruch an den Nährstoffgehalt des Bodens und die Bodenfeuchtigkeit ist hoch; trotzdem ist sie je nach Sorte recht anpassungsfähig an den Boden. So sind auch leichte und anmoorige Böden recht gut geeignet. Auf leichtem Boden ist für Humuszufuhr sowie für ausreichende Wasser- und Nährstoffgaben zu sorgen. Der Boden soll schwach saure Reaktion aufweisen; frischer Kalk wird nicht vertragen.

Eingliederung in den Garten

Wie schon mehrfach erwähnt, bereitet die Eingliederung der Erdbeere in den Garten keine Schwierigkeiten. Auf Grund ihrer geringen Platzansprüche nimmt sie sowohl mit Rändern und kleinen Restflächen vorlieb, kann aber auch als Blockpflanzung im Gemüseland oder als Unterkultur unter Obstbäumen angebaut werden; letzteres ist wegen der kurzen Kulturdauer ohne weiteres vertretbar.

Die **Dauer des Anbaues** im Garten wird im allgemeinen 2 bis 3 Jahre, von der Pflanzung an gerechnet, betragen. Längere Anbauzeit ist auf guten Standorten und bei bestimmten Sorten möglich, jedoch gehen der Fruchtertrag und die Fruchtqualität selbst bei guter Düngung vom 3. Ertragsjahr an sehr stark zurück. In diesem Zusammenhang ist zu beachten, daß einjährige Bestände die hochwertigsten Erträge bringen; die Früchte sind sowohl größer als auch wohlschmeckender als von älteren Beständen. Wo Fruchtfolge und erhöhter Jungpflanzen- und Arbeitsbedarf nicht dagegen sprechen, kann deshalb auch einjährige Kultur empfohlen werden, selbstverständlich in Verbindung mit Frühpflanzung.

Von besonderem Vorteil ist der **Anbau im Gemüseland,** da hier die Erdbeeren in der Gemüsefruchtfolge mitlaufen können. So haben sie an der ständigen tiefen Bodenbearbeitung

Abb. 39 Reihenpflanzung der Erdbeere im Block

und der starken Humusversorgung teil, und die Ausbreitung von Krankheiten und Schädlingen wird eingeschränkt.

Pflanzung

Vorbereitung des Bodens

Der Erdbeerpflanzung muß eine gründliche Bodenbearbeitung und -verbesserung vorausgehen. Bereits im Herbst wird der Boden tief gelockert. Stalldung wird zur Vorkultur im Frühjahr des Pflanzjahres gegeben. Als **Vorkultur** sollte nur eine frühräumende Gemüsekultur, z. B. Buschbohnen, Frühkartoffeln oder Gründüngungspflanzen verwendet werden. Folgende Vorfrüchte sind unbedingt zu vermeiden: Luzerne, Zuckerrüben, Mais, Spätkohl, Puffbohne, Tomaten, Tulpen und Gladiolen.

Komposterde oder Torf-Kompost zur Bodenverbesserung wird unmittelbar vor dem Pflanzen in einer Menge von 10 bis 20 l/m² auf das Land gebracht. Die Komposterde wird gleichmäßig über die zu bepflanzende Fläche verteilt und mit Grubber oder Grabegabel eingearbeitet. Auf leichten, sandigen Böden empfiehlt es sich, die Komposterde in etwa 15 cm tiefe **Rillen** zu füllen, die mit einem Häufelschar gezogen werden. Die Pflanzfläche wird anschließend mit einer Harke geglättet, wobei die Komposterde an der Bodenoberfläche mit Landerde vermischt wird. Gepflanzt wird in die Rillen.

Danach wird die Pflanzfläche im Bedarfsfall kräftig beregnet. Der Boden soll gut durchfeuchtet sein.

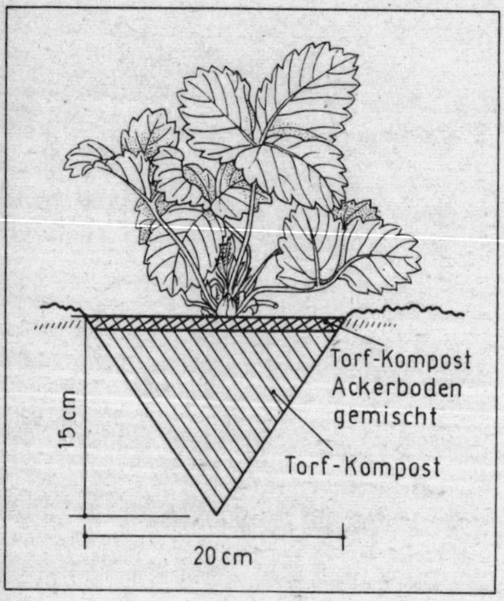

Abb. 40 Furchendüngung, schematisch, nach Müller

Beschaffung des Pflanzgutes

Rechtzeitig vor dem Pflanzen muß für die Beschaffung des Pflanzgutes Sorge getragen werden. Hier besteht die Möglichkeit, sich selbst Jungpflanzen heranzuziehen oder Pflanzgut zuzukaufen. Wer bereits Erdbeeren anbaut, wird gewöhnlich zu dem erstgenannten Verfahren greifen; es wird später beschrieben. **Anerkanntes Pflanzgut** wird durch die Vertriebsstellen der Baumschulen und des VEB Saat- und Pflanzgut verkauft. Auch in Verkaufsstellen von Gartenbaubetrieben und Blumengeschäften erhält man Pflanzgut, und in vielen Fällen finden sich Gartennachbarn, die Jungpflanzen abgeben. Pflanzwürdig sind kräftige, gut bewurzelte Pflanzen mit wenigstens vier kräftigen Blättern.

Neuerdings werden entblätterte, bis Juni kühl gelagerte Erdbeerjungpflanzen angeboten. Die sehr frühe Pflanzung sichert besonders kräftige Ent-

wicklung und hohen Ertrag im Folgejahr. Die **blattlosen Jungpflanzen** wachsen außerdem sicherer an, da sie nicht unter Trockenheit leiden. Die kühl gelagerten Pflanzen gelangen in Folienbeuteln zum Versand.
Die hohe Ertragsfähigkeit der modernen Hochzuchtsorten wird durch Vermischung mit Sämlingspflanzen und minderwertigen Typen, durch Krankheiten und Schädlinge besonders leicht beeinträchtigt. Deshalb ist es angeraten, sich alle 3 bis 4 Jahre anerkanntes Pflanzgut allein für die Vermehrung zu beschaffen und von diesem nachzuziehen. (Kleingartensparten geben am besten Gemeinschaftsbestellungen bei den Filialen der VVB Saat- und Pflanzgut auf). Dazu werden etwa 20 bis 30 % der Menge benötigt, die jährlich aufgepflanzt werden soll. Im Gegensatz zu Ertragspflanzungen soll dieser **Vermehrungsbestand** erst Ende September gepflanzt werden.
Diese späte Pflanzung schränkt die Bildung von Blütenknospen ein, fördert jedoch besonders die zeitige Bildung zahlreicher Ausläufer, die durch Ausbrechen der Blütenstände noch unterstützt wird. Bodenverbesserung mit Torf oder Komposterde sowie eine zwei- bis dreimalige Düngergabe von etwa 30 g je m² eines geeigneten Volldüngers im Abstand von 14 Tagen ab Ende Mai ist vorteilhaft.
Zugekauftes Pflanzgut ist oft angewelkt. Deshalb ist es notwendig, die Pflanzenbunde sofort nach Erhalt zu öffnen, gründlich anzufeuchten und an kühlem Ort zu lagern. Kann nicht innerhalb der nächsten 24 Stunden gepflanzt werden, ist es angebracht, die Bunde etwas auszubreiten und bis an die Herzknospen an schattiger, windgeschützter Stelle einzuschlagen und feucht zu halten.

Festlegen der Pflanzweiten
und Pflanzstellen

Vielerorts findet man im Garten noch den Anbau auf Beeten mit einem allseitigen Abstand von 30 bis 40 cm. Es hat sich jedoch herausgestellt, daß auch im Garten der **Anbau in Einzelreihen** vorzuziehen ist. Die Entwick-

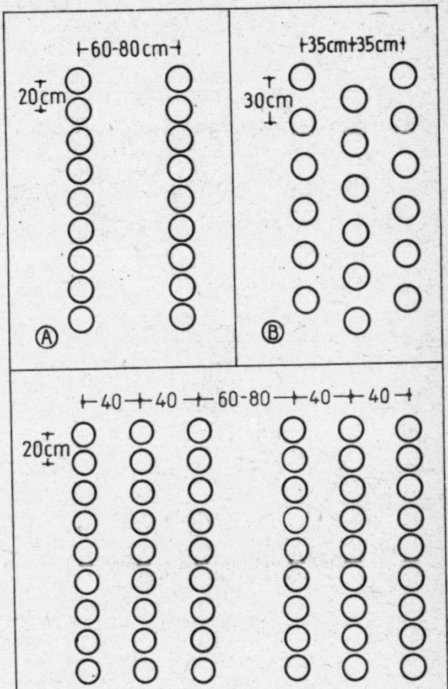

Abb. 41 Mögliche und empfehlenswerte Pflanzordnungen bei Erdbeeren
Ⓐ = Gewöhnliche Reihenpflanzung,
Ⓑ = Pflanzung auf Folienbeete,
Ⓒ = Dichtpflanzung,
b = Reihen werden nach der 1. Ernte beseitigt

Abb. 42 Reihenpflanzung im Block bei intensiver Kultur, siehe auch Abbildung 41

lung der Pflanzen ist besser, die Erträge sind höher, Ernte und Bearbeitung sind erleichtert. Einzig bei Pflanzung in Folienbahnen kann eine Art **Beetpflanzung** angewendet werden; siehe dort.

Die Reihenentfernung bemißt man, je nach Wüchsigkeit der Sorte, auf 60 bis 80 cm. Bei Anwendung enger Reihenabstände empfiehlt es sich, jede 3. oder 4. Reihe im Abstand von 80 cm folgen zu lassen. Diese breiten Gassen können sowohl als Ernteweg als auch zur Jungpflanzengewinnung dienen. Die Reihen legt man in ebenem Gelände möglichst in Nord-Süd-Richtung, in hängigem Gelände in Hangrichtung, hier um zu verhindern, daß die Herzen der Pflanzen zugeschwemmt werden.

Innerhalb der Reihen haben sich **Pflanzabstände** von 15 bis 20 cm als ausreichend und am günstigsten erwiesen. Sie ergeben schnell einen dichten, den Unkrautwuchs hemmenden Bestand und bieten die höchsten Ertragsaussichten.

Der **Pflanzenbedarf** beträgt je lfd. 10 m bei Pflanzenabständen von

25 cm = 40 Pflanzen,
20 cm = 50 Pflanzen,
15 cm = 67 Pflanzen.

Im Garten ist es außerdem möglich, eine besonders **intensive Kultur** durchzuführen. Sie besteht in zeitigerem und engerem Pflanzen, als es im allgemeinen üblich ist. Mit ihrer Hilfe läßt sich ein besonders hoher Ertrag erzielen. Pflanzzeit ist Mitte Juli, spätestens Anfang August. Der Reihenabstand beträgt 35 bis 40 cm, je nach Wuchsstärke der Sorte. Nach 3 Reihen wird ein Ernteweg von 60(–80) cm frei gelassen. In der Reihe wird auf 15 bis 20 cm gepflanzt. Nach der ersten Ernte wird jeweils die mittelste der 3 Reihen entfernt. Dies ist notwendig, wenn man im nächsten Jahr hohe und hochwertige Erträge gewinnen will. Außerdem dient die 80 cm breite Gasse der Jungpflanzengewinnung. Auf Jungpflanzengewinnung ist bei dieser Kulturmethode besonderer Wert zu legen, weil der Jungpflanzenbedarf höher als gewöhnlich ist.

Durchführung der Pflanzung

Die günstigste **Pflanzzeit** für die Erdbeere ist von Mitte Juli bis Mitte August. Je zeitiger gepflanzt wird, um so besser ist es den Pflanzen möglich, bis zum Winter einen großen Wurzelkörper, reichlich junge Blätter und kräftige Herzknospen zu entwickeln. Tiefe Durchwurzelung des Bodens und eine gute Bestockung aber sind die Voraussetzungen für eine gute Überwinterung und einen hohen Ertrag im ersten Standjahr. Bedenken gegen eine Pflanzung zu diesem Zeitpunkt brauchen im Garten nicht zu bestehen, da zum Pflanzen und während des Anwachsens meist ausreichend gewässert werden kann. Pflanzt man noch im Juli, so kann im kommenden Jahr mit einem vollen Ertrag gerechnet werden, während Septemberpflanzung nur noch $\frac{1}{5}$ eines Normalertrages bringt. Selbst Pflanzung Anfang bis Mitte August vermindert die Ertragserwartungen um etwa $\frac{1}{4}$.
Hat man im Sommer nicht rechtzeitig die zu bepflanzende Fläche frei, so pikiert man die jungen Pflanzen auf ein geschütztes, mit Komposterde oder Torf verbessertes Beet. Nach Ende September sollte man nicht mehr pflanzen, da jetzt mit einem kräftigen Einwurzeln nicht mehr gerechnet werden kann, so daß die Jungpflanzen frostgefährdet sind und leicht auswintern. Man beläßt in diesem Fall die Pflanzen im **Pikierbeet** und pflanzt im Frühjahr, etwa Anfang bis Mitte April, nachdem der Boden abgetrocknet ist und sich die ersten Blätter zeigen. Das Pikierbeet schützt man über Winter durch Bedecken mit Fichtenreisig oder mit einer leichten Strohdecke. Mit nennenswertem Ertrag darf man bei dieser späten Pflanzung jedoch nicht mehr rechnen.
Am besten pflanzt man **bei trübem Wetter** oder in den Abendstunden Dabei sind die Pflanzen stets feucht zu halten. Zweckmäßigerweise legt man sie in eine Schüssel mit etwas Wasser, so daß die Wurzeln ständig feucht bleiben. Welke Pflanzen sollte man nicht in die Erde bringen; sie sollten sich, gut durchfeuchtet, an kühlem und schattigem Ort soweit erholt haben, daß das Gewebe straff ist. **Zum Pflanzen** markiert man Reihen und Pflanzstellen mit dem Reihenzieher, oder man pflanzt an der Schnur. Gepflanzt wird mit dem Handspaten, bei weichem Boden auch mit der Hand. Die Wurzeln kürzt man möglichst nicht ein, sie dürfen beim Pflanzen auch nicht gestaucht werden. Die

a, b

c, d

Abb. 43 Pflanzung von Erdbeeren
a = Pflanzloch gestoßen, so soll eine kräftige Jungpflanze aussehen,
b = die Pflanze wird in das Pflanzloch gehalten,
c = die Wurzeln werden mit Erde umfüttert,
d = die Erde wird fest an die Wurzeln gedrückt

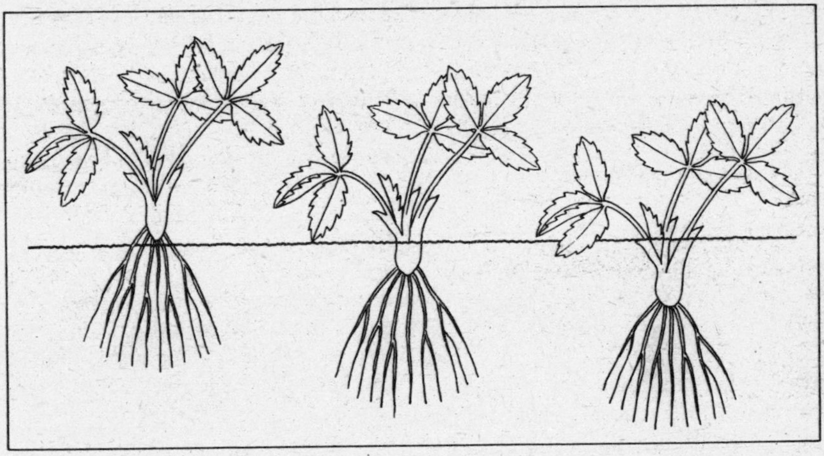

Abb. 44 Richtige Pflanztiefe; Erdbeeren dürfen weder zu hoch noch zu tief gepflanzt werden Links zu hoch, Mitte richtig, rechts zu tief gepflanzt

Pflanze wird senkrecht in das Pflanzloch hineingehalten, die fächerartig ausgebreiteten Wurzeln werden gleichmäßig mit Erde umfüttert, und dann wird fest angedrückt. Die Herzknospe muß sich nach dem Pflanzen eben über dem Boden befinden. Sie darf weder zu hoch noch zu tief stehen; besonders im letzten Fall treten leicht Wachstumsstörungen auf. Pikierte Pflanzen aus dem eigenen Pikierbeet pflanzt man mit **Erdballen.** Damit sie Ballen halten, werden sie vorher gut gewässert. Zum Pflanzen verwendet man den Handspaten.

Anschließend werden die Jungpflanzen gut angegossen oder gründlich beregnet. Nachdem man die Trittstellen mit Grubber oder Harke aufgelockert hat, erfolgt bis zum Anwachsen keine weitere Bodenbearbeitung. Bei sehr heißem Wetter empfiehlt es sich, die Pflanzen mit einer leichten Stroh- oder Heudecke zu versehen, um die Verdunstung einzuschränken.

Pflege der Neupflanzung

Folgen dem Pflanzen sonnige und trockene Tage, ist es angebracht, wiederholt kleine Regengaben von etwa 10 mm zu verabfolgen. Nach etwa einer Woche sind die Jungpflanzen angewachsen. Danach ist die Pflanzung weiterhin nach Bedarf zu wässern und durch Grubbern locker und unkrautfrei zu halten.

Unterlegen von leicht zersetztem strohigem Stallmist, Krummstroh, Rechheu, Staudenabfällen oder einer Mischung von allem unter die Pflanzen gleich nach dem Setzen fördert nicht nur das Anwachsen, sondern bietet auch einen guten Frostschutz im Winter. In Lagen, in denen bekanntermaßen starke Barfröste auftreten, empfiehlt es sich, ab Dezember eine leichte Decke von Krummstroh über die Pflanzen zu breiten. Auch Fichtenreisig ist geeignet. Diese Decke muß jedoch rechtzeitig vor dem Austrieb im März wieder beseitigt werden.

Bodenpflege und Düngung

Bodenbearbeitung

Eine regelmäßige sorgfältige Bodenbearbeitung und Unkrautbekämpfung ist für die Erdbeere notwendig. Mit der Bodenbearbeitung im Frühjahr beginnt man unmittelbar nach dem Säubern der Erdbeerreihen, das vorgenommen wird, sobald neue Blätter zu treiben beginnen. Sie besteht in wechselseitiger Anwendung von Hacke bzw. Schuffel und Handgrubber. Zwischen den Pflanzen aufkommendes Unkraut wird gejätet. Ende April bis Ende Mai stellt man die Bodenbearbeitung ein, um die Blütenfrostgefahr nicht zu erhöhen. Es kann sogar sinnvoll sein, den Boden vorbeugend festzutreten, um den Wärmenachschub aus dem Boden zu begünstigen. Bis zum Beginn der Fruchtreife ist die Bodenbearbeitung dann fortzusetzen. Während der letzten Reifezeit und der Ernte muß sie wieder unterbleiben. Das während dieser Zeit aufkommende Unkraut ist zu jäten. Nach Abschluß der Ernte ist jedoch sofort gründliche Bearbeitung erforderlich, die bis Ende Oktober fortgesetzt wird.

Bodenbedeckung

Eine günstige Bodenpflegemaßnahme ist ganz allgemein die Bodenbedekkung. Die dauernde Bodenbedeckung mit organischem Material hat sich bei großfrüchtigen, einmaltragenden Erdbeeren nicht als zweckmäßig erwiesen, da die Deckschicht die Wirkung von Blütenfrösten noch erhöht und so bedeutende Verluste verursachen kann. Dagegen ist es angebracht, schwarze Polyäthylenfolie zur Bodenbedeckung zu verwenden, sofern sie kostengünstig zur Verfügung steht. Durch die **Bedeckung mit Folie** werden der Unkrautwuchs zwischen den Reihen unterdrückt, die Verdunstung des Bodenwassers eingeschränkt und die Früchte z. T. vor dem Verschmutzen geschützt. Die schwarze Folie bewirkt, im Unterschied zur Decke aus organischem Material, eine schnelle Erwärmung des Bodens, so daß keine erhöhte Blütenfrostgefahr besteht. Die fehlende Humusanreicherung gegenüber dem Mulchen ist in Anbetracht der kurzen Kulturzeit der Erdbeere kein Nachteil.

In welcher Weise man die Folie verwendet, richtet sich danach, in welcher Breite sie zur Verfügung steht. Schmale Streifen von 70 bis 80 cm Breite kann man zwischen den normalen Pflanzreihen mit 70 bis 80 cm Abstand auslegen. Streifen von 120 bis 140 cm Breite, notfalls auch solche von 70 bis 80 cm Breite, erlauben, die Erdbeerpflanzen in Dammbeete mit Folienbedeckung zu setzen. Auf jeden Fall ist die Bodenoberfläche vor dem Auslegen der Folie mit Schaufel und Harke zu formen.

Beabsichtigt man, schmale Folienstreifen zwischen bestehende Reihen auszulegen, wird die Erde von den Pflanzen etwas zur Gassenmitte abgezogen, so daß eine leichte Wölbung mit 10 cm hohem First entsteht. Darüber wird die Folie gebreitet und an

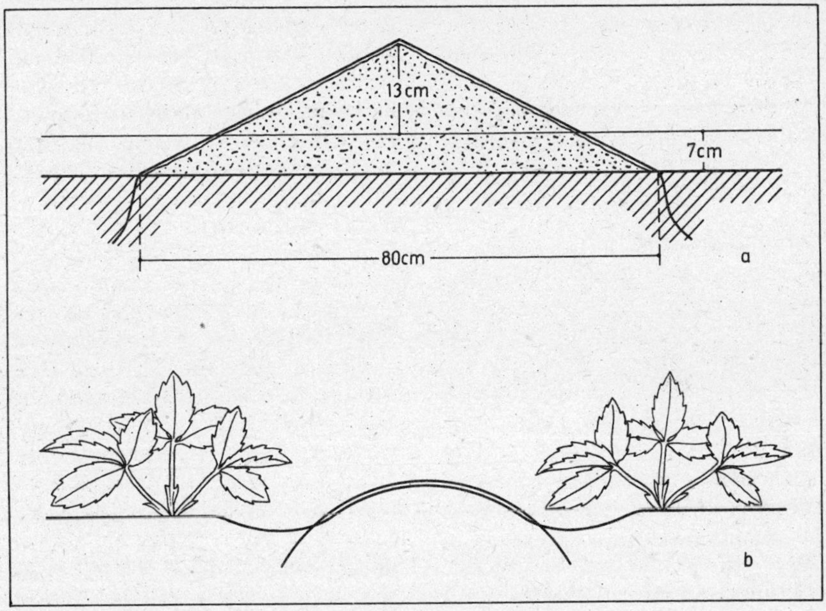

Abb. 45 Möglichkeiten der Bedeckung mit Folienbahnen
Oben breite Bahnen bei Dammkultur, unten schmale Bahnen zwischen den Pflanzreihen

den Rändern mit Erde, Latten usw. beschwert.

Bei der **Dammkultur** wird aus dem vorbereiteten und verbesserten Boden ein 90 bis 100 cm breites und 20 cm hohes (bzw. 60 cm breites, 10 cm hohes), dachförmig gewölbtes Beet geformt, festgeklopft und glattgestrichen. Anschließend ist es gründlich zu wässern, da ein ausreichender Vorrat an Bodenfeuchtigkeit während der Sommermonate Voraussetzung für erfolgreiches Anwachsen ist. Danach wird die Folienbahn stramm über das Beet gebreitet und an den Rändern 10 bis 15 cm in den Boden eingegraben. Auf der Bahn werden die Pflanzstellen in 2 oder 3 Reihen mit einem Abstand von 30 bis 35 × 25 cm im Verband markiert und mit einem Kreuzschnitt versehen. In die so entstandenen Öffnungen werden die Pflanzen auf die übliche Weise gesetzt und gut angegossen. Hier hinein wird später auch die vorgesehene Mineraldüngung in Form von Düngerlösung eingebracht.

Auf leichten Sandböden eignet sich die geschilderte Bedeckung mit Folie nicht, weil wegen des ungenügenden horizontalen Wassertransports keine Feuchtigkeit unter die Folie gelangt und die Pflanzen leicht unter Trokkenheit leiden.

Bei mehrmalstragenden Sorten jedoch, z. B., 'Ostara', ist die **Bedekkung mit organischem Material** ver-

Abb. 46 Bodenbedeckung mit Stroh

tretbar, sofern Folie nicht gleich günstig zur Verfügung steht. Erfriert die erste Blüte, so folgt alsbald die zweite, und es tritt kaum ein Verlust ein, wenn man von der Ernteverzögerung absieht. Geeignetes Bedeckungsmaterial ist kurzer Stallmist, Krummstroh und ähnliches locker liegendes Material. Dieses Material wird sofort nach dem Pflanzen in genügender Menge ausgebracht und bis unter das Laub ausgelegt.

Chemische Unkrautbekämpfung

Die Größe einer Erdbeerpflanzung im Garten ist gewöhnlich so bemessen, daß die Bekämpfung des Unkrautes im Zusammenhang mit der normalen Bodenbearbeitung keine besondere Mühe macht. Dort, wo Bodenbedekkung vorgenommen wird, beschränkt sie sich auf geringfügiges Jäten. Der Vollständigkeit halber sollen doch einige der chemischen Mittel genannt werden, die für die Unkrautbekämpfung in Erdbeeranlagen zugelassen sind. Alle diese Mittel sollten sich ohne Einschränkung gegen alle einjährigen Unkräuter richten. Geeignet sind z. B. „Elbatan“ von der Pflanzung ab, „Simazin Spritzpulver Fahlberg“ und „Trakephon“ von der ersten Ernte ab. Anwendungszeitpunkte sind das zeitige Frühjahr bis zum Erscheinen der ersten Blütenstände und die Zeit nach der Ernte.

Das Ausbringen erfolgt durch Spritzen auf den unkrautfreien und geglätteten Boden. Damit die Flüssigkeit sofort einzieht, muß der Boden feucht sein. Das Laub ist gegen die Spritzbrühe abzuschirmen, z. B. durch Folienbahnen, die über die Pflanzreihen gebreitet werden. Die in den Gebrauchsanweisungen angegebenen Konzentrationen und auszubringenden Wassermengen sind genau zu beachten; sie sind um die Hälfte geringer als bei Obstgehölzen.

Düngung

Hohe Wuchs- und Ertragsleistungen sind nur zu erwarten, wenn neben der Zufuhr organischer Dünger regelmäßig ausreichende Düngesalzmengen verabfolgt werden. Als normale Nährstoffgaben können je m^2 80 g Reinstickstoff, 22 g Reinphosphor und 100 g Reinkalium angesehen werden. Umgerechnet auf verfügbare Düngemittel ergeben sich die im folgenden Düngebeispiel genannten Mengen. Dabei werden nur kalkfreie bzw. -arme und chloridfreie Düngemittel vorgeschlagen.

Die erforderliche **mineralische Düngung** erfolgt zweckmäßigerweise Ende Juli/Anfang August, damit die Nährstoffe für die Neuentwicklung des Wurzelkörpers ab Juli und für die An-

Düngebeispiel für 10 m² Erdbeerpflanzung

Düngezeitpunkt	Einnährstoffdünger	Volldünger
Einmaltragende Erdbeersorten		
Pflanzjahr		
Frühjahr	100 l Torfkompost als Grunddüngung	
Nach der Pflanzung	150 g Schwefelsaures Kali	
	160 g Superphosphat	
1. bis vorletztes Ertragsjahr		
Februar/März	80 g Schwefelsaures Kali	–
Ende März/Anfang April	100 g Schwefelsaures Ammoniak	200 g Piaphoskan blau-extra
	80 g Superphosphat	
Ende Juli/Anfang August	90 g Piaphoskan grün	450 g Piaphoskan blau-extra
	120 g Schwefelsaures Kali	–
	250 g Superphosphat	–
Letztes Ertragsjahr		
Februar/März	120 g Schwefelsaures Kali	–
Ende März/Anfang April	250 g Schwefelsaures Ammoniak	250 g Piasphoskan blau-extra
Mehrmalstragende Erdbeersorten		
Pflanzjahr		
Frühjahr	150 l Torfkompost als Grunddüngung	
Nach der Pflanzung	150 g Schwefelsaures Kali	
	250 g Superphosphat	
Erstes bis letztes Ertragsjahr		
Februar/März	80 g Schwefelsaures Kali	–
Ende März/Anfang April	100 g Schwefelsaures Ammoniak	200 g Piaphoskan blau-extra
	80 g Superphosphat	–
Anfang/Mitte Juli	70 g Piaphoskan grün	250 g Piaphoskan blau-extra
	90 g Schwefelsaures Kali	–
	90 g Superphosphat	–
Ende Juli/Anfang August	50 g Piaphoskan grün	200 g Piaphoskan blau-extra
	80 g Schwefelsaures Kali	
	80 g Superphosphat	

lage der Blütenknospen im September rechtzeitig zur Verfügung stehen. Auf mittelschweren und schweren Böden kann die volle Gabe zu diesem Termin verabfolgt werden. Auf leichten, sandigen Böden werden Stickstoff und Kalium zu stark ausgewaschen; hier ist es günstiger, die Gabe zu teilen und die 2. Hälfte im April auszubringen.

Etwas anders verfährt man bei zweimaltragenden Sorten. Sie erhalten in jedem Fall die gleiche Menge Stickstoff und Kalium in drei Gaben, und zwar 30 % vor der ersten Blüte, 30 % nach der ersten Ernte Anfang/Mitte Juli und 40 % nach der zweiten Blüte Ende Juli/Anfang August. Phosphor wird dagegen einmalig zusammen mit der 3. Stickstoffgabe verabfolgt.

Wo statt der Einzeldünger **Volldünger** angewendet werden, verfährt man zeitlich wie bei Stickstoffdüngern. Die Menge wird nach dem Stickstoffanteil bemessen. Der Stickstoffanteil ist auf keinen Fall zu erhöhen, weil dann nicht nur die Laubbildung über Gebühr gefördert wird, sondern die Fäulnisgefahr besonders hoch ist. Wo erwiesenermaßen die Grauschimmelfäule an den Früchten sehr stark auftritt, sollte bei Verwendung von Einnährstoffdüngern die Stickstoffgabe im Frühjahr vermindert werden oder ganz unterbleiben, von Volldüngern „Humustan“ verwendet werden.

Die **Düngesalze** sind zwischen die Reihen zu streuen und umgehend einzugrubbern, damit sie schnell wirksam werden. Staubartige Düngemittel, die auf die Blätter gelangt sind, sollte man sofort abspülen, damit es nicht zu Blattverätzungen kommt.

Bewässerung

Die Reifezeit der Erdbeere fällt oft mit der frühsommerlichen Trockenperiode im Juni zusammen. Besonders auf leichtem Boden und in trockenen Lagen sind ohne Bewässerung der Ertrag und die weitere Entwicklung des Bestandes in Frage gestellt. Durchdringende Bewässerung in einer Menge von 15 bis 20 mm, je nach Bedarf ein- oder zweimal in der Woche, ist während der Fruchtreife angeraten. Geringere und dafür häufigere Gaben, vor allem durch Beregnung ausgebrachte, haben keine fördernde Wirkung. Sie befeuchten nur das Laub und begünstigen die Ausbreitung von Pilzkrankheiten, insbesondere die des Grauschimmels. Ferner fördern sie bei kühler Witterung in unerwünschter Weise das Laubwachstum und die Entwicklung der Ausläufer.

Von größter Bedeutung für die ab Anfang September erfolgende Blütenknospendifferenzierung und damit für den Ertrag des Folgejahres sind ausreichende Niederschläge ab Mitte August. Wenn sich ab Ende August nach voraufgegangener allgemein trockener Witterung eine Hochdruckwetterlage (Altweibersommer) mit geringer Niederschlagsneigung bei Durchschnittstemperaturen von mehr als 10 °C einstellt, ist es zweckmäßig, wenn nicht erforderlich, bis Ende September wöchentlich 20 bis 30 mm Zusatzwasser zu geben.

Nacherntepflege und Vermehrung

Beseitigen der Ausläufer

Bereits während der Fruchtreife entwickeln sich, abhängig vom Grad der

Blütenbildung, die Ausläufer. Ist nicht beabsichtigt, Jungpflanzen zu gewinnen, so werden die Ausläufer monatlich beseitigt, erstmals Mitte Juli, gleichzeitig mit oder kurz nach dem Entblättern (siehe dort). Man trennt sie mit einem scharfen Spaten oder mit einer Schere dicht an der Mutterpflanze ab, so daß ein schmales Band stehenbleibt, und entfernt sie danach mit Grubber oder Eisenharke aus den Reihen. Wir erreichen damit:

- Der Sproßkörper wird eingeschränkt und dadurch die Entwicklung der verbleibenden Herzknospen gefördert; kräftige Herzknospen aber sind die Voraussetzung für hohe Erträge im Folgejahr.
- Schmale Pflanzreihen erleichtern Bodenpflege und Ernte und verhindern durch schnelleres Abtrocknen von Boden und Pflanze die Ausbreitung von Pilzkrankheiten, insbesondere der Grauschimmelfäule.
- Die Bildung von Ausläuferpflanzen wird eingeschränkt und ihre künftige Beseitigung vereinfacht.

Entlauben

Das in einigen Gebieten der DDR aus Pflanzenschutzgründen seit langem geübte Abmähen des Erdbeerlaubes nach der Ernte hat sich als zweckdienlich für die folgende Entwicklung der überwinternden Pflanzen wie auch für die weitere Durchführung von Pflanzenschutzmaßnahmen erwiesen. Durch das Entblättern wird alles alte Laub beseitigt, auch solches, das sonst erst im Laufe des Winters absterben würde. Neue, kurzstielige, gut überwinterungsfähige und langlebige Blätter können sich ungehindert entwickeln. Im Verlauf eines Monats sind die Stauden wieder voll belaubt. Durch das Beseitigen des alten Laubes werden zugleich alle vom Grauschimmelpilz infizierten Blätter entfernt und günstige Voraussetzungen für die Bekämpfung von Krankheiten und Schädlingen, insbesondere der Weichhautmilben, geschaffen.

Das Entblättern sollte **sofort nach der letzten Ernte** durchgeführt werden; später als Mitte Juli durchgeführt, wirkt es sich nachteilig aus. Je nach Umfang der Anlage erfolgt es mit Schere, Sichel oder Sense, möglichst dicht über den Herzknospen.

Von gleicher pflanzenhygienischer Bedeutung ist das Beseitigen des über Winter abgestorbenen Laubes noch **vor dem neuen Austrieb** etwa um Mitte April. Wegen der meist zähen Beschaffenheit der Blattstiele müssen diese mit einer kurzen Schere dicht an der Sproßachse abgeschnitten werden.

Jungpflanzengewinnung

Im allgemeinen wird der Gartenfreund, von den vorn genannten Ausnahmen abgesehen, die benötigten Jungpflanzen selbst gewinnen. Dabei muß er einige Regeln beachten. Nur von gesunden ein- oder zweijährigen sortenreinen Beständen sollte vermehrt werden. Einjährige Bestände ergeben eine wesentlich größere Ausbeute an Ausläuferpflanzen. In zweijährigen Beständen empfiehlt es sich, eine gewisse Auslese vorzunehmen, indem man im Verlauf der Ernte die faulen Träger mit einem Stab kennzeichnet und sofort nach der Ernte mitsamt ihren Ausläufern beseitigt.

Mit Beginn der Ausläuferbildung wird der Boden zwischen den Reihen mit Komposterde oder zerkleinertem Torf angereichert. Nach Abschluß der Ernte ist es nötig, den Boden unter Schonung der bereits gebildeten Ausläufer zu lockern, damit die Jungpflanzen gut einwurzeln können. Die Ausläufer werden gleichmäßig ausgelegt und die Jungpflanzen in den Boden eingedrückt. Aufkommendes Unkraut entfernt man während dieser Zeit durch Jäten. Mitte bis Ende Juli werden nach kräftigem Wässern die Ausläufer mit Messer oder Gartenschere dicht an der Mutterpflanze abgeschnitten und die Jungpflanzen unter Schonung der Wurzeln mit der Grabegabel herausgehoben.
Die stärksten Jungpflanzen jeder Mutterpflanze sollte man möglichst **mit Ballen** herausnehmen. Wenn genügend kleine Töpfe (8 bis 10 cm) aus Ton oder Plaste zur Verfügung stehen, kann man diese, mit guter Kompostmischung gefüllt, dicht an den Mutterpflanzen einsenken und hier die ersten Jungpflanzen einlegen. Diese werden sich kräftig entwickeln, bilden feste Topfballen und wachsen nach dem späteren Auspflanzen unverzüglich weiter.
Pflanzwürdig sind gut bewurzelte Pflanzen mit wenigstens vier kräftigen Blättern. Können wir nach dem Pflanzen beregnen, so dürfen wir auch schwächere Jungpflanzen setzen, anderenfalls müssen diese auf vorbereitete, mit Torf verbesserte Beete pikiert werden. Diese Pflanzen sind nach etwa 2 bis 3 Wochen pflanzfertig.
Rankenlose Monatserdbeeren sind beliebte Einfassungspflanzen, die von Mai bis in den November hinein blühen und fruchten. Sie werden im Frühjahr auf 20 cm Entfernung gepflanzt. Jungpflanzen lassen sich auf eine einfache Weise nachziehen, indem man bei einigermaßen unkrautfreiem Boden den Raum zwischen den Pflanzen nicht bearbeitet, so daß abgefallener Samen keimen und sich entwickeln kann. Sobald die Jungpflanzen 2 bis 3 kräftige Blätter entwickelt haben, werden sie herausgenommen und auf ein vorbereitetes Beet auf 5 cm Standweite pikiert. Noch im Spätsommer oder im zeitigen Frühjahr werden sie mit Ballen an den endgültigen Standorten gepflanzt. Älter als 2 Jahre wird man die Monatserdbeeren nicht werden lassen, da Güte und Größe der Früchte erheblich nachlassen.

Frostschutz

Schon mehrfach wurde hier darauf hingewiesen, daß die bodennahe Erdbeere Frösten besonders ausgesetzt ist. Gegen Winterfröste, die als Barfröste auftreten, helfen im allgemeinen sowohl kräftige Belaubung als auch die geschilderten Formen der Bodenbedeckung. Von größerer Bedeutung sind die im April/Mai zu erwartenden Blütenfröste, die oft die Ursache für einen völligen Ertragsausfall sein können.
Räuchern und Frostschutzberegnung scheiden im Gartengelände meist aus, ebenso das Heizen. Eine praktikable Maßnahme ist jedoch, Heu, Krummstroh und ähnliches zu beschaffen und im Falle akuter Frostgefahr über die Reihen zu breiten. Diese Decke, die natürlich genügend dicht sein soll,

kann ohne weiteres 3 bis 4 Tage liegen bleiben. Nachdem die Frostgefahr vorüber ist, wird die Decke heruntergenommen und das Material zum Schutz der Früchte in den Reihen ausgelegt.
Auch Folienbahnen können bei zu erwartender Nachtfrostgefahr über die Reihen gebreitet werden. Sobald jedoch die Temperaturen wieder ansteigen, ist es nötig, die Folie zu entfernen, weil es bei Sonnenschein leicht zu Verbrennungen kommen kann.
Sicheren Schutz gegen Blütenfrost und eine **Ernteverfrühung** um bis zu 14 Tage erreicht man, wenn die Beete ab Anfang bis Mitte April mit Frühbeetfenstern oder Folienzelten überbaut werden. Natürlich lohnt sich ein solches Verfahren nur bei frühen Sorten, wie ‘Fratina’, ‘Fracunda’, ‘Havelland’ und ‘Gorella’, sowie bei Anwendung der vorn beschriebenen Dichtpflanzung (40 cm×20 cm). Über Winter sind die Pflanzen mit einer leichten Strohdecke vor Frostschäden zu schützen. Während der Überbauung ist durch reichliches Lüften dafür zu sorgen, daß eine Temperatur von 20 °C nicht überschritten und die Blütenbestäubung durch Insekten nicht behindert wird. Ferner ist auf ausreichende Bewässerung zu achten.

Schädlinge und Krankheiten und ihre Bekämpfung

Die Erdbeere wird von zahlreichen Schädlingen und Krankheiten befallen. Doch nur wenige sind allgemein verbreitet und gefährden ernsthaft Bestand und Ertrag. Vor allem mit ihnen wollen wir uns hier befassen.

Bodenschädlinge

Vor allem Jungpflanzen auf lockerem, humosem und warmem Boden können von einer Reihe im Boden lebender Schädlinge schwer geschädigt werden. Die Wurzeln werden oft bis auf geringe Reste abgefressen, so daß jede Entwicklung unterbleibt. Die Verursacher sind meist die Larven des Maikäfers **(Engerlinge),** des Gartenlaubkäfers sowie die Larven des Schnellkäfers **(Drahtwürmer)** und der **Dickmaulrüßler.** Wenn bei der Bodenbearbeitung diese Schädlinge in größerem Umfang festgestellt werden, ist es angeraten, eine spezielle Bekämpfung vorzunehmen, ebenso wenn während der Blüte und Fruchtreife einzelne Pflanzen plötzlich welken und absterben. Die **Bekämpfung** kann beim Auspflanzen durch Einbringen eines Lindan-Bodenstreumittels (z.B. „Arbitex“) in das Pflanzloch erfolgen. In vorhandene Bestände werden Streumittel streifenweise ausgestreut und eingehackt. Gießmittel (z. B. „HL-Spritz- und Gießmittel“) bringt man mit der Gießkanne, Brause nach unten gerichtet, streifenweise längs der Reihen auf den feuchten Boden. Diese Behandlung nimmt man vor der Blüte oder nach der Ernte vor.

Älchen

In zunehmendem Maße machen sich Schäden durch Älchen (Nematoden) bemerkbar, die in Blättern, Stengeln und an den Wurzeln der Erdbeerpflanzen leben. Die Widerstandsfähigkeit der Pflanzen gegen Älchen ist sortenunterschiedlich. Der Schaden macht sich durch Verkrüppeln der

Abb. 47 Erdbeerblütenstecher, Schadbild

Blätter und Blütenstände bei Befall durch Blattälchen, durch Absterben der Wurzeln und Kümmern der Pflanzen beim Auftreten von Wurzelälchen bemerkbar. Stark befallene Bestände sollten gerodet und verbrannt werden. Zur Gesunderhaltung der Erdbeerbestände im Garten sind folgende vorbeugende Maßnahmen erforderlich:

- Anbaupausen von wenigstens 3 Jahren auf gleicher Fläche einhalten,
- Bestände möglichst nicht länger als 2 Jahre nutzen; nach dem Roden Pflanzen verbrennen,
- zur Neupflanzung gesundes, anerkanntes Pflanzgut verwenden,
- beste Anbau- und Pflegebedingungen schaffen.

Erdbeerblütenstecher

Abgeknickte welkende Blütenknospen deuten auf Befall durch den kleinen, 3–4 mm großen, dunkelbraunen Rüsselkäfer hin. An ihnen hat der Käfer seine Eier einzeln abgelegt; hier entwickeln sich die Larven. Die Eiablage erfolgt Ende April/Anfang Mai, bei warmem Wetter bis in den Juli. Befallen werden vor allem die kräftigsten, sich am zeitigsten entwickelnden Knospen. Dementsprechend groß ist der Schaden. Die **Bekämpfung** des Schädlings erfolgt prophylaktisch und ist bis kurz vor der Blüte mit einem Phosphorinsektizid, z. B. „Wofatox-Spritzmittel", vorzunehmen.

Erdbeerstengelstecher

Etwa 2 Wochen vor dem Blütenstecher erscheint dieser metallisch blau bis grün gefärbte, 4–5 mm große Rüsselkäfer. Die Eier werden ab Ende April an Blütenständen oder Blättern abgelegt, die zuvor durchgenagt wurden, abknicken und welken. Die **Bekämpfung** erfolgt ebenfalls mit Wofatox-Präparaten, sobald sich die Blütenstände zu strecken beginnen.

Erdbeermilbe

In warmen, luftfeuchten und windstillen Lagen und dichten Beständen kann es zu einem besonders starken Auftreten dieses Schädlings kommen. An den befallenen Pflanzen, meist nesterweise im Bestand verteilt, bleiben die Herzblätter klein, kräuseln sich, verfärben sich grau bis braunrot und sterben schließlich ab. Die mikroskopisch kleinen Milben sitzen zwischen dem Haarfilz und den Falten der unentwickelten Herzblätter.

Abb. 48 Milbenschaden an einer Erdbeerpflanze

Vorbeugend sollten nur Jungpflanzen aus befallsfreien Beständen verwendet werden. Sicherheitshalber kann man die Jungpflanzen 20 min in Wasser mit einer Temperatur von 43 °C (nicht unter 41,5 °C und nicht über 46 °C) tauchen. Diese Behandlung richtet sich auch gegen Älchen.
Bekämpfung mit chemischen Mitteln ist möglich durch Spritzen von „Milbol EC“ je einmal vor der Blüte und nach der Ernte. Diese Behandlung richtet sich gleichzeitig gegen die Erdbeerspinnmilbe.

Schnecken, Tausendfuß

Die reifen Früchte werden oftmals durch die genannten Schädlinge angefressen und dadurch unbrauchbar. Zur Bekämpfung eignen sich Fallen oder Köder.
Unter hohl liegenden Steinen oder Brettern sammeln sich **Nacktschnekken.** Gute Fangergebnisse erzielt man auch durch das Aufstellen von Schalen mit Bier. Man kann sie dann aufsammeln und abtöten. Durch Ausstreuen von Branntkalk oder Kali um die Beete verwehrt man ihnen den Zugang.
Wo der **getüpfelte Tausendfuß** auftritt, er ist 10 bis 18 mm lang, grauweißlich und rot gepunktet, kann man ihn mit ausgelegten Kartoffel- oder Möhrenscheiben ködern und ablesen.

Grauschimmelfäule

Die *Botrytis*-Fruchtfäule ist die zur Zeit wichtigste Pilzkrankheit der Erdbeere. Von ihr wird vor allem die Sorte ‘Senga Sengana’ befallen. Sie tritt bei anhaltend feuchter Witterung und mäßig warmen Temperaturen (15

Abb. 49 Von Grauschimmel befallene Erdbeeren

bis 20 °C) auf. Der pilzliche Erreger kommt an vielen Pflanzen vor und ist deshalb allgegenwärtig. An der Erdbeere werden Früchte aller Entwicklungsstadien befallen. Erste Anzeichen sind braune Flecken auf den Früchten; später sind diese völlig von einem mausgrauen stäubenden Schimmelrasen bedeckt.

Wichtige **vorbeugende Maßnahmen** sind das Offenhalten der Pflanzungen, Beseitigen des abgestorbenen Winterlaubes und des Abmähen des Laubes sofort nach der Ernte sowie Verkürzung der Kulturzeit auf maximal 2 Jahre. Die empfohlenen Stickstoffgaben bei der Düngung dürfen nicht erhöht werden; eher sind sie einzuschränken bzw. im Frühjahr ganz zu unterlassen.

Chemische **Bekämpfungsmaßnahmen** ergänzen die vorbeugenden Maßnahmen. Anwendbar sind Thiram-, Benomyl- und Captan-Mittel. Mit „Wolfen-Thiuram 85" darf nur bei Temperaturen über 15 °C bis zum Blühbeginn gespritzt werden. Bei kühler Witterung empfiehlt sich eines der nachstehend genannten Mittel. In älteren Anlagen und bei feuchter Witterung sind weitere Spritzungen mit Captan- und Benomyl-Mitteln im Wechsel bis 7 Tage vor der Ernte angebracht („Malipur" 0,2%ig, „Chinoin-Fundazol 50 WP" 0,06%ig). Die Spritzbrühe, 25 l je 100 m², wird mit scharfem Strahl von allen Seiten in die Pflanzenmitte ausgebracht.

Benomyl-Mittel wirken systemisch und erhöhen deshalb deutlich die Abwehrkraft des Bestandes. Bei ausschließlichem Gebrauch können sie jedoch Resistenzbildung gegen Grauschimmel zur Folge haben und Wurzelfäuleerreger fördern. Wechsel mit nichtsystemischen Mitteln ist nötig.

Die Behandlung mit Kontaktfungiziden (Captan und Thiram) richtet sich auch gegen die gelegentlich auftretende **Lederfäule** *(Phytophthora cactorum),* während weitere Pilzkrankheiten, z. B. Erdbeermehltau und Weißfleckenkrankheit, durch Behandlung mit Benomyl erfaßt werden.

Unter Umständen tritt an der Basis und den Wurzeln der Erdbeerstaude eine von dem Erreger der Lederfäule verursachte **Wurzelfäule** auf. Dabei werden die Wurzeln schwarz und völlig morsch, die Pflanzen verkümmern und welken. Befallene Pflanzen sind herauszunehmen und zu verbrennen. Die Anbaupause auf der betroffenen Fläche ist auf 5 Jahre auszudehnen.

Ernte der Erdbeeren

Die Erdbeere reift als erste Frucht des Jahres. Dieser Umstand und ihr Wohlgeschmack, sollten uns veranlassen, von der ersten bis zur letzten Frucht alles zu ernten. Es ist deshalb wichtig, ein **Verschmutzen** der Früchte zu verhindern und für ein **schnelles Abtrocknen** nach Niederschlägen zu sorgen. Wo auf Bodenbedeckung verzichtet werden muß, mit der diese Ziele sicher erreicht werden, aber Stroh oder Holzwolle verfügbar sind, empfiehlt es sich, diese Materialien bei beginnender Fruchtreife unter die Fruchtstände zu legen. Holzwolle ist nach der Ernte wieder zu entfernen. Auch das Unterstellen niedriger Lattengerüste sowie die Verwendung spezieller Fruchthalter aus Draht haben sich als brauchbar, aber doch recht aufwendig erwiesen.

Erdbeeren werden nur voll ausgefärbt, das heißt **im Zustand höchster Reife** geerntet, da sie nur dann ihr einzigartiges Aroma voll entfalten. Auch die zur Verwertung bestimmten Früchte ernten wir vollreif. Weil die Erdbeeren nicht gleichzeitig reifen, müssen wir sie in mehreren Erntedurchgängen im Abstand von 2 bis 3 Tagen pflücken. Die Früchte werden nicht abgezupft, sondern kurz hinter dem Kelch am Stiel gefaßt und dieser mit dem Daumennagel durchgekniffen. Monatserdbeeren dagegen werden abgezupft. Sofort beim Pflücken werden die Beeren sortiert, wozu man am besten zwei Körbe mit sich führt. In den einen kommen die einwandfreien, für den Frischgenuß, für Kompott und Konserven bestimmten Früchte, in den anderen die kleinen, verkrüppelten, beschädigten Früchte, die nur für Saft- und Marmeladenherstellung brauchbar sind. Zertretene, verfaulte und angefressene Erdbeeren werden gesammelt und auf dem Kompost vergraben, damit die Samen nicht im Bestand aufgehen.

Erdbeersorten

Erdbeeren werden im Garten in erster Linie für den Frischverzehr, als Tortenbelag und zur Konfitürebereitung angebaut. Darüber hinaus werden sie gerne zur Konservierung, zur Süßmost- und Saftbereitung und zum Einfrosten verwendet.

Von den zahlreichen im Anbau befindlichen Sorten wird man im Garten solchen den Vorzug geben, die außer zum Frischverzehr für alle Verarbeitungsformen geeignet sind. Dafür sol-

Abb. 50 So werden Erdbeeren richtig gepflückt

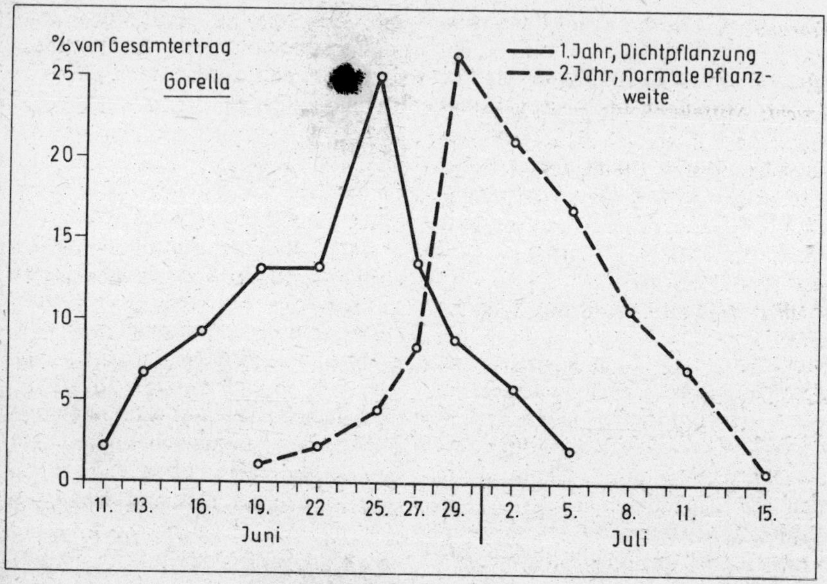

Abb. 51 Ernteverlauf bei Erdbeeren unterschiedlichen Alters

len sie möglichst fest- und dunkelfleischig und an den Pflanzen längere Zeit haltbar sein. Letzteres ist wichtig, weil zwischen den möglichen Erntedurchgängen oft eine ganze Woche liegt. Diesen Anforderungen werden besonders folgende Sorten gerecht: 'Fracunda', 'Framura', 'Fratina' und 'Mieze Schindler'. Im allgemeinen wird man neben einer einmaltragenden Sorte mit den vorgenannten Eigenschaften noch eine mehrmals tragende Sorte wie 'Ostara' anbauen. Auf diese Weise ist man in der Lage, im Juni und von Ende Juli an bis in den Herbst hinein frische Erdbeeren zu ernten.

Fratina

Reife: Sehr früh, Anfang Juni.

Frucht: Mittelgroß, Erstlingsfrüchte groß, überwiegend herzförmig, dunkelrot, stark glänzend; mittelfest, nicht druckempfindlich, sehr saftig, dunkelrotfleischig, angenehm süßsäuerlich, etwas aromatisch; reift konzentriert, an der Pflanze ziemlich lange reif haltbar, wenig anfällig für Grauschimmel; für Frischverzehr und alle Verarbeitungsformen.

Pflanze: Wächst stark bis sehr stark, dicht, aufrecht; Ertrag sehr hoch – höher als bei 'Senga Sengana'; Anfälligkeit gegen Krankheiten und Schädlinge gering.

Ansprüche: Gering, besonders für leichte Böden geeignet, bildet auf besseren Böden im zweiten Jahr zu viel Laub aus.

Blüte: Zwittrig, wenig spätfrostgefährdet.

Fracunda

Reife: Früh, Anfang bis Mitte Juni.
Frucht: Mittelgroß bis groß, kegelförmig, etwas kantig, Erstlingsfrüchte auch herzförmig, breitrund; mittelrot, glänzend, rotfleischig, mittelfest, säuerlich, aromatisch; wenig anfällig für Grauschimmel; für Frischverzehr und Konservierung.
Pflanze: Wächst stark; Ertrag hoch bis sehr hoch.
Ansprüche: Für mittelschwere bis schwere Böden.

Gorella

Reife: Früh, Anfang bis Mitte Juni.
Frucht: Groß, Erstlingsfrüchte sehr groß, stumpf kegelförmig; leuchtend hellrot bis mittelrot, glänzend; Fleisch hellrot, mittelfest bis fest, nicht druckempfindlich, süßsäuerlich, wenig aromatisch; widerstandsfähig gegen Grauschimmel; für Frischgenuß, Saftbereitung, Marmelade.
Pflanze: Wächst stark bis sehr stark, mitteldicht, aufrecht; Ertrag hoch bis sehr hoch; Ausläuferbildung mäßig.
Ansprüche: Gering, nicht für Standorte mit stauender Nässe.
Blüte: Früh, zwittrig, vorwiegend im Laub, spätfrostgefährdet.

Havelland

Reife: Früh, Anfang bis Mitte Juni.
Frucht: Groß, Erstlingsfrüchte sehr groß, lang kegelförmig, mittelrot, mittelfest, saftig, etwas säuerlich, angenehm aromatisch; weniger fäulnisanfällig als 'Senga Sengana'; sehr gut pflückbar; für Frischverzehr.
Pflanze: Wächst stark, aufrecht; Ertrag hoch bis sehr hoch.
Ansprüche: Gering, gedeiht auf allen erdbeerfähigen Standorten, auch für leichte Böden geeignet.
Blüte: Zwittrig, mittelfrüh, in Laubhöhe.

Framura

Reife: Mittelfrüh, Mitte Juni.
Frucht: Mittelgroß, rundlich bis herzförmig, kantig, unausgeglichen in der Form; mittelrot, vollreif dunkelrot, glänzend, mittelfest, nicht druckempfindlich; saftig, dunkelrotfleischig, süßsäuerlich, aromatisch; weniger anfällig für Grauschimmel; für Frischverzehr, Saftbereitung, Marmelade, Konserven.
Pflanze: Wächst stark, aufrecht, dicht geschlossen; Ertrag sehr hoch, sicher; lange Erntezeit, vor allem für den Anbau im Garten.
Ansprüche: Gering, gedeiht auf allen erdbeerfähigen, auch leichten Böden.
Blüte: Mittelfrüh, zwittrig, im Laub, wenig spätfrostgefährdet.

Senga Sengana

Reife: Mittelfrüh, Mitte Juni.
Frucht: Mittelgroß bis groß, breitrundlich, dunkelbräunlichrot, stark glänzend, sehr saftig; süßsäuerlich, aromatisch, fest; sehr nässeempfindlich, sehr anfällig für Grauschimmel; für Frischverzehr, vor allem auch zur Konservierung.
Pflanze: Wächst stark bis sehr stark; Ertrag sehr hoch; widerstandsfähig gegen Winterfrost und Trockenheit.
Ansprüche: Gering, nicht für luftfeuchte Lagen, dort anfällig für Weißfleckenkrankheit.
Blüte: Zwittrig, wenig spätfrostgefährdet.

Tenira

Reife: Mittelfrüh, Mitte Juni.
Frucht: Groß bis sehr groß, ausgeglichen kegelförmig; leuchtend rot, stark glänzend; mittelrotfleischig, sehr saftig, wohlschmeckend, festfleischig; widerstandsfähig gegen Grauschimmel; für Frischverzehr und alle Verarbeitungsformen geeignet, ohne Kelch pflückbar.
Pflanze: Wächst stark, aufrecht; Erträge sehr hoch, regelmäßig; widerstandsfähig.
Ansprüche: Mittel, gedeiht auf allen erdbeerfähigen, auch leichteren Böden.
Blüte: Zwittrig, bis in Laubhöhe.

Red Gauntlet

Reife: Mittelfrüh bis spät, Mitte bis Ende Juni.
Frucht: Groß bis sehr groß, stumpf kegelförmig, oft gerieft; leuchtend mittelrot, glänzend; Fruchtfleisch hellrot bis rosa, fest, säuerlich, schwach aromatisch; widerstandsfähig gegen Grauschimmel; vorwiegend für den Frischverzehr, auch für Saftbereitung, Marmelade, weniger für Konservierung.
Pflanze: Wächst stark bis sehr stark, locker, hoch; Ertrag sehr hoch, lange Erntezeit; widerstandsfähig gegen Winterfrost, Krankheiten und Schädlinge.
Ansprüche: Gering, sehr anpassungsfähig.
Blüte: Mittelfrüh, zwittrig, bis in Laubhöhe.

Mieze Schindler

Reife: Spät, Mitte bis Ende Juni.
Frucht: Mittelgroß, rundlich, oft gerieft; tief dunkelrot, glänzend; Fleisch dunkelrot, süß, eigenartiges gutes Aroma; für Frischverzehr, Konservierung und Saftbereitung.
Pflanze: Wächst mittelstark; Erträge mittelhoch.
Ansprüche: Für mittelschwere und schwere sowie leichtere, nährstoffreiche Böden, nicht für feuchtes Klima; sehr anfällig für Weißfleckenkrankheit.
Blüte: Weiblich, nicht spätfrostgefährdet; benötigt Befruchtersorte.

Ostara

Reife: 1. Ernte Juni, 2. Ernte ab Ende Juli.
Frucht: Mittelgroß, kegelförmig, hell- bis mittelrot; fest, süß-säuerlich, aromatisch, saftig; für Frischverzehr.
Pflanze: Wächst stark bis mittelstark, aufrecht; Ertrag hoch.
Ansprüche: Für nährstoffreiche, genügend humose und feuchte Böden.
Blüte: Spät, wenig spätfrostgefährdet, zwittrig.

Rügen (Monatserdbeere)

Reife: Früh, Anfang bis Mitte Juni, hält bis Frosteintritt an.
Frucht: Klein, rundlich, kegelförmig; dunkelrot, trocken, vollreif süßsäuerlich, sehr aromatisch; für Frischverzehr, als Tortenbelag und zur Bowlenbereitung.
Pflanze: Wächst ziemlich stark, dicht und geschlossen, ohne Ausläufer.
Ansprüche: Gering.

'Framura'
'Gorella'

'Fracunda'
'Tenira'
'Havelland'
'Fratina'
'Machern'
'Mieze Schindler'
'Senga Sengana'

'Jonkheer van Tets'

'Red Lake'

'Vierländer'

'Rondom'

'Werdavia'

'Zitavia'

'Bogatyr'   'Maro'

'Hönings Früheste'

'Rote Preisbeere'

'Weiße Volltragende'
'Gelbe Triumphbeere'

Johannisbeere

Wirtschaftliche Bedeutung

Unter den Beerensträuchern nimmt die Johannisbeere die wichtigste Stellung ein. Am **Bestand** der Beerensträucher ist sie flächenmäßig mit 63 %, am Ertrag mit 68 % vertreten. Der überwiegende Anteil des Johannisbeerbestandes, nämlich 89 %, befinden sich in den Gärten der Selbstversorger und Kleinproduzenten. 91 % des Gesamtertrages werden von den Gartenfreunden bzw. Kleinproduzenten erzeugt.

Der Ertrag beginnt mit dem 3. bis 4. Jahr. Der **Ertragsverlauf** ist sehr regelmäßig und sicher. Infolge der verhältnismäßig hohen Frosthärte von Holz und Blüte, besonders bei roten und weißen Sorten, sind Ertragsausfälle hier selten. Dieser Umstand macht die Johannisbeere zu einer der zuverlässigsten Obstarten.

Der Anteil der für den Frischverzehr bestimmten Früchte ist gering. Überwiegend werden sie verarbeitet, wofür sie sich hervorragend eignen. Sie finden zur Herstellung von Kompott, Sirup, Süßmost, Wein, Marmelade, Konserven und Gelee Verwendung, für letzteres besonders die Schwarzen Johannisbeeren. Die Früchte der Schwarzen Johannisbeeren zeichnen sich außerdem durch einen besonders hohen Vitamin-C-Gehalt aus: Süßmost und Saft aus Schwarzen Johannisbeeren sind deshalb von besonderem Wert.

Herkunft und botanische Besonderheiten

Der Johannisbeerstrauch gehört zur Gattung *Ribes* und zur Familie der Steinbrechgewächse (*Saxifragaceae*). Die bei uns gebräuchlichen Sorten gehen auf verschiedene Wildarten zurück. *Ribes rubrum*, die Kirschjohannisbeere, ist in Westeuropa heimisch. Sie ist die wärmebedürftigste Wildart und die Ausgangsform der Sorten vom Typ 'Heros' und 'Weiße Versailler'. *Ribes spicatum*, die Nordische Johannisbeere, ist in Mittel- und Nordosteuropa und Nordasien zu Hause. Von ihr stammt die Sorte 'Hougthon Castle' ab. *Ribes petraeum*, die Felsenjohannisbeere, stammt aus den Gebirgen Südeuropas, Vorder- und Zentralasiens. Sie ist die Stammform unserer widerstandsfähigsten, anspruchslosesten Sorten, wie 'Rote Holländische', 'Weiße Holländische' und 'Vierlän-

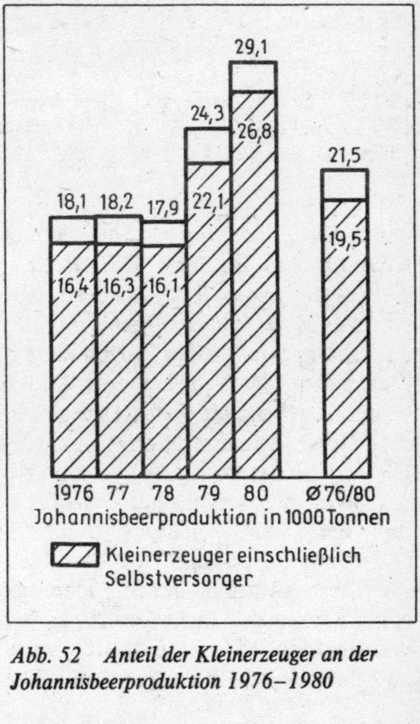

Abb. 52 Anteil der Kleinerzeuger an der Johannisbeerproduktion 1976–1980

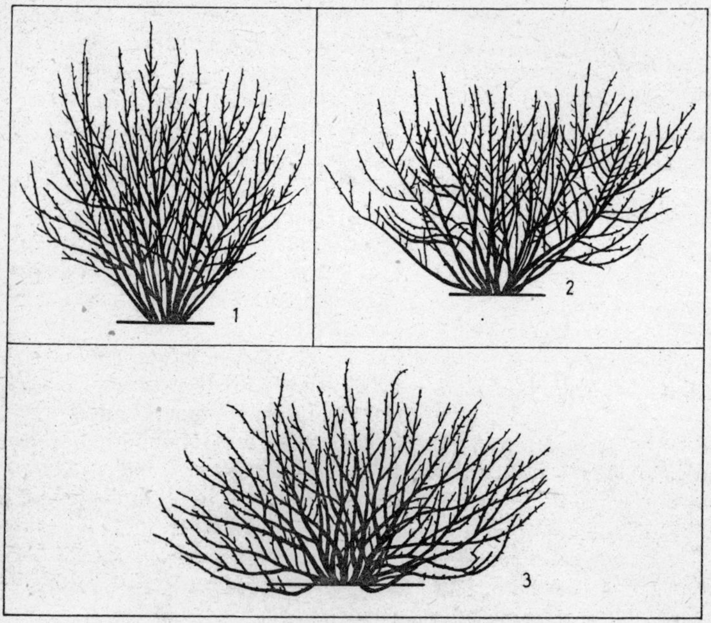

Abb. 53 Strauchformen der Johannisbeere (nach Sorge)
1 = hochwüchsig, 'Vierländer'; 2 = breitwüchsig, 'Rote Holländische'; 3 = weit ausladend, 'Rosenthals Schwarze'

der'. *Ribes multiflorum*, aus deren Kreuzung mit der Sorte 'Rote Holländische' die Sorte 'Rote Spätlese' hervorging, ist in den Gebirgen Südeuropas heimisch. *Ribes nigrum*, die Stammform der Schwarzen Johannisbeere, findet man in feuchten Auewäldern Europas und Asiens.

Die Johannisbeere ist ein **sommergrüner Strauch** mit typischer Basisförderung der Triebentwicklung, d. h., Erneuerungsknospen und -triebe bilden sich vorzugsweise an der Strauchbasis. Nur in wenigen Fällen kommt es bei breitwachsenden Sorten in der Mitte und der oberen Hälfte der Gerüstäste zur Scheitelpunktförderung, nachdem sich ein Ast bogenförmig herabgesenkt hat. Die Petraeum- und Spicatum-Sorten weisen eine starke Verzweigung der jungen Gerüstäste bei reicher Fruchtholzbildung und aufrechtem, starkem **Wuchs** auf. Dagegen haben die Abkünfte von *R. rubrum* meist einen sparrigen Wuchs und mangelhafte Verzweigung. Dies ist bei der Kronengestaltung zu berücksichtigen. Der **Wurzelverlauf** ist sehr intensiv, aber flach. Das Lebensalter beträgt in Abhängigkeit von Standort und Pflege etwa 20 Jahre, oftmals auch mehr.

Abb. 54 Blütenstände der Johannisbeere a = rote Sorte 'Vierländer', b = schwarze Sorte 'Silvergieters'

Austrieb und Blüte erfolgen zeitig, etwa Mitte April. Ebenso schließt das Triebwachstum sehr zeitig, etwa bei beginnender Fruchtreife, Anfang bis Mitte Juli, ab. Dadurch ist eine sichere Holzreife und Widerstandsfähigkeit gegen Holzfrostschäden gewährleistet. Form und Ausbildung der Blüte sind im „Allgemeinen Teil" beschrieben. Die **Frucht** ist eine einfächrige, vielsamige Beere, der Fruchtstand eine mehr oder weniger lange Traube.

Abb. 55 Fruchtstand der Johannisbeersorte 'Vierländer'

Die bei dem Blühvorgang zu beobachtende Verzögerung von der Basis zur Spitze des **Blütenstandes** setzt sich auch bei der Fruchtreife fort, doch sind die Früchte eines Strauches praktisch gleichzeitig pflückreif. Die **Reife** beginnt bei den frühen Sorten etwa Ende Juni. Die späteste Sorte 'Rote Spätlese' reift Mitte August.

Nach der Fruchtfarbe unterscheiden wir rote, weiße und schwarze Sorten, die auch in ihren Eigenschaften voneinander abweichen.

Ansprüche an den Standort

Der Johannisbeere sagt ein mäßig warmes **Klima** am meisten zu. Sie benötigt ferner mäßig luftfeuchte, windgeschützte und sonnige Lage. Gegen tiefe Wintertemperaturen sind Johannisbeeren recht widerstandsfähig. Die zeitige Blüte kann jedoch von Spätfrösten geschädigt werden. Besonders empfindlich sind hier die schwarzen Sorten.

Die Anpassungsfähigkeit der Johannisbeere an den **Boden** ist hoch, jedoch sagt ihr ein kräftiger, humoser, mittelschwerer, genügend feuchter Boden am meisten zu. An die Tiefgründigkeit stellt die Johannisbeere keine sonderlichen Ansprüche. Der Wasser- und Nährstoffbedarf ist allgemein sehr hoch. Auf leichten und trockenen Böden ist deshalb für ausreichende Humuszufuhr, Düngung und Bewässerung zu sorgen. Gegen chlorhaltige Düngemittel sind Johannisbeeren empfindlich.

Eingliederung in den Garten

Die maximalen **Platzansprüche** der Sträucher von 4 bis 6 m² erlauben, Johannisbeeren sowohl, wie vielfach üblich, als Randpflanzung an Wegen und Grundstücksgrenzen als auch als Blockpflanzung zusammen mit Stachelbeeren auf geschlossener Fläche anzubauen. Die einreihige **Randpflanzung** ist überall dort zu empfehlen, wo die Anzahl der Sträucher 5 bis 6 im Kleingarten, 8 bis 10 im größeren Haus- und Siedlergarten nicht übersteigt. **Blockpflanzung** hat gegenüber der Randpflanzung den Vorteil er-

Abb. 56 Blockpflanzung von Johannisbeerbüschen, schwarze Sorten

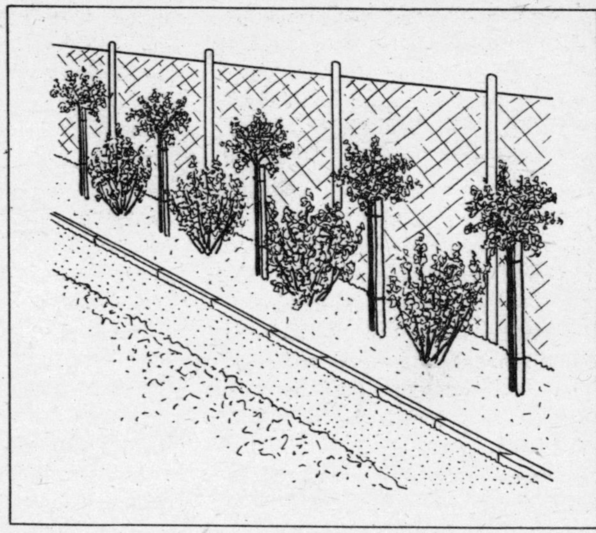

Abb. 57 Reihenpflanzung von Johannisbeerbüschen, gemischt mit Stachelbeerhochstämmen auf einem Randstreifen

leichterter Düngungs- und Pflanzenschutzmaßnahmen sowie eines leichteren Flächenwechsels.

Die **Dauer des Anbaues** im Garten sollte im allgemeinen nicht mehr als 15 bis 20 Jahre betragen. Nach dieser Zeit nehmen Krankheiten zu, das Triebwachstum läßt nach und die Fruchtqualität geht zurück. Auf günstigen Standorten und bei guter Pflege ist mittels Verjüngung ein Neuaufbau der Sträucher möglich, doch lohnt es sich gewöhnlich auch hier nicht, die Anlage länger als 30 Jahre zu belassen.

Johannisbeeren werden auf Grund ihres mehr oder weniger aufrechten Wuchses vorteilhaft als **Büsche** angebaut, gegebenenfalls in Heckenform. Sie bringen sichere und hohe Erträge. Fuß- oder Hochstämme sind nur in Ausnahmefällen bei bestimmten Sorten wie 'Heros' und 'Rote Spätlese' angebracht.

Pflanzung

Vorbereitung des Bodens

Die dichte Pflanzweise der Johannisbeere spricht für eine ganzflächige oder streifenweise Bodenbearbeitung. Die gesamte Fläche bzw. der Pflanzstreifen von 100 bis 150 cm Breite werden auf 30 bis 40 cm Tiefe geholländert. Wenn möglich, sollte hierbei Komposterde oder kompostierter Torf auf eine Tiefe von 25 cm eingearbeitet werden. Günstig ist es auch, als Vorratsdüngung je m^2 1000 g Thomasphosphat und 500 g schwefelsaures Kali tief einzubringen.

Wird diese Bodenbearbeitung ausgangs des Winters vorgenommen und soll anschließend gepflanzt werden, ist es angebracht, vor allem bei leichtem und lockerem Boden, diesen Fuß bei Fuß anzutreten. Soll erst im folgenden Herbst gepflanzt werden, ist die Fläche mit einer dichtschließenden Vorkultur zu bestellen, z. B. Kartoffeln, Buschbohnen, Lupinen.

Beschaffung des Pflanzgutes und Vermehrung

Die Pflanzung von Beerensträuchern kann sowohl im Herbst, ab Ende September, als auch im zeitigen Frühjahr vorgenommen werden. Weil die Sträucher zeitig zu treiben beginnen, ist die Herbstpflanzung vorzuziehen. Über den **Pflanzenbezug** aus Baumschulen wurde bereits das Erforderliche gesagt. Wollen wir Sträucher pflanzen, so sollten wir nur zweijährige Pflanzen der Güteklasse A mit 5 bis 7 Trieben wählen.

Johannisbeeren können wir verhältnismäßig einfach durch Steckholz, Ableger und Absenker selbst vermehren. **Steckholzvermehrung** ist angebracht, wenn keine Mutterpflanzen im Garten zur Verfügung stehen, aber kräftige Jungtriebe vom Nachbarn beschafft werden können. Zur Steckholzgewinnung wählen wir gesunde, wüchsige und ertragreiche, der Sorte nach bekannte Muttersträucher. Im zeitigen Herbst, sofort nach Abfallen der Blätter, werden von den besten Sträuchern kräftige, ausgereifte Langtriebe mit engen Knospenzwischenräumen abgenommen, die zu etwa spannenlangen Steckhölzern geschnitten werden. Am unteren Ende des Steckholzes wird der Schnitt schräg, dicht unter einem Auge geführt, am oberen Ende läßt man einen kurzen Zapfen stehen, damit oben und unten besser unterschieden werden können. Man kann die Steckhölzer entweder sofort im Herbst oder im Frühjahr, etwa März/April, auf gut gelockerte und

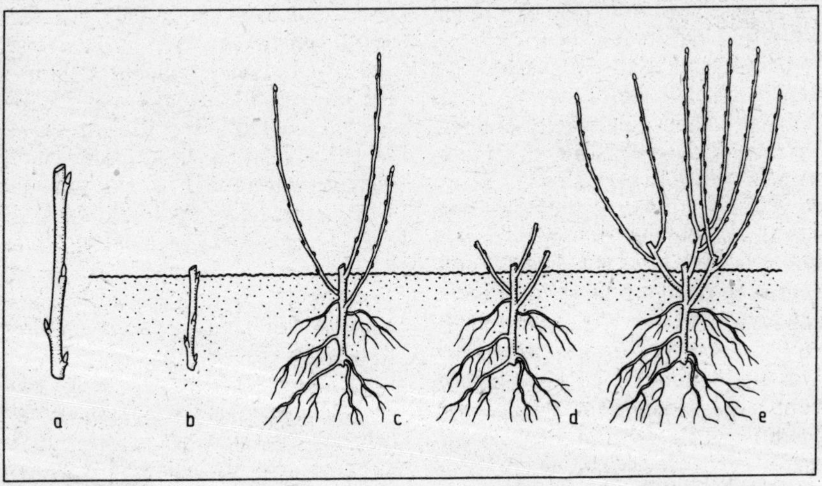

Abb. 58 Steckholzvermehrung
a = Steckholz geschnitten, b = Steckholz gesteckt, c = Steckholz bewurzelt, am Ende des 1. Jahres, d = bewurzeltes Steckholz zurückgeschnitten, e = fertige Pflanze am Ende des 2. Jahres

mit Komposterde oder Torf verbesserte Beete stecken. Gesteckt wird im Abstand von 2 × 20 cm so tief, daß 1 bis 2 Augen aus der Erde herausragen. Feuchthalten der Beete durch Bewässern oder leichtes Bedecken mit Torf fördern die Wurzelbildung. Bis zum nächsten Herbst haben sich die Steckhölzer bewurzelt und meist mehrere starke Triebe gebildet. Pflanzen mit wenigstens zwei starken, mindestens 30 bis 40 cm langen Trieben können sofort an Ort und Stelle gepflanzt werden. Schwächere bewurzelte Steckhölzer werden herausgenommen. Nachdem die Wurzeln auf Handbreite, die Triebe auf je 2 Knospen zurückgeschnitten wurden, pflanzt man sie im Abstand von 25 × 40 cm auf ein vorbereitetes, mit Humus angereichertes Beet. Sie sind im nächsten Herbst pflanzfertig.

Festlegen der Pflanzweiten und Pflanzstellen

Der Standraumbedarf der Johannisbeere richtet sich nach der recht unterschiedlichen Wuchsstärke der Sorte, dem Standort und der speziellen Kronengestaltung.
Bei der Blockpflanzung empfiehlt sich ein **Reihenabstand** von 200 cm. Bei sehr schwachwüchsigen Sorten und schmaler Erziehung der Krone kann dieser auf 175 bis 150 cm verringert werden. Der Abstand in der Reihe (Pflanzabstand) muß der Wuchsstärke der Gehölze Rechnung tragen und sollte wie folgt bemessen werden:

– alle schwarzen Sorten, Jonkheer van Tets, Rote Holländische, Rote Spätlese	200 bis 250 cm,
– Vierländer, Werdavia, Zitavia	175 bis 200 cm,
– Heros, Red Lake, Rondom	150 bis 175 cm.

Werden die letztgenannten Sorten einem Fruchtholzschnitt unterworfen, kann der Abstand in der Reihe auf 125 cm verringert werden. Die genannten Pflanzabstände wird man auch bei einreihiger **Randpflanzung** anwenden. Für Randpflanzungen an Wegen eignen sich u. U. auch Hochstämmchen, die dann gleichhoch sein sollen. Der Pflanzabstand beträgt hier 100 bis 125 cm.
Vor der Pflanzung werden der Reihenverlauf mit der Pflanzschnur festgelegt, die Pflanzabstände mit dem Bandmaß abgemessen und die Pflanzstellen mittels eines Stabes markiert. Bei Hochstämmen werden hier die

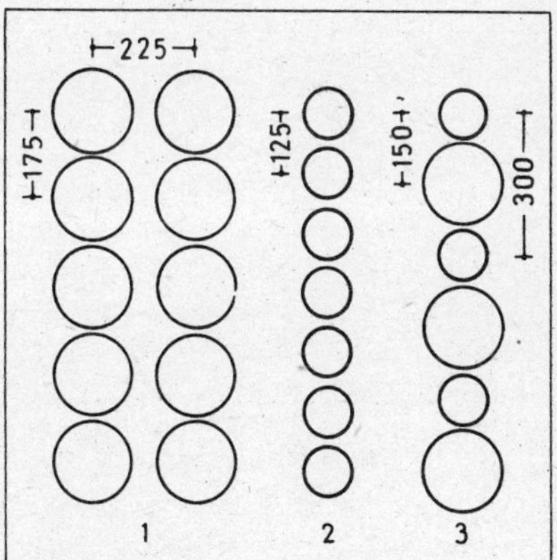

Abb. 59 Mögliche und empfehlenswerte Pflanzordnungen bei Johannisbeeren
1 = Reihenpflanzung im Block,
2 = Randpflanzung von Hochstämmchen,
3 = Mischpflanzung von Büschen und Hochstämmchen (Zahlenangaben in cm)

Baumpfähle eingeschlagen. Näheres hierüber siehe Stachelbeeren.

Durchführung der Pflanzung

Zu Beginn der Pflanzung werden abgestochene oder abgerissene Wurzelenden mit einer scharfen Schere oder einem scharfen Messer glattgeschnitten, um die Verheilung und die Wurzelneubildung zu fördern. Beschädigte Wurzeln werden bis ins gesunde Holz ausgeschnitten, zu lange Wurzeln auf eine Länge von 30 cm gekürzt.

Zum Pflanzen wird nur so viel Erde ausgehoben, daß sämtliche Wurzeln in ihrer natürlichen Haltung bequem und ohne Krümmung in den Boden kommen. Die ausgehobene Pflanzerde verbessert man mit einem Teil guter Komposterde oder Torfkompost. Dadurch wird die Faserwurzelbildung gefördert, das Gehölz ist für die erste Zeit ausreichend mit Nährstoffen versehen und wächst besser an.

Der Strauch wird sodann in das **Pflanzloch** gehalten und die feingekrümelte Erde zwischen die Wurzeln gefüllt. Durch rüttelndes Auf- und Abbewegen des Strauches wird erreicht, daß alle Wurzeln mit Erde umgeben und alle Zwischenräume ausgefüllt werden. Gegebenenfalls muß man mit der Hand nachstopfen. Danach wird die Erde, Schuhspitze zum Stamm, ringsum mäßig fest angetreten. Die Wurzeln dürfen nicht beschädigt werden. Beerensträucher kann man gern etwas tiefer pflanzen, als sie zuvor gestanden haben. Als wurzelechte Pflanzen vertragen sie diese Maßnahme.

Danach erhält der Strauch einen Gießrand und wird gut angegossen; eine Kanne Wasser genügt gewöhn-

a

b, c

d, e

Abb. 60 Pflanzung eines Johannisbeerbusches
a = Ausheben der Pflanzgrube, b = Einsetzen des Busches und Füllen mit Erde, c = Festtreten, d = Herrichten des Gießrandes, e = Angießen

lich. Anschließend wird die **Pflanzscheibe** mit Stalldung, Krummstroh u. ä. bedeckt. Dadurch werden die Wurzeln während des Winters vor Frost geschützt, so daß die Wurzelneubildung ziemlich ungestört vonstatten gehen kann. Über Frühjahr

Abb. 61 Zum Umpflanzen mit Ballen vorbereiteter älterer Johannisbeerbusch

und Sommer dagegen hält die Decke den Boden gleichmäßig feucht, verhindert also, vor allem bei Frühjahrspflanzungen, daß der Boden austrocknet, und fördert ganz allgemein das Anwachsen. Unter anderem spart man wiederholtes Wässern. Damit die Decke wirksam ist, muß sie entweder genügend dick sein (8 bis 10 cm) oder dünn mit Erde bedeckt werden.

Bodenpflege

Bodenbearbeitung

In Anbetracht des sehr flachen Wurzelverlaufs ist die Bodenbearbeitung sehr flach vorzunehmen. Zum Einarbeiten von Humusstoffen im Winterhalbjahr benutzt man die Grabegabel.

Vom Frühjahr an empfiehlt sich wechselseitige Anwendung von Schuffel oder Hacke und Handgrubber. Bearbeitung etwa alle 2 bis 4 Wochen gewährleistet auf schweren Böden hinreichende Durchlüftung, auf leichtem Boden befriedigende Unkrautbekämpfung und ausreichenden Verdunstungsschutz. Das Unkraut sollte schon im Keimstadium vernichtet werden.

Bodenbedeckung

Auf die Vorteile der Bodenbedeckung wurde bereits hingewiesen. Wo dauernd genügend Stroh, Schilf, Rindenabfälle u. ä. zur Verfügung stehen, sollte man davon Gebrauch machen. Es ist schon sehr vorteilhaft, wenn wenigstens die Pflanzscheibe regelmäßig bedeckt werden kann. Günstiger ist natürlich streifenweise oder ganzflächige Bedeckung.
Gegebenenfalls ist auf besserem Boden auch die Bedeckung mit Folie anwendbar.

Abb. 62 Bodenbedeckung der Pflanzscheibe mit Stroh

Humusversorgung, Düngung

Hohe Wuchs- und Ertragsleistungen sind auch bei der Johannisbeere nicht ohne ausreichende Nährstoff- und Humuszufuhr möglich.
Regelmäßige Zufuhr von **organischen Düngemitteln** ist zur Erhöhung der Wasser- und Nährstoffkapazität besonders auf leichtem Boden erforderlich. Man sollte die Humusstoffe in gut zersetztem, also kompostiertem Zustand auf das Land bringen. So können sie mit Grabegabel oder Handgrubber leicht eingearbeitet werden. Benötigt werden etwa 3 bis 5 l je m^2 alle 2 Jahre. Steht nicht genügend Komposterde zur Verfügung, empfiehlt es sich, bei Blockpflanzung der Sträucher ab Juli Gründüngung, z. B. ein Gemisch aus Senf und Phazelia, einzusäen. Wo Bodenbedeckung mit Folie durchgeführt wird, ist es notwendig, diese nach etwa 3 Jahren aufzunehmen und die Humusstoffe breitflächig aufzubringen. Danach wird die Folie wieder aufgelegt.
Neben dieser Zufuhr organischer Dünger ist auch **mineralische Düngung** unentbehrlich. Folgende Nährstoffmengen sind unter normalen Bedingungen während der Ertragszeit je 10 m^2 zu geben:

80 g Reinstickstoff (N),
20 g Reinphosphor (P),
125 g Reinkalium (K).

Umgerechnet auf die verfügbaren Düngemittel ergeben sich die im folgenden Düngebeispiel genannten Mengen. Wegen der Chlorempfindlichkeit der Johannisbeere werden nur chlorfreie Düngemittel vorgeschlagen.

Düngebeispiel für 10 m^2 ertragsfähige Johannisbeerpflanzung bei zweijährigem Düngeturnus

Düngezeitpunkt	Einnährstoffdünger	Volldünger
1. Jahr		
November/Februar	30 l Komposterde	
	120 g Schwefelsaures Kali	–
	90 g Alkalisinterphosphat	–
März/April	95 g Schwefelsaures Ammoniak	200 g Piaphoskan blau-extra
Mitte Mai	50 g Piaphoskan grün	125 g Piaphoskan blau-extra
2. Jahr		
November/Februar	240 g Schwefelsaures Kali	450 g Piaphoskan blau-extra
	180 g Alkalisinterphosphat	–
März/April	190 g Schwefelsaures Ammoniak	
Mitte Mai	100 g Piaphoskan grün	200 g Piaphoskan blau-extra

Die angegebenen Mengen werden von der jungen Pflanzung noch nicht benötigt. Im ersten Jahr verabfolgt man etwa ein Drittel der Normalmenge. Diese Menge wird in den folgenden Jahren bis zum Beginn der Hauptertragszeit mit 5 Jahren auf die volle Gabe gesteigert. Werden in den ersten Jahren Unterkulturen angebaut, richtet sich die Düngung nach deren Nährstoffbedarf. Vorratsdüngung mit Kali- und Phosphorsalzen im Zusammenhang mit der Bodenvorbereitung erübrigt in den ersten Standjahren Kali- und Phosphorgaben. Zur Förderung des Triebwachstums wird ein Teil des Stickstoffs in Form langsam wirkender Düngemittel im zeitigen Frühjahr, ein Teil in leicht aufnehmbarer Form Ende Mai gegeben. Kalium wird in Form chlorfreier Düngesalze in der Zeit von November bis Februar verabreicht. Auf leichtem Boden ist es zweckmäßig, die Gabe zu teilen und einen Teil sofort nach der Ernte, einen Teil im zeitigen Frühjahr auszustreuen. Phosphor gibt man in nicht wasserlöslicher Form gewöhnlich in voller Höhe in der Zeit von November bis Februar, nach starkem Ertrag einen Teil zur Förderung des Blütenknospenansatzes in Form von Superphosphat im August. Den beachtlichen Magnesiumbedarf muß man durch Anwendung magnesiumhaltiger Düngemittel wie Kamex und Piaphoskan grün zu decken versuchen. Kalkdünger werden zur Aufrechterhaltung eines neutralen Reaktionszustandes des Bodens alle 2 bis 3 Jahre in einer Menge von etwa 1000 g je 10 m^2 im Verlauf des Winterhalbjahres gegeben. Die Düngemittel werden möglichst gleichmäßig auf den feuchten Boden ausgestreut und sofort eingehackt. Eine anschließende Regengabe fördert die Lösung und erhöht die Wirksamkeit.

Bewässerung

Der Bewässerungsbedarf der Johannisbeeren richtet sich sehr stark nach der

Bodenbeschaffenheit sowie den natürlichen Niederschlägen. Bei Böden mit hoher wasserhaltender Kraft, also humosen und Lehmböden, ist die Notwendigkeit zu bewässern gering. Anders sieht es auf leichten Böden aus. Hier muß in den Frühjahrsmonaten ständig genügend Wasser zur Verfügung stehen, um eine ausreichende Ernährung sicherzustellen und damit zugleich hinlängliche Neutriebbildung sowie hohen und guten Ertrag zu gewährleisten. Hauptzeitpunkt für die Bewässerung ist von Mitte Mai bis Mitte Juli. Wöchentlich ist, wenn es nicht stark regnet, etwa eine Wässerung erforderlich. Die **Wassermenge** je Gabe sollte nie weniger als 10 bis 15 mm betragen. Auch bei großer Trockenheit nach der Ernte darf die Bewässerung nicht vernachlässigt werden. Holzreife und Blütenknospenansatz werden durch wiederholte Wassergaben begünstigt.

Kronengestaltung

Sachgemäße Kronengestaltung ist bei Johannisbeersträuchern wenig aufwendig. Sie danken sie mit erheblicher Steigerung der Fruchtgüte, leichterer Pflückbarkeit, aber auch durch höhere und sicherere Erträge, da Ertragsschwankungen, unter denen ungepflegte Sträucher zu leiden haben, vermieden werden.

Erziehung

Wie auch bei anderen Obstarten bezweckt die Kronenerziehung den Aufbau eines kräftigen Astgerüstes. Unbedingt erforderlich ist der **Pflanzschnitt**, durch den das gestörte

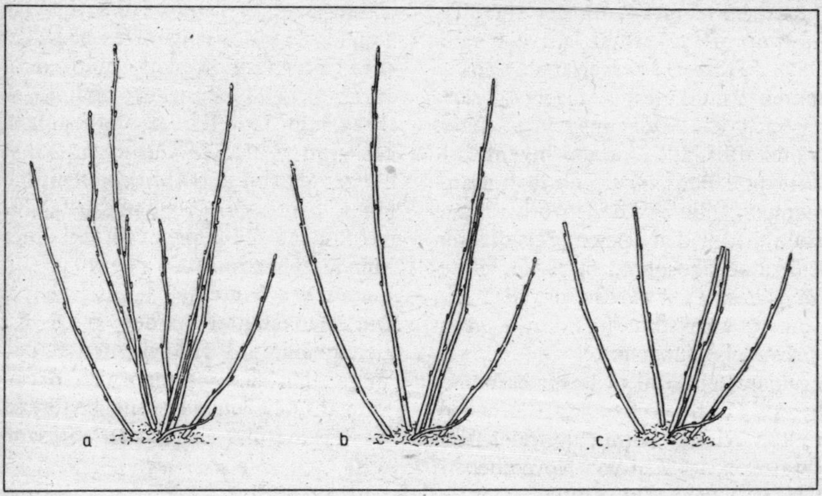

Abb. 63 Pflanzschnitt an kräftigem Johannisbeerbusch
a = vor dem Schnitt 9 Triebe, b = Triebzahl auf 5 verringert, c = verbliebene Triebe um die Hälfte ihrer Länge eingekürzt

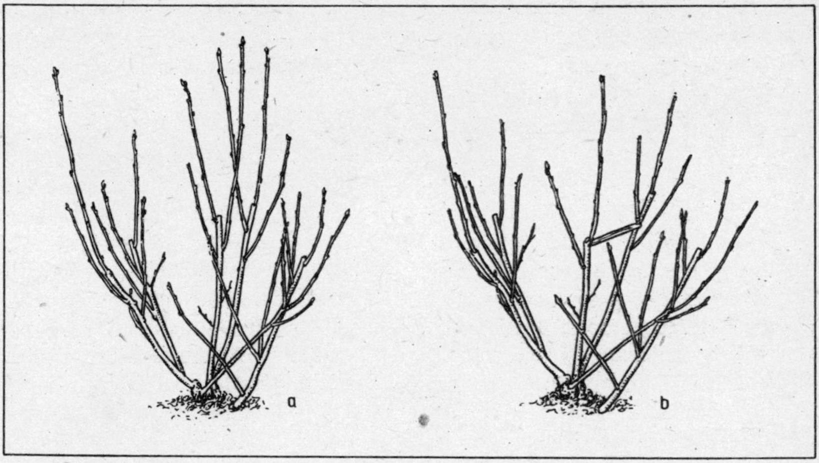

Abb. 64 Erziehungsschnitt nach dem 1. Standjahr; die Gerüstäste werden gerichtet und mäßig eingekürzt
a = vorher, b = nachher

Gleichgewicht zwischen Laub- und Wurzelkrone wiederhergestellt und das Anwachsen gefördert werden. Dem Strauch beläßt man, je nach der Anzahl der vorhandenen Triebe, 4 bis 6 der kräftigsten als künftige Gerüstäste und kürzt sie auf ein Drittel ihrer Länge ein. Dabei sollen die Triebenden eine leichte Wölbung bilden. Der starke Rückschnitt hat im allgemeinen einen kräftigen Austrieb zur Folge. Mit Hilfe der zahlreich entstandenen Austriebe kann das Kronengerüst endgültig aufgebaut werden.

Die Verlängerungstriebe der Gerüstäste werden im nächsten Winter auf zwei Drittel bis drei Viertel ihrer Länge zurückgeschnitten. Maßgebend für den Rückschnitt ist, wie bei den übrigen Obstarten, der schwächste der Triebe. Die Gerüstäste sollen gleichmäßig locker im Kronenraum verteilt sein. Zu dicht stehendes oder nach innen wachsendes starkes Seitenholz wird gänzlich entfernt, das übrige mäßig eingekürzt, so daß es den Gerüstästen untergeordnet ist. Mit Hilfe starker Seitentriebe kann eine schwache Krone gegebenenfalls ergänzt oder korrigiert werden. In gleicher Weise verfährt man u. U. auch im nächsten Jahr.

Durch den starken Rückschnitt erreichen wir im allgemeinen eine lückenlose **Garnierung mit kräftigem Seitenholz**. Sind die Äste im zweiten Jahr zu schwach entwickelt, so werden sie durch Zurücksetzen auf einen kräftigen, basisnahen Trieb wieder auf insgesamt 5 beschränkt und nochmals stark zurückgeschnitten. Der Aufbau der Krone erfolgt dann erst im folgenden Jahr.

Von der Erziehung der Sträucher

unterscheidet sich die Erziehung der Stämmchen, also Fuß-, Halb- und Hochstämmchen, nicht wesentlich. Sie ist im einzelnen bei Stachelbeeren beschrieben.

Instandhaltung

Die Trieb- und Blütenbildung erfolgt bei Johannisbeeren ähnlich wie bei Pflaumen. Darüber hinaus zeigen die Beerensträucher einen besonderen Wuchscharakter. Die an der Kronenbasis entstehenden kräftigen Langtriebe, wie wir sie zum Aufbau der Gerüstäste verwenden, tragen in der Regel nur Holzknospen, höchstens an der Spitze einige Blütenknospen. Aus den Holzknospen entwickeln sich im zweiten Jahr fruchtbare, mit Holz- und Blütenknospen besetzte, etwas schwächere Triebe, deren Wuchsstärke von der Spitze zur Basis des Gerüstastes abnimmt. In den folgenden Jahren läßt das Triebwachstum immer mehr nach und beschränkt sich schließlich auf ganz kurze, schwach beblätterte Austriebe.
In gleichem Maße wie das Triebwachstum nimmt auch die Belaubung ab, da immer mehr Blüten- und immer weniger Holzknospen gebildet werden. Dies hat natürlich eine ungenügende Ernährung und Ausbildung der Früchte zur Folge und führt zum allmählichen Absterben erst des Seitenholzes, dann der Gerüstäste. Die besten Beeren und die größten Trauben bilden sich an kräftigem 2- bis 4jährigem Holz mit kräftigen Seitentrieben. An älterem Holz gehen die Qualität der Beeren und die Länge der Trauben ständig zurück. Als Erneuerungsorgane der mehrjährigen, abgetragenen Gerüstäste entstehen hauptsächlich an ihrer Basis kräftige Holztriebe, die z. T. die gleiche Entwicklung durchmachen.
Den geschilderten Wuchs- und Ertragsrhythmus gilt es durch sachgemäßen Schnitt nutzbar zu machen, um hohe, hochwertige und regelmäßige Erträge zu erzielen. Je nach Form der Gehölze (Strauch oder Stämmchen), der besonderen Wuchseigenschaft der Sorte und dem möglichen Pflegeaufwand kann man dieses Ziel mit dem Auslichtungsschnitt, dem Vereinzeln und dem Fruchtholzschnitt erreichen. Alle drei Schnittarten bezwecken eine regelmäßige Erneuerung von Fruchttrieben. Über den Fruchtholzschnitt siehe unter Stachelbeeren.
Gänzlich ohne Schnitt altern die Sträucher sehr schnell und bilden dichte, triebschwache Kronen, die Krankheits- und Schädlingsbefall besonders ausgesetzt sind. Diese Erscheinung zeigt sich auf geringen Standorten früher als auf besseren, bei ungenügender Bodenpflege schneller als bei ausreichender. Über die Technik des Schneidens zur Ertragszeit siehe unter „Allgemeines zur Kronengestaltung".

Auslichtungsschnitt

Der Auslichtungsschnitt bei Beerensträuchern besteht darin, daß man die ältesten, abgetragenen Gerüst- und Seitenäste in bestimmten Zeitabständen durch Jungtriebe ersetzt. Die Anzahl der Gerüstäste, die anfangs 5 bis 6 beträgt, kann unter günstigen Standort- und Pflegeverhältnissen später auf 8 bis 12 erhöht werden. Maßgebend für den Auslichtungsschnitt ist nicht

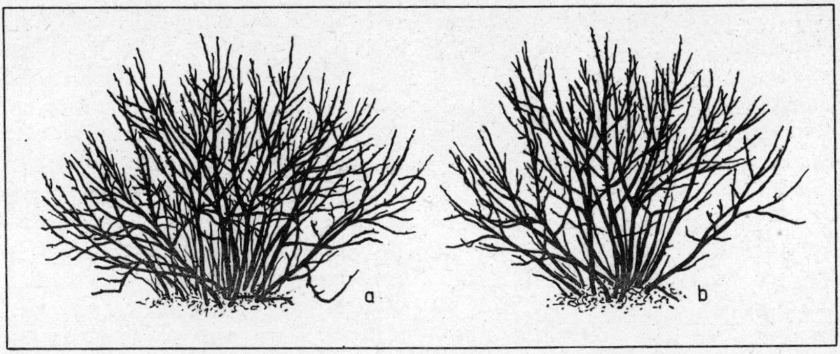

Abb. 65 Instandhaltungsschnitt, a = vor, und b = nach dem Auslichten

das Alter, sondern das Wachstum der Sträucher bzw. der Äste. Er wird durchgeführt, sobald die ältesten Gerüstäste im Wuchs und Ertrag nachlassen. Dies wiederum ist von den jeweiligen Standort- und Pflegeverhältnissen abhängig.

Etwa vom 4. Standjahr ab bilden sich in jedem Jahr aus dem Wurzelstock oder an der Kronenbasis mehr oder weniger zahlreiche Jungtriebe. Diese werden regelmäßig entfernt. Zugleich werden auch zu dicht stehende Seitentriebe beseitigt. Sobald die Gerüstäste erneuerungsbedürftig werden, entwickelt man in mehreren aufeinanderfolgenden Jahren geeignete kräftige Jungtriebe am Grund der Krone zu Ersatzästen. Zu diesem Zweck werden diese zur Kronenerneuerung vorgesehenen Jungtriebe bzw. ihre Verlängerungs- und Seitentriebe 2 oder 3 Jahre lang um ein Viertel bis ein Drittel zurückgeschnitten, damit sie sich gut verzweigen. Vom 2. Jahr dieser Maßnahme ab werden auch einige der ältesten, abgetragenen **Gerüstäste entfernt**. Im Laufe von etwa 4 bis 5 Jahren werden auf diese Weise die alten Gerüstäste durch junge Äste ersetzt, ohne daß es zu einem Ertragsausfall kommt. Das Auslichten des abgetragenen Holzes erstreckt sich natürlich zuerst auf die ungünstig stehenden, herabgebogenen oder kranken Gerüstäste sowie auf zu dicht stehende Seitenäste. Gegebenenfalls kann es sich auf das Entfernen einzelner abgetragener Seitenäste beschränken, wenn die Fortnahme des ganzen Astes eine zu große Lücke in der Krone hinterlassen würde. Ein Einkürzen der Triebe findet außer bei der Erziehung von Ersatzästen nicht statt, es sei denn, daß die Triebspitzen durch Blattläuse und Mehltau geschädigt sind.

Der Auslichtungsschnitt führt zu einem starken Triebanreiz, der einen allgemein **starken Austrieb** der verbleibenden Gerüstäste und die Bildung zahlreicher kräftiger Jungtriebe an der Kronenbasis zur Folge hat. Regelmäßig ausgelichtete Sträucher sind deshalb nicht nur locker aufgebaut, sondern wuchskräftig und bringen die höchsten und ausgeglichensten Erträge. Der Auslichtungsschnitt ist grundsätzlich für alle Sorten zu empfehlen, die sich ohne Rückschnitt der Triebe kräftig verzweigen, wie 'Rote Holländische', 'Vierländer', 'Werdavia'.

Vereinzeln

Eine besonders intensive Form des Auslichtens, die in ihrer Wirkung dem Fruchtholzschnitt gleichkommt, ist das Vereinzeln der Jahrestriebe. Damit sollen ein kleines Kronenvolumen und jährlich kräftige Langtriebbildung erreicht werden. Wir wenden es zweckmäßigerweise bei der Schwarzen Johannisbeere an. Sie fruchtet an einjährigen Langtrieben, und zwar über deren ganze Länge und bringt hier auch die besten Früchte. Am zweijährigen Holz aber verkahlt sie, ähnlich der 'Schattenmorelle'. Die Erziehung kurzer Gerüst- und Seitenäste ist angebracht.

Die nach zweijährigem Erziehungsschnitt vorhandenen 5 bis 6 Gerüstäste werden auf etwa ⅓ bis ½ ihrer Länge zurückgeschnitten. Die im nächsten Jahr erscheinenden Verlängerungstriebe werden auf die gleiche Länge eingekürzt, sofern alle Knospen kräftige Triebe gebildet haben. Die Seitentriebe sind auf 4 bis 6 Knospen zurückzuschneiden, die basisnahen weniger, die spitzennahen mehr. In gleicher Weise wird auch in den folgenden Jahren verfahren, bis die einzelnen Gerüstäste eine Länge von 60 bis 80 cm erreicht haben. Danach werden die letztjährigen Gerüstverlängerungen auf den jeweils basisnächsten Seitentrieb zurückgenommen, der ungeschnitten bleibt. Die an den eingekürzten Seitentrieben entstehenden Austriebe werden auf jeweils einen bzw. zwei kräftige, basisnahe reduziert, diese aber nicht zurückgeschnitten; sie dienen als Fruchtholz.

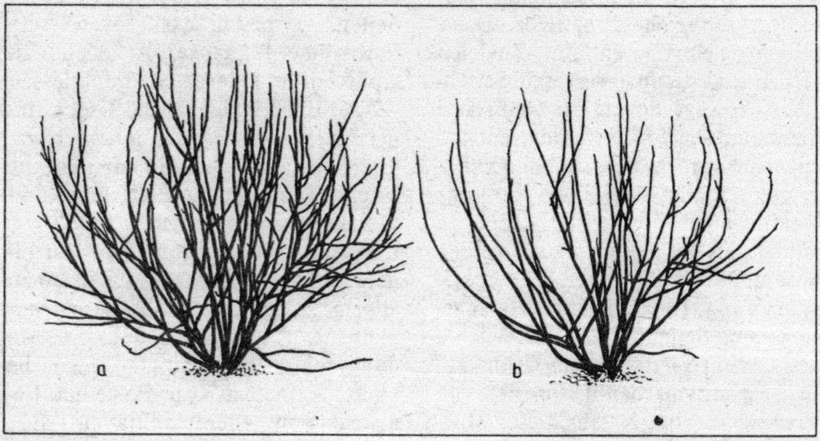

Abb. 66 Vereinzeln der Fruchttriebe bei Schwarzer Johannisbeere; abgetragene Zweige werden entfernt, an ihrer Stelle verbleiben je 1 oder 2 junge kräftige Triebe
a = vorher, b = nachher

'Weiße Triumphbeere'
'Rote Triumphbeere'

'Schönemann'

'Zeva 2'

'Wilsons Frühe'
'Thornfree'

'Herbert'
'Goldtraube'

'Früher Malingre'
(Traube verkleinert)

'Königliche
Magdalenentraube'

'Blauer Portugieser'

'Roter Gutedel'

Die Eigenart der Ribesarten, an der Basis kräftiger Langtriebe einige starke Knospen zu entwickeln, wird zur regelmäßigen **Erneuerung des Kronenkörpers** benutzt. Nachdem die belassenen Langtriebe abgetragen haben, werden sie auf je einen am Triebgrund entstandenen neuen Langtrieb zurückgesetzt. Auf gute Verteilung im Raum ist zu achten. Nur wenn dabei Anzahl und Stärke der Jungtriebe keine ausreichende Ergänzung des Fruchtholzes gewährleisten, beläßt man zwei oder auch mehrere günstig stehende Jungtriebe. Ältere Sträucher kann man durch starkes Zurücksetzen zur Ausbildung kräftiger Jungtriebe veranlassen, die dann in der beschriebenen Weise weiterbehandelt werden. Wie beim Auslichtungsschnitt werden abgängige Gerüstäste gegebenenfalls durch kräftige Basis- oder Bodentriebe ersetzt.

Zu starke Triebförderung führt bei der Schwarzen Johannisbeere, besonders auf trockenen Standorten, zum Rieseln der Beeren. Auslichten bzw. Vereinzeln der abgetragenen vorjährigen Triebe sofort nach der Ernte beugt dieser Gefahr vor.

Heckenartige Erziehung

Der oftmals verfügbare geringe Platz im Garten legt den Gedanken nahe, die Kronen mehr oder weniger schmal zu erziehen, was im übrigen auch Bearbeitung und Ernte erleichtert. Durch Beseitigung der in die Längsgassen hineinragenden Gerüstäste läßt sich der erwünschte schmale Grundriß ohne Schwierigkeiten erreichen. Bei stark überhängenden Sorten kann man ein einfaches Drahtspalier anbringen, an das die Gerüstäste angebunden werden. Die übrige Behandlung gleicht der unter Auslichtungsschnitt und Vereinzeln beschriebenen.

Instandsetzung und Verjüngung

Vielfach wird es notwendig sein, vernachlässigte Pflanzungen, die meist nicht nur zu dicht sind, sondern auch eine völlig ungenügende Trieb- und Ertragsleistung aufweisen, durch kräftige Eingriffe wieder in Ordnung zu bringen, sie **instand zu setzen**. Der starke Triebanreiz, den wir nach dem Auslichten bemerken, reicht vielfach aus, um die gewünschte Verjüngung herbeizuführen. Die Behandlung besteht darin, 5 bis 8 recht kräftige, reich mit möglichst jungem Holz versehene Gerüstäste, die gut im Kronenraum verteilt sind, auszuwählen und alle anderen bis auf den Boden bzw. die Ansatzstelle zu entfernen. Ebenso wird alles zu dicht stehende und abgängige Seitenholz beseitigt. Die Folge ist, daß sich an den verbleibenden Kronenteilen Jungtriebe sowie zahlreiche kräftige Bodentriebe und Triebe an der Kronenbasis bilden. Die Seitentriebe der Gerüstäste benutzt man zum vorübergehenden Neuaufbau der Krone, während man mit Hilfe von 5 bis 8 kräftigen Basis- bzw. Bodentrieben neue Gerüstäste aufbaut. Nach Ablauf von 2 bis 3 Jahren können die alten Gerüstäste dann gebenenfalls Zug um Zug ersetzt werden, sofern sie sich nicht ausreichend regeneriert haben und belassen werden können. Man erreicht auf diese Weise, daß mit Hilfe der verbliebenen Kronenteile die Ertragsfähigkeit unmittelbar wie-

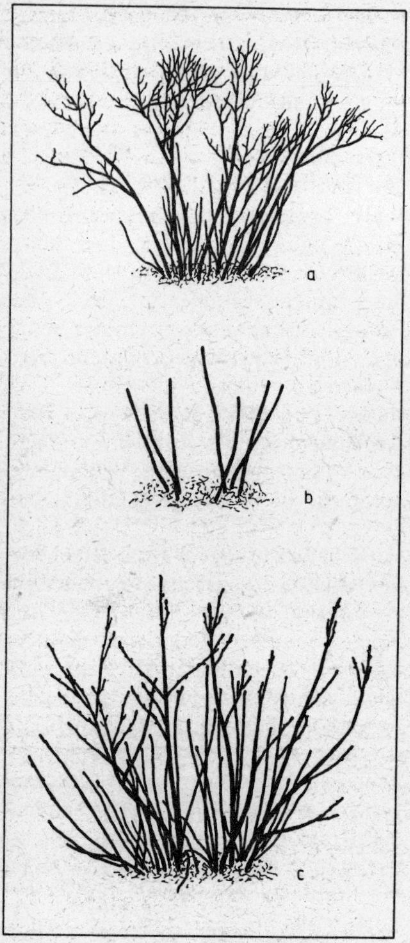

Abb. 67 Totalverjüngung
Nach dem Beseitigen des größten Teils der Gerüstäste entstanden einige kräftige Bodentriebe (a).
Aus ihnen wurde nach Wegnahme der restlichen alten Äste (b) ein neues Astgerüst aufgebaut (c). Überflüssige Bodentriebe müssen noch beseitigt werden

derhergestellt wird und es nicht zum vollständigen Ertragsausfall über mehrere Jahre kommt, wie bei der nachfolgend beschriebenen Totalverjüngung.

Totalverjüngung ist erforderlich, wenn die Sträucher so vernachlässigt und überaltert sind, daß brauchbare Gerüstäste fehlen. Man entfernt alle Gerüstäste mit Ausnahme einiger schwacher Äste, die als „Zugholz" ein weiteres Jahr stehenbleiben, oder einiger schon vorhandener kräftiger Bodentriebe. Aus den im folgenden Jahr erscheinenden Bodentrieben wird dann eine völlig neue Krone mit etwa 6 bis 8 Gerüstästen aufgebaut. Durch rechtzeitiges Beseitigen benachbarter Triebe bereits im Sommer fördert man ihre Entwicklung. Die restlichen, nicht benötigten Bodentriebe werden sofort nach Triebabschluß ebenfalls entfernt.

Jede Verjüngungsmaßnahme, besonders die Totalverjüngung, ist nur dann von nachhaltigem Erfolg, wenn sie in nicht zu hohem Alter des Strauches, d. h. nach dem 15. Lebensjahr, durchgeführt wird und von sachgemäßer Bodenpflege begleitet ist.

Schädlinge und Krankheiten und ihre Bekämpfung

Johannisbeersträucher, die an geeignetem Standort stehen und sich in allgemein gutem Pflegezustand befinden, werden nur von wenigen Schädlings- und Krankheitsarten befallen. Gewöhnlich genügt es, sie in die Spätwinter- und Austriebsbehandlung der übrigen Obstgehölze einzubeziehen; nur gelegentlich sind Sonderbehandlungen erforderlich.

Johannisbeerknospengallmilbe

Große, kugelförmig angeschwollene Knospen an den Triebspitzen, die man ausgangs des Winters besonders an der Schwarzen Johannisbeere antrifft, sind das typische Schadbild dieses Schädlings. In den vergallten Knospen überwintern die mikroskopisch kleinen, weißlichen Gallmilben und zerstören hier Blüten- und Blattanlagen. Ab März verlassen sie die vertrocknenden Knospen, halten sich bis Juni auf der Pflanze auf und dringen dann in die jungen Knospen ein. Weniger deutlich ist der Befall an roten und weißen Sorten, da die Knospen hier weniger stark anschwellen.

Abb. 68 Schadbild der Johannisbeerknospengallmilbe an Schwarzer Johannisbeere

Regelmäßiger Schnitt schränkt den Befall ein.
Unmittelbare **Bekämpfung** erfolgt durch Abschneiden und Verbrennen der befallenen Triebe im Winter. Bei starkem Befall setzt man der Austriebsspritzung „Fentoxan" zu. Gegebenenfalls ist die Spritzung mit „Fentoxan" im Abstand von 14 Tagen ein- bis zweimal zu wiederholen.

Blattläuse

Auf der Johannisbeere sind vor allem zwei Blattlausarten anzutreffen: die nicht wirtswechselnde **Kleine Johannisbeerlaus** und die wirtswechselnde grüngelbe **Johannisbeerblasenlaus**. Beide befallen vor allem weiße und rote Sorten. Die erstgenannte Art verursacht Kräuselung der Blätter und Verdrehungen der Triebspitze, die zweitgenannte blasenartige Auftreibungen auf der Oberseite der Blätter, die bei rotfrüchtigen Sorten rot, bei

Abb. 69 Schadbild der Kleinen Johannisbeerlaus

Abb. 70 Schadbild der Johannisbeerblasenlaus

weißfrüchtigen Sorten grün gefärbt sind.
Die aus den Wintereiern geschlüpften Blattläuse werden durch die Austriebsspritzung erfaßt. Während der Vegetationszeit ist bei starkem Befall gegebenenfalls ein systemisches Phosphorinsektizid (z. B. Bi 58 EC) anzuwenden. Bei schwachem Befall genügt Tauchen in eine insektizide Brühe, wie im „Allgemeinen Teil" beschrieben.

Johannisbeerglasflügler

An sonnigen und warmen Standorten tritt häufig der Johannisbeerglasflügler auf, ein kleiner Schmetterling mit glashellen Flügeln und blauschwarzem Körper. Der Befall ist am Welken und Vertrocknen der Triebe sichtbar, in deren Mark die weißliche Raupe ab Anfang Juli frißt. Der Glasflügler fliegt ab Ende Mai und legt seine Eier einzeln an den dünneren Spitzentrieben ab. Befallene Triebe, erkennbar auch daran, daß sie leicht brechen, sind abzuschneiden und zu verbrennen.

Blattfallkrankheit

In feuchten Sommern kommt es, besonders in weniger gepflegten Beständen, zum Befall mit dieser Pilzkrankheit. Er macht sich durch vorzeitig vergilbende, mit kleinen braunen Flecken bedeckte Blätter bemerkbar, die bald abfallen. Bei starkem Befall stehen die Sträucher bald nach der Ernte bis auf wenige Spitzenblätter kahl da. Besonders sind die Sorten 'Fays Fruchtbare' und 'Jonkheer van Tets' gefährdet, während die Sorten 'Heros', 'Rote Holländische', 'Rondom' und 'Vierländer' recht widerstandsfähig sind.
Zur **Bekämpfung** ist es notwendig, das kranke Fallaub umgehend zusammenzuharken und zu verbrennen. Im darauffolgenden Jahr sollte der Austriebsspritzung ein Kupfermittel, z. B. „Spritz-Cupral 45" zugesetzt werden. Sobald nach der Blüte die ersten Anzeichen eines Befalls sichtbar sind, ist es nötig, die Bekämpfung mit einem Zineb- oder Benomyl-Präparat fortzusetzen. Bei sehr starkem Befall empfiehlt es sich, nach der Ernte eine weitere Spritzung mit „Spritz-Cupral 45" durchzuführen.
Die Benomylanwendung wirkt deutlich auch gegen die Johannisbeerknos-

pengallmilbe sowie gegen Botrytis-Zweigsterben und den Säulenrost der Schwarzen Johannisbeere.

Ernte der Johannisbeeren

Johannisbeeren beginnen Ende Juni/Anfang Juli zu reifen. Ein gutes Hilfsmittel, gleichmäßige Reife zu gewährleisten und ein Verschmutzen der Früchte zu verhindern, ist das **Aufbinden fruchtschwerer Äste** im Laufe des Juni. Das einfachste Verfahren ist das folgende: In die Strauchmitte wird ein kräftiger Tomatenpfahl gesetzt, in den man oben einen Nagel einschlägt. Hieran werden so viele Bindfäden geknüpft, wie Äste aufgebunden werden müssen. Mit ihnen werden die Äste einzeln zwischen dem zweiten und dem oberen Drittel hochgebunden, so daß sie ihre ursprüngliche Haltung einnehmen. Nach der Ernte werden die Bindungen wieder beseitigt.
Johannisbeeren reifen ziemlich gleichmäßig, aber langsam, so daß sich eine verhältnismäßig lange **Erntezeit** ergibt. Sie schmecken erst bei voller Reife wirklich gut und nehmen noch längere Zeit an Wohlgeschmack zu. Insbesondere die roten Sorten können von Beginn der Reife an bis 2 Wochen am Strauch hängen bleiben, ohne stärker zu fallen. Weiße und rote Sorten sollten nicht geerntet werden, bevor die ersten Beeren der Trauben zu schrumpfen beginnen. Für die Weinbereitung bestimmte Beeren läßt man gern überreif werden, da sie in diesem Zustand besonders zuckerreich und saftarm sind und einen guten Teil ihrer Säure verloren haben.
Schwarze Johannisbeeren dagegen müssen oftmals schon gepflückt werden, wenn die letzte Frucht ihrer Traube noch nicht völlig dunkel gefärbt ist. Vollreife Beeren fallen beim Pflücken leicht ab. Deshalb ist es zweckmäßig, ein Tuch oder eine Plane unter den Strauch zu legen.
In welchem Zustand die Beeren gepflückt werden, richtet sich danach, wie sie weiterbehandelt werden sollen. Ist vorgesehen, sie sofort zu verarbeiten, können sie tau- oder regenfeucht sein. Sollen sie dagegen längere Zeit

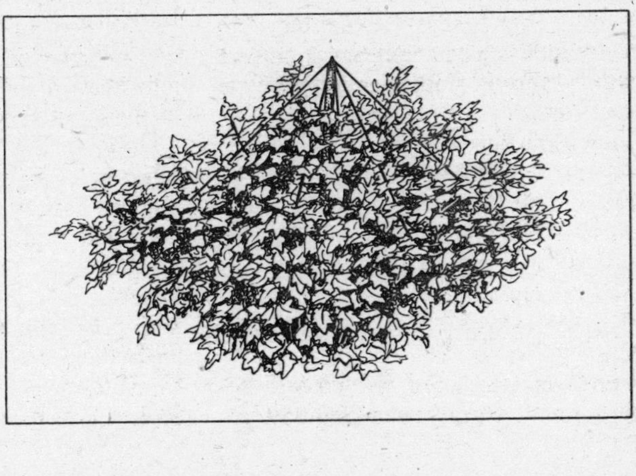

Abb. 71 Aufbinden fruchtschwerer Äste bei Johannisbeerbüschen

Abb. 72 Pflücken von Johannisbeeren

aufbewahrt werden, müssen sie zum Pflücken trocken sein, damit es nicht zu Fäulnis kommt. Gepflückt wird unmittelbar in Körbe, Schüsseln oder Eimer, in denen die Beeren bis zum Verbrauch bleiben. Für etwas längere Aufbewahrung sind Spankörbe besser geeignet.

Zum Pflücken greift eine Hand den Ast oberhalb der Pflückstelle, während die andere den Traubenstiel an der Ansatzstelle ergreift und seitlich wegdrückt oder unter Druck nach der Seite abzupft.

Johannisbeersorten

Von Johannisbeeren werden wir, sofern für den gegebenen Standort geeignet, auf jeden Fall mehrere Sorten pflanzen, um sowohl über einen längeren Zeitraum frische Früchte ernten zu können als auch Früchte für unterschiedliche Verwertungszwecke zu haben.

Der Bedarf an Johannisbeeren für den Frischverzehr und die Kompottbereitung wird sich im allgemeinen in Grenzen halten; dafür eignen sich besonders die Sorten 'Heros', 'Red Lake' sowie die weißen Sorten. Alle Sorten sind hervorragend für die Saft- und Süßmostbereitung geeignet. Für Gelee und Konfitüre sind die roten, besonders aber die schwarzen Sorten geeignet. Die weißen Sorten ergeben einen ausgezeichneten Wein mit Süßweincharakter. Die Verarbeitungsprodukte der schwarzen Sorten sind auf Grund ihres hohen Vitamin-C-Gehaltes von großer gesundheitlicher Bedeutung.

Rotfrüchtige Sorten

Heros

Reife: Sehr früh, Anfang Juli.
Frucht: Groß, mittelrot, angenehm süß und aromatisch; Traube lang, leicht pflückbar; für alle Zwecke, besonders für Frischverzehr.
Strauch: Wächst schwach bis mittelstark, licht, Äste verkahlen leicht; Ertrag mittel bis hoch; anfällig für Blattfallkrankheit und Blattläuse. Zu ersetzen durch 'Jonkheer van Tets', 'Red Lake'.
Ansprüche: Nur für genügend feuchte und nährstoffreiche Böden und mildes Klima.
Blüte: Früh, spätfrostgefährdet.

Jonkheer van Tets

Reife: Sehr früh, Anfang Juli.
Frucht: Groß, dunkelrot, angenehm süßsäuerlich, aromatisch; Traube lang, leicht pflückbar; für alle Zwecke, besonders für Entsaftung; rieselt nach Spätfrost und ungünstigem Blühverlauf.
Strauch: Wächst stark bis sehr stark, aufrecht; Ertrag sehr hoch; anfällig für Blattfallkrankheit.
Ansprüche: Verlangt nährstoffreiche, humose und genügend feuchte Böden; anpassungsfähiger als die Ausgangssorte 'Vierländer'.
Blüte: Früh, spätfrostgefährdet.

Red Lake

Reife: Früh, Anfang bis Mitte Juli.
Frucht: Mittelgroß bis groß, rundlich, dunkelrot, angenehm süß und aromatisch; Traube lang, locker mit Beeren besetzt; für alle Zwecke, besonders für Frischverzehr und Gefrierkonservierung.
Strauch: Wächst mittelstark, aufrecht bis breitrund; Ertrag hoch, setzt sehr früh ein; anfällig für Stachelbeermehltau.
Ansprüche: Für feuchte, nährstoffreiche Böden.

Vierländer

Reife: Früh, Anfang bis Mittel Juli.
Frucht: Klein bis mittelgroß, dunkelrot, angenehm süßsäuerlich, aromatisch; Traube lang, leicht pflückbar; für alle Zwecke.
Strauch: Wächst stark bis sehr stark, straff aufrecht; Ertrag hoch; anfällig für Blattranddürre; durch 'Jonkheer van Tets' und 'Red Lake' zu ersetzen.
Ansprüche: Verlangt nährstoffreiche, vorwiegend schwere, feuchte und humose Böden; empfindlich gegen Trokkenheit.

Rote Holländische

Reife: Spät, Mitte Juli.
Frucht: Klein bis mittelgroß, mittelrot, ziemlich sauer, aromatisch, vollreif milder; vor allem für Saft-, Wein- und Marmeladenherstellung; am Strauch lange haltbar, schlecht pflückbar.
Strauch: Wächst sehr stark, breit; Ertrag hoch bis sehr hoch; anfällig für Blattranddürre; durch 'Rondom' zu ersetzen.
Ansprüche: Gering, noch für rauhe Lagen.

Rondom

Reife: Spät, Ende Juli, zugleich mit 'Rote Holländische'.
Frucht: Gleichmäßig groß, dunkelrot glänzend, ziemlich fest, säuerlich, etwas aromatisch; Traube mittellang bis lang, sehr dicht hängend, rund um den Stiel dicht mit Beeren besetzt, gut pflückbar; lange Zeit am Strauch haltbar; vorwiegend für Saftbereitung.
Strauch: Wächst stark bis sehr stark, aufrecht, Gerüstäste bei starkem Fruchtertrag überhängend; Ertrag sehr hoch; widerstandsfähig gegen Winter- und Blütenfrost sowie gegen Blattfallkrankheit und Blattranddürre, anfällig für Johannisbeergallenlaus.
Ansprüche: Anpassungsfähig, besonders für mittlere, auch für leichtere Böden.

Rote Spätlese

Reife: Sehr spät, August.
Frucht: Klein bis mittelgroß, hellrot,

hoher Kernanteil, sehr sauer, erst bei Vollreife milder; Traube lang, leicht pflückbar, hängt lange am Strauch; nicht zum Frischverzehr, jedoch zur Saft-, Gelee- und Marmeladenbereitung; entbehrlich.
Strauch: Wächst stark, auseinanderfallend; Ertrag sehr hoch und sicher; anfällig für Blattranddürre.
Ansprüche: Für mittlere bis beste Böden, auf Sandböden nicht genügend erprobt.
Blüte: Spät, kaum spätfrostgefährdet.

Weißfrüchtige Sorten

Zitavia

Reife: Früh, Anfang Juli.
Frucht: Mittelgroß bis groß, weißlichgelb, angenehm mild und aromatisch, wenig säuerlich; Traube mittellang bis lang; für Frischverzehr, Saft- und Weinbereitung.
Strauch: Wächst stark bis sehr stark, Gerüstäste schräg aufrecht, bildet zahlreiche Bodentriebe, die alljährlich beseitigt werden müssen; Ertrag hoch, regelmäßig; widerstandsfähig gegen Winterfrost.
Ansprüche: Anpassungsfähig, für alle Bodenarten, nicht für Spätfrostlagen.

Werdavia

Reife: Mittelfrüh, Mitte Juli.
Frucht: Mittelgroß bis groß, breitrund, weißlichgelb, angenehm mild und aromatisch, Traube mittellang bis lang, leicht pflückbar; für Frischverzehr, Saft- und Weinbereitung.
Strauch: Wächst mittelhoch, rundlich, Gerüstäste lang verzweigt, kräftig; Ertrag hoch, regelmäßig; recht widerstandsfähig gegen Blattkrankheiten und Frost.
Ansprüche: Gering, Blüte etwas spätfrostgefährdet.

Schwarzfrüchtige Sorten

Bogatyr

Reife: Früh, Anfang bis Mitte Juli.
Frucht: Groß bis sehr groß, rundlich, angenehm aromatisch ohne hervorstechende Säure; Beeren sitzen dicht an der Traube, leicht pflückbar; für alle Zwecke, auch für Frischverzehr.
Strauch: Wächst stark, breitrund, etwas ausladend; Ertrag hoch, regelmäßig, höher als der der anderen zugelassenen Sorten, widerstandsfähig gegen Knospengallmilbe.
Ansprüche: Gering, für alle Böden gut geeignet.

Wusil

Reife: Früh, Anfang bis Mitte Juli.
Frucht: Ungleichmäßig groß, bläulichschwarz, süß, mild aromatisch; Traube mittellang, locker mit Beeren besetzt, leicht pflückbar; für alle Zwecke, auch für Frischverzehr.
Strauch: Wächst stark, ausladend bis aufrecht; Ertrag hoch, etwas unsicher; Blüte frostempfindlich.
Ansprüche: Anpassungsfähig, für alle Böden.

Tinker

Reife: Mittelspät, Mitte Juli.
Frucht: Groß bis sehr groß, ausgeglichen, bläulichschwarz, etwas glänzend, fest, angenehm säuerlich, saftig, hoher Vitamin-C-Gehalt; Traube mittellang bis lang; für alle Zwecke, auch für Frischverzehr.

Strauch: Wächst stark, breitrund; Ertrag mittelhoch bis hoch, regelmäßig; widerstandsfähig gegen Winterfrost, wenig anfällig für Krankheiten und Schädlinge, mehltauanfällig.
Ansprüche: Bevorzugt für feuchte, nährstoffreiche Böden, nicht für spätfrostgefährdete Standorte und Böden mit stauender Nässe.

Lowes Auslese

Reife: Spät, Mitte bis Ende Juli.
Frucht: Groß, breitrund, bläulichschwarz, süßsäuerlich; Traube lang; für alle Zwecke, auch für Frischverzehr.
Strauch: Wächst mittelstark bis stark, breitrund, etwas ausladend; Ertrag hoch, regelmäßig; wenig widerstandsfähig gegen Winter- und Blütenfrost, mehltauanfällig, nicht empfehlenswert.
Ansprüche: Anpassungsfähig, für alle Bodenarten.

Maro

Reife: Spät, Ende Juli.
Frucht: Groß ausgeglichen, bläulichschwarz, fest, angenehm säuerlich, ohne besonderes Aroma; Traube kurz bis mittellang; für alle Zwecke.
Strauch: Wächst stark bis sehr stark, aufrecht; Ertrag mittelhoch bis hoch; widerstandsfähig gegen Winterfrost, anfällig für Johannisbeerknospengallmilbe.
Ansprüche: Bevorzugt für feuchte und nährstoffreiche Böden, nicht für spätfrostgefährdete Lagen.

Stachelbeere

Wirtschaftliche Bedeutung

Unter den Beerensträuchern nimmt die Stachelbeere keineswegs die ihr gebührende Stellung ein. Am flächenmäßigen Bestand ist sie nur mit 33 %, am Ertrag mit 20 % beteiligt. Diese geringe Produktivität ist vor allem auf die Vernachlässigung der Sträucher zurückzuführen, die sich, besonders auf leichten Böden, stärker auswirkt als bei Johannisbeere.
Mehr noch als bei der Johannisbeere befindet sich der überwiegende Anteil des Bestandes, nämlich 97 %, in den Gärten der Selbstversorger und Kleinproduzenten. Der etwa gleiche Anteil des Gesamtertrages wird in den Gärten erzeugt.

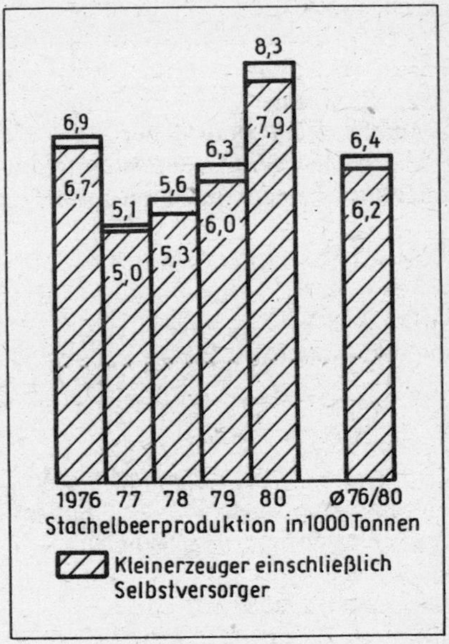

***Abb. 73** Anteil der Kleinerzeuger an der Stachelbeerproduktion 1976–1980*

Die **Ertragszeit** beginnt, wie bei der Johannisbeere, mit dem 3. bis 4. Jahr. Der Ertrag ist bei geeigneten Standorten regelmäßig und sicher. Ausfälle sind selten.

Mehr als die Johannisbeere ist die Stachelbeere für den Frischverzehr, als Kuchen- und Tortenbelag und für die Kompottbereitung geeignet, daneben aber auch für die Herstellung von Saft, Wein und Marmelade sowie Konserven.

Herkunft und botanische Besonderheiten

Der Stachelbeerstrauch gehört zur Gattung *Ribes* der Familie der Steinbrechgewächse (*Saxifragaceae*). Die bei uns angebauten Sorten werden unter der Art *Ribes uva-crispa* zusammengefaßt. Die europäische Stachelbeere ist im gesamten eurasischen Gebiet beheimatet. Sie ist vor allem in den Gebirgen Westasiens und der Mittelmeerländer zu finden.

Die Stachelbeere ist ein **sommergrüner Strauch** mit mehr oder weniger stark bewehrten Trieben, deren Entwicklung der Basisförderung unterworfen ist. Der Wuchs des Strauches ist unterschiedlich stark, allgemein aber schwächer als der der Johannisbeere, oft mehr oder weniger ausladend und überhängend. Die **Wuchsform** ist meist breiter als hoch. Die Gerüstäste sind dicht und häufig schwächer verzweigt. Die Basisförderung findet ihren besonderen Ausdruck in der Bildung zahlreicher Bodentriebe.

Bei der **Bewehrung der Triebe** handelt es sich um Laub- und Nebenblätter, die zu Blattdornen umgewandelt sind. Sie sind sortenweise unterschiedlich nur über die Triebmitte oder auch über den ganzen Trieb verteilt. Bei schwachen Trieben fehlen sie oft ganz. Daneben treten an der Triebbasis starker Bodentriebe oft dicht angeordnete dünnere Stacheln, sogenannte Rindenborsten auf. Auf Grund der Umwandlung von primären Laubblättern zu Blattdornen handelt es sich bei den Laubblättern um die Basalblätter sehr kurzer vorzeitiger

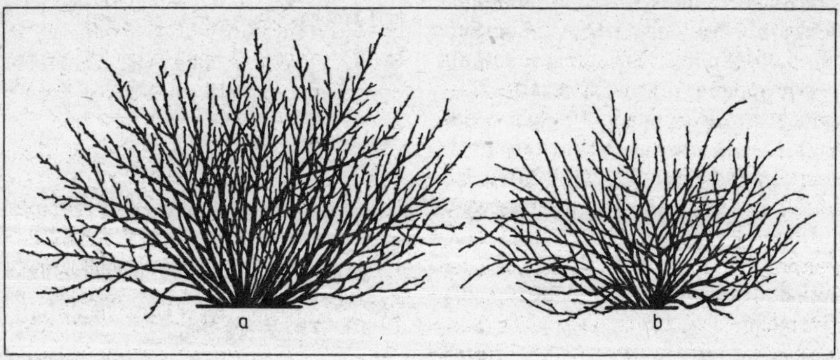

Abb. 74 Strauchformen der Stachelbeere (nach Sorge)
a = 'Weiße Volltragende' = breitrund, Äste straff aufrecht, dicht verzweigt,
b = 'Rote Triumph' = breitrund, Äste leicht überhängend, mäßig verzweigt

Abb. 75 Blütenstand der Stachelbeere

Triebe, die die Ursache des gleichmäßigen Austriebs fast aller Knospen, auch der basalen, sind, da sie den Charakter von Spitzenknospen haben. Die **Bewurzelung** ist gröber und weniger dicht als bei der Johannisbeere und verläuft gleichfalls sehr flach. Das durchschnittliche Alter der Stachelbeere beträgt 15 bis 20 Jahre.

Austrieb und **Blüte** erfolgen sehr zeitig, Ende März bis Anfang April. Das Triebwachstum schließt gewöhnlich Mitte bis Ende Juli ab. Bei starker Förderung des Wachstums durch Düngung und Schnitt ist der Triebabschluß oft um mehrere Wochen verzögert. Form und Ausbildung der Blüte sind im „Allgemeinen Teil" beschrieben. Die **Frucht** ist eine einfächrige, vielsamige Beere, die einzeln oder paarweise an einem rudimentären Fruchtstand sitzt. Nach der Fruchtfarbe lassen sich rote und weiße bzw. grünweiße und gelbe Sorten unterscheiden. Ein weiteres bemerkenswertes Fruchtmerkmal ist die mehr oder weniger starke Behaarung.

Ansprüche an den Standort

Die **Klimaansprüche** der Stachelbeere sind mäßig. Sie gedeiht gut an einem kühlen, etwas windgeschützten Standort. Halbschatten wird gut vertragen. Da die Früchte im reifen Zustand gegen starke Besonnung empfindlich sind, erweist sich halbschattiger Standort sogar als zweckmäßig. Die Frosthärte des Strauches ist hoch. Tiefe Wintertemperaturen werden im allgemeinen gut vertragen. Dagegen schließt die sehr frühe Blüte den Anbau in spätfrostgefährdeten Lagen aus, weil nicht nur die Blüten, sondern auch die jungen Früchte geschädigt werden können.

Die Ansprüche an den **Boden** sind im allgemeinen gering, die Anpassungsfähigkeit ist groß. Als bester Boden hat sich ein mittelschwerer, humoser, sandiger Lehm von genügender Feuchtigkeit erwiesen. Höherer Grundwasserstand wird vertragen. Auf leichterem Boden ist auf genügend Nährstoffzufuhr und Bewässerung zu achten.

Eingliederung in den Garten

Was einführend über die Eingliederung der Johannisbeere in den Garten gesagt wurde, gilt auch für die Stachelbeere. Während bei Johannisbeeren der Anbau von Büschen im Vordergrund steht, wird man Stachelbeeren vorzugsweise als **Hochstämmchen**, Fußstämmchen und heckenförmige Büsche anbauen. Insbesondere Hoch- und Fußstämmchen sind leichter zu pflegen, tragen zeitiger, bringen reichere und hochwertigere Erträge und lassen sich leichter beernten als rundkronige Büsche.

Abb. 76 Stachelbeerhochstamm im Ertrag

Pflanzung

Vorbereitung des Bodens

Die Bodenvorbereitung für die Stachelbeerpflanzung wird in gleicher Weise vorgenommen, wie es für Johannisbeeren beschrieben wurde.

Bei Pflanzung einzelner Büsche und Stämmchen ist eine entsprechend große Pflanzgrube von etwa 80 cm im Quadrat 40 cm tief auszuheben. Der Grund der Grube wird umgestochen und danach der mit reichlich Komposterde oder Torf versetzte sowie mit 800 g Thomasphosphat und 400 g schwefelsaurem Kali angereicherte Aushub wieder eingefüllt und festgetreten.

Beschaffung des Pflanzgutes und Vermehrung

Der sehr zeitige Austrieb der Stachelbeere Ende März gebietet die Herbstpflanzung. Auf kräftige **Pflanzware** ist besonders zu achten. Büsche sind als zweijährige Pflanzen der Güteklasse A mit wenigstens 8 guten Trieben zu verwenden, Hochstämmchen mit wenigstens 4, besser aber mit mehr als 6 Trieben. Hochstämmchen werden durch Veredlung von Ruten der Goldjohannisbeere in Kronenhöhe gewonnen. Die Stämme müssen unbeschädigt sein. Auf reichliche Bewurzelung ist hier besonders zu achten.

Stachelbeeren kann man auf verhältnismäßig einfache Weise durch **Able-**

Abb. 77 Veredlung eines Beerenobst-Hochstammes durch Einspitzen

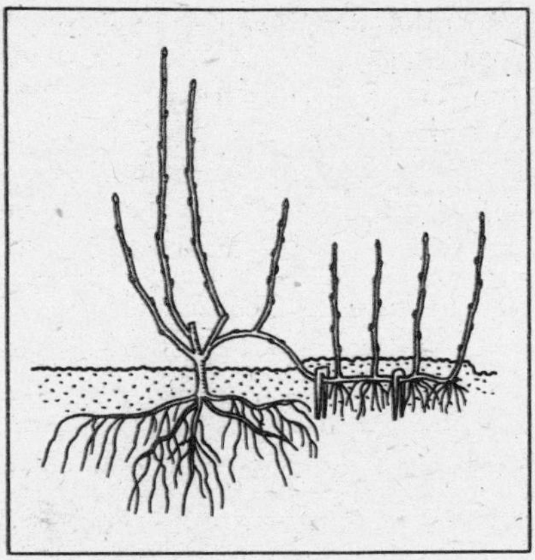

Abb. 78 Vermehrung durch Ableger, schematisch

ger und Absenker selbst vermehren. Dabei erweist sich die Biegsamkeit der Stachelbeeräste als günstig. Von einem der Sorte nach bekannten, gesunden und wüchsigen Strauch werden im zeitigen Frühjahr an der Basis entspringende Triebe oder junge Äste unter leichter Drehung in 4 bis 5 cm tiefe Rillen sternförmig vom Mutterstrauch abgehend eingelegt, festgesteckt und mit humoser Erde bedeckt. Aus den niedergelegten Trieben entwickeln sich meist zahlreiche Austriebe, die sehr bald angehäufelt werden können und sich schnell an ihrer Basis bewurzeln. Im folgenden Winter können sie abgenommen und gepflanzt werden. Bei geringem Bedarf genügt es, wenige, kräftige Bodentriebe niederzulegen und mit Erde zu bedecken. Zur Erleichterung der Bewurzelung müssen die niedergelegten Triebe ständig feucht gehalten werden, was durch eine leichte Decke aus Stalldung oder Torf nach dem Anhäufeln der Jungtriebe erreicht wird. Werden nur wenige Jungpflanzen benötigt, vermehrt man zweckmäßigerweise durch Absenker. Hierüber siehe im Anhang „Haselstrauch".

Festlegen der Pflanzweiten und Pflanzstellen

Der Standraumbedarf unserer Stachelbeersorten ist ziemlich ausgeglichen. Er wird vor allem durch den Standort und die Kronengestaltung verändert. Bei der Blockpflanzung von Büschen empfiehlt sich ein **Reihenabstand** von 175 bis 200 cm. Erziehung schmaler Kronen erlaubt, diesen Abstand auf 150 cm zu vermindern. Geringere Abstände sind des überwiegend flachen und breiten Wuchses der Stachelbeere wegen nicht anzuraten. Der **Abstand in der Reihe** ist auf 150 cm, bei An-

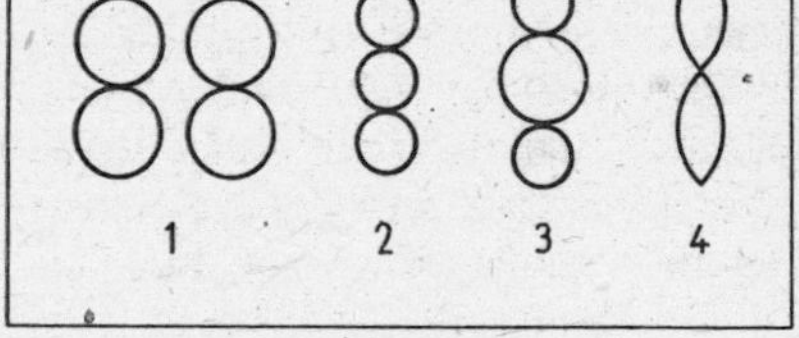

Abb. 79 Mögliche und empfehlenswerte Pflanzordnungen bei Stachelbeeren

1 = Reihenpflanzung im Block,
2 = Randpflanzung von Hochstämmchen,
3 = Mischpflanzung von Büschen und Hochstämmchen
4 = Heckenpflanzung

wendung des Fruchtholzschnittes auf 125 cm zu bemessen. Die gleichen Pflanzabstände sind bei einreihigen Randpflanzungen an Wegen und Grundstücksgrenzen einzuhalten. Hoch- und Fußstämmchen, die normalerweise dem Fruchtholzschnitt unterworfen werden, erhalten einen Pflanzabstand von 100 bis 125 cm. Platzsparend und zugleich von zierender Wirkung ist bei Randpflanzungen die abwechselnde Pflanzung von Stachelbeer-Hochstämmchen und Johannisbeer- oder Stachelbeerbüschen. Der Abstand von Pflanze zu Pflanze sollte 125 cm betragen. Die Höhe der Stämme sollte in diesem Fall nicht geringer als 100 cm sein.

Hochstämmchen, aber auch Fußstämmchen, erfordern einen Pfahl, da der Stamm und die schwache Wurzel die Krone, besonders bei hohem Fruchtertrag, nicht allein zu tragen vermögen. Als Pfähle können Holzpfähle, Eisenrohre und Plastrohre verwendet werden. Holzpfähle sind zuvor in ganzer Länge mit einem pflanzenunschädlichen Holzschutzmittel zu behandeln. Eisenpfähle sollten mit einem wirksamen Penetriermittel bestrichen werden. Die Gesamtlänge der Pfähle errechnet sich aus der Stammlänge zuzüglich 50 cm, die in den Boden kommen, und 20 cm, die in die Krone ragen. Ein Pfahl für einen Hochstamm mit 100 cm langem Stamm muß dementsprechend 170 cm lang sein.

Die **Pflanzabstände** werden mit Pflanzschnur und Bandmaß festgelegt und die Pflanzstellen mit einem Stab markiert. Sollen Hoch- und Fußstämmchen gepflanzt werden, versieht man die Pflanzstellen mit einem Pfahl, der vor dem Pflanzen zu setzen ist. Beim Einschlagen von Holz- und Plastpfählen ist zwischen Pfahl und Schlägel ein Brett zu halten, um zu verhindern, daß der Zopf auseinandergetrieben wird oder aufsplittert.

Durchführung der Pflanzung

Das Pflanzen der Stachelbeerbüsche erfolgt auf die bereits bei Johannisbeeren beschriebene Weise.

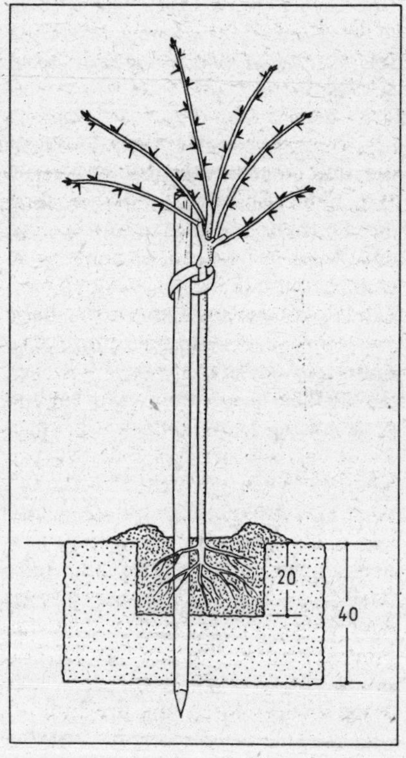

Abb. 80 Einzelpflanzung eines Stachelbeerhochstammes in eine Pflanzgrube, schematisch (Zahlenangaben in cm)

Hoch- und Fußstämmchen werden auf die wegabgewandte Seite des bereits vor dem Pflanzen gesetzten Pfahles gestellt. Wo vom Weg her keine Beschädigung droht, sollte auf die windabgewandte Seite gepflanzt werden. Der Stamm wird mit einer dicht unter der Krone angebrachten, in Form einer Acht um Stamm und Pfahl geschlungenen Bindung an den Pfahl gebunden. Als Bindematerial eignen sich breite Bindfäden, Wäscheleine aus Plaste, auch zusammengedrehte Dederon-Strümpfe. Soweit möglich, wird das Band mit einer Krampe am Pfahl angenagelt, damit es nicht rutscht.

Heckenförmig zu erziehende Stachelbeerbüsche kann man zweckmäßigerweise mit einem **Drahtspalier** versehen, an das die Gerüstäste in ihrer normalen Haltung angebunden werden. Hierzu werden an den Beetenden sowie im Abstand von 300 bis 400 cm voneinander kräftige Baumpfähle von etwa 200 cm Länge eingeschlagen. Die Endpfähle erhalten Stützen. Zwischen den Pfählen werden im Abstand von 25 bis 30 cm 5 Drähte befestigt.

Bodenpflege

Alle Maßnahmen der Bodenpflege, also Bodenbearbeitung einschließlich Bodenbedeckung, Humusversorgung und Düngung sowie die Bewässerung erfolgen nach den gleichen Gesichtspunkten, auf die gleiche Weise und mit den gleichen Mengen, wie bei der Johannisbeere beschrieben wurde.

Kronengestaltung

Stachelbeersträucher neigen bei ungehindertem Wachstum leicht dazu, lange, schwach verzweigte Äste und unentwirrbare, dichte Kronen zu bilden. Mit regelmäßigem, verhältnismäßig starkem Schnitt erreicht man bessere Verzweigung und Übersichtlichkeit der Krone, wesentlich höhere und sichere Erträge, höhere Fruchtgüte und viel leichtere Pflückarbeit.

Die Erziehung sowie die Kronengestaltung zur Ertragszeit, Instandsetzung und Verjüngung erfolgen bei **Büschen** in gleicher Weise und zu dem gleichen Zweck wie bei der Johannisbeere und brauchen hier nicht noch einmal beschrieben zu werden. Zu beachten ist jedoch der andere Wuchscharakter, der durch den Schnitt viel stärker als dort beeinflußt wird. So weist eine regelmäßig behandelte Krone eine viel straffere, aufrechte Form auf als die sich selbst überlassene Krone und ist deshalb besser instand zu halten. Zu beachten ist auch die starke Bildung von Bodentrieben, die regelmäßig entfernt werden müssen, um die Sträucher licht zu halten.

In weit stärkerem Umfang als bei der Johannisbeere werden bei Stachelbeeren Hoch- und Fußstämmchen angebaut, die sowohl bei der Erziehung als auch bei der Instandhaltung der Krone eine besondere Behandlung erfordern.

Erziehung

Zum Pflanzen bestimmte **Stämmchen** sollten in jedem Fall eine gut entwikkelte Krone mit 5 kräftigen Trieben aufweisen. Diese Triebe werden auf ein Viertel ihrer Länge zurückgeschnitten, so daß die Triebenden eine schwache Wölbung bilden. Der mittelste Trieb kann als Stammverlängerung

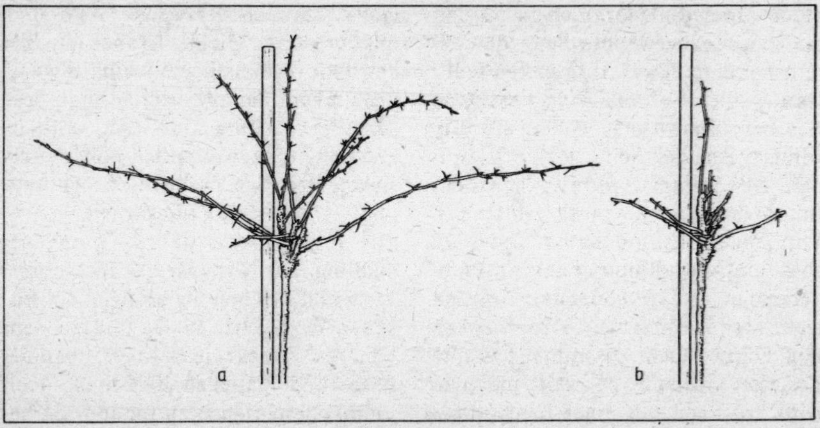

Abb. 81 Pflanzschnitt an einem Stachelbeerhochstamm
a = vor, b = nach dem Schnitt

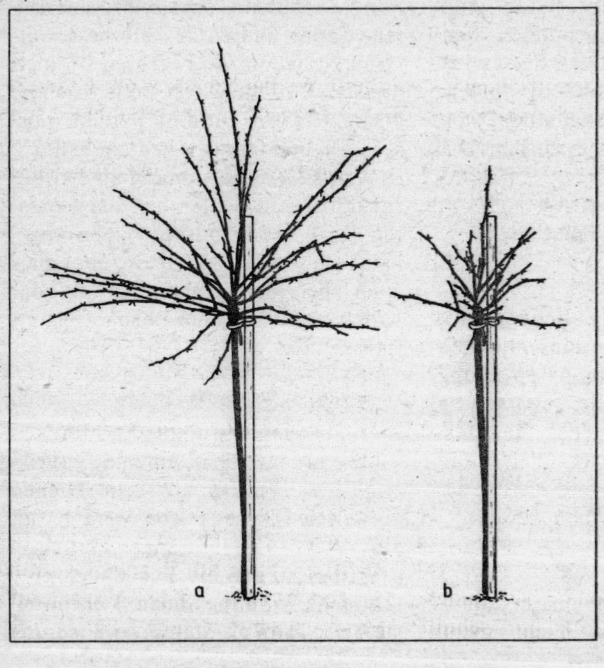

Abb. 82 Erziehungsschnitt an der 4jährigen Krone eines Stachelbeerhochstammes
a = vor, b = nach dem Schnitt

etwas länger gelassen werden. Bei schwachen Kronen kürzt man die Triebe auf 3 bis 4 Knospen ein. Von den im nächsten Jahr erscheinenden Trieben beläßt man die 5 bis 6 kräftigsten und kürzt sie auf etwa ein Drittel ein. Die nunmehr erscheinenden Austriebe werden dem Fruchtholzschnitt unterworfen (siehe dort).

Fußstämmchen kann man wurzelecht selbst heranziehen. Hierzu wird bei einem kräftig entwickelten Strauch vor dem Pflanzen ein möglichst tief angesetzter kräftiger, gerader Trieb ausgewählt. Die übrigen werden beseitigt, tiefer stehende bis zur Ansatzstelle. Den Strauch setzt man sodann bis zur Ansatzstelle des Triebes in den Boden. Der Trieb soll senkrecht stehen und wird an einen Stab geheftet. Ein Rückschnitt findet nur soweit statt, wie die Triebspitze durch Mehltau oder Blattläuse geschädigt ist. Aus den im folgenden Jahr entstehenden Seitentrieben entwickelt man eine Krone, sofern ein Stamm von mehr als 20 cm Länge verbleibt. Andernfalls erzieht man den vorjährigen Trieb eintriebig weiter und schneidet ihn im folgenden Winter auf 30 bis 40 cm zur Krone an. Die weitere Kronenerziehung gleicht der bereits beschriebenen. Stammaustriebe und Bodentriebe sind regelmäßig bis zur Ansatzstelle zu entfernen. Die Schnittstellen der Stammaustriebe sind mit Baumwachs zu verstreichen.

Instandhaltung

Fruchtholzschnitt

Im Gegensatz zum Auslichtungsschnitt zielt der Fruchtholzschnitt darauf ab, durch starken Rückschnitt der Jahrestriebe jährlich kräftige Jungtriebe mit starken Blütenknospen unmittelbar an den Gerüstästen oder kurzen Nebenästen zu gewinnen. Bei **Stämmchen** ist der Fruchtholzschnitt zwingend, da sich die Fruchtäste nicht aus dem Wurzelstock erneuern können. Ungeschnittene Stämmchen verlagern das Fruchtholz von der Kronenbasis nach außen, mit dem Erfolg, daß die Krone leicht ab- oder ausbricht. Außerdem läßt der Triebzuwachs bald nach, so daß die Früchte immer kleiner und minderwertiger werden. Durch den Schnitt wird erreicht, daß sich reichlich neues, fruchtbares Holz in der Nähe der Kronenbasis bildet. Die Besonderheiten des Fruchtholzschnittes seien am Beispiel des Stachelbeerhochstämmchens dargelegt:

Die nach zweijährigem Erziehungsschnitt vorhandenen 5 bis 6 Gerüstäste werden auf eine Drittel bis auf die Hälfte ihres letztjährigen Zuwachses eingekürzt. Bei Stachelbeerstämmchen läßt man den mittelsten, senkrecht stehenden Trieb als Mittelast etwas länger als die übrigen. Die im nächsten Jahr entstehenden Verlängerungstriebe werden nochmals auf etwa die Hälfte zurückgeschnitten, während die Seitentriebe auf durchschnittlich 4 bis 6 Augen eingekürzt werden, die basisnahen weniger, die spitzennahen mehr. Vom nächsten Jahr an werden die Verlängerungstriebe der Gerüstäste auf 4 bis 6 Augen eingekürzt. Die abgetragenen Seitenäste werden auf 1 oder 2 kräftige **Ersatztriebe** vereinzelt und diese auf 2 bis 4, bei sehr starkem Austrieb auf 4

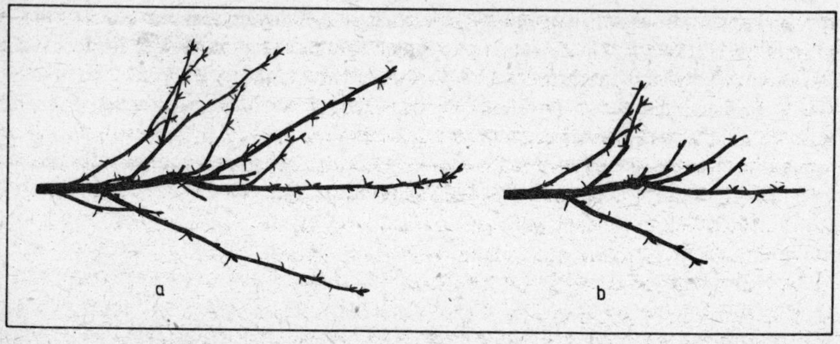

Abb. 83 Fruchtholzschnitt an einem jungen Stachelbeerast a = vor, b = nach dem Schnitt

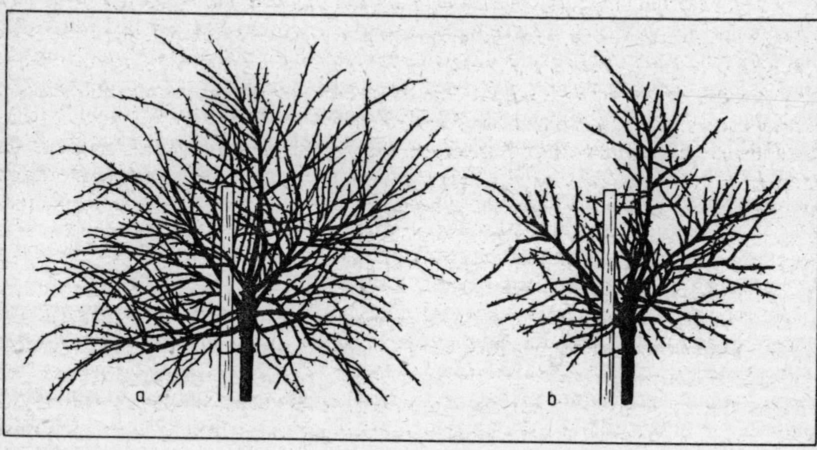

Abb. 84 Fruchtholzschnitt an einer älteren Stachelbeerkrone (Hochstamm) a = vor, b = nach dem Schnitt

bis 8 Knospen zurückgeschnitten. Dieser starke Rückschnitt hat einen verhältnismäßig kräftigen Austrieb aller Knospen zur Folge.

Im Laufe der Zeit kann die **Anzahl der Gerüstäste** auf 8 bis 10 erweitert werden, gegebenenfalls können kurze Seitenäste entwickelt werden. Sobald die Gerüstäste eine gewisse Länge überschritten haben, verjüngt man die Krone, indem man die Äste um ein Drittel einkürzt und dabei auf je einen kräftigen, nach außen stehenden Seitentrieb zurückschneidet. Gleichzeitig wird auch das Seitenholz stärker als üblich vereinzelt und eingekürzt.

Durch den regelmäßigen Rückschnitt werden die oft von Mehltau befalle-

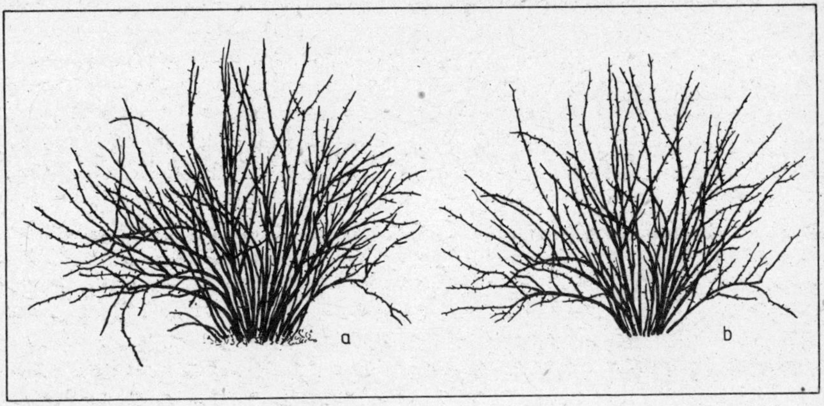

Abb. 85 Heckenförmig erzogener Stachelbeerbusch, a = vor, b = nach dem Auslichten

nen Triebspitzen beseitigt, so daß der Fruchtholzschnitt gleichzeitig die bewährteste Maßnahme zur Bekämpfung des Mehltaues ist.

Außer bei Stämmchen kann der Fruchtholzschnitt auch bei **Büschen** mit gewöhnlicher Rundkrone sowie mit heckenförmiger Krone erfolgreich und mit gleicher Zielsetzung angewendet werden. Ferner ist er auch bei solchen Johannisbeersorten angebracht, die von Natur aus nur ungenügende und schwache Verzweigungen bilden oder leicht verkahlen, z. B. die Sorten 'Heros' und 'Red Lake'. Er eignet sich nicht für die Schwarze Johannisbeere, da hier eine verbleibende Triebbasis nur wenige Blütenknospen aufweist und schwache, fruchtbare Seitentriebe nur minderwertige Trauben tragen.

Schädlinge und Krankheiten und ihre Bekämpfung

Gute Allgemeinpflege ist auch bei der Stachelbeere die beste Vorbeugung gegen Krankheiten und Schädlinge. Auf einige Arten sollte jedoch besonderes Augenmerk gelegt werden, da bei stärkerem Auftreten Gesundheit und Leistungsfähigkeit der Sträucher beeinträchtigt werden können.

Gelbe Stachelbeerblattwespe

Dichte, ungepflegte Sträucher der Stachelbeere sind bevorzugte Befallsobjekte der Stachelbeerblattwespe. Sie tritt ab April in mehreren Generationen auf. Ihre Eier legt sie reihenweise längs der Blattadern auf der Blattunterseite ab. Die raupenähnlichen Larven, grünlich gefärbt, fettglänzend, mit schwarzem Kopf und Körperwarzen, ausgewachsen etwa 15 mm lang, fressen anfangs im Strauchinnern. Später kann es zum Kahlfraß kommen. Die Larven der letzten Generation und die Puppen überwintern in Erdkokons.

Bekämpfung im Garten erfolgt vorbeugend im Winterhalbjahr durch Auslichten der Sträucher und Eintrieb

Abb. 86 Gelbe Stachelbeerblattwespe beim Fraß

von Hühnern, die die Kokons aufnehmen. Um einen Befall möglichst frühzeitig zu erkennen, sind die Sträucher ab Mai bis Ende August wiederholt zu kontrollieren. Chemische Bekämpfung ist vorbeugend durch die Austriebsspritzung möglich, nach der Blüte erforderlichenfalls durch geeignete Phosphorinsektizide. Bewährt hat sich „Wofatox-Staub“, der punktuelle Behandlung erlaubt.

Blattläuse

An den Stachelbeersträuchern verursachen zwei wirtswechselnde Blattlausarten Kräuselungen der Blätter an der Triebspitze, die durch das Saugen gestaucht und verdreht werden. Es handelt sich um die hellgrüne **Grüne Stachelbeerlaus** und die grünliche, schwarzköpfige **Stachelbeerkolbenlaus**. Die Läuse halten sich in den Blattnestern auf.
Dem Erstbefall wird vorteilhaft durch die Austriebsspritzung vorgebeugt, die auch bei den übrigen Obstgehölzen durchgeführt wird. Dabei ist darauf zu achten, daß die zeitige Blüte (Ende März) noch nicht begonnen hat. Bei schwachem Befall während der Vegetationszeit genügt Tauchen in eine insektizide Brühe (siehe „Allgemeine Regeln für den Pflanzenschutz“), bei stärkerem Befall ist Spritzen mit einem systemischen Phosphorinsektizid, z. B. „Bi 58 EC“, erforderlich.

Rote Stachelbeermilbe

Klein bleibende, grau oder gelblich gesprenkelte Blätter an den Triebspitzen, die schließlich vertrocknen und abfallen, deuten auf den Befall mit der Stachelbeermilbe hin. Gefährdet sind vor allem dichte, nicht ausgelichtete Sträucher in schattiger, warmer Lage. Von März bis Mai ist die kleine rote Milbe auf den Blattoberseiten anzutreffen. Die Eier werden an der Triebspitze abgelegt.
Auslichten und Fruchtholzschnitt beseitigen den größten Teil der Wintereier und verhindern meist einen stärkeren Befall. Erforderlichenfalls können Akarizide, z. B. „Milbol EC“ oder „Fentoxan“, zur chemischen Bekämpfung eingesetzt werden.

Blattfallkrankheit

Die Blattfallkrankheit tritt an der Stachelbeere in gleicher Weise auf wie an der Johannisbeere. Allerdings sind die dunklen Flecken auf den Blättern größer und weniger zahlreich als dort. Die bei der Johannisbeere genannten Pflanzenschutzmittel sind hier in gleicher Weise einsetzbar. Bei Anwendung von Kupfermitteln ist zu beachten, daß einige Sorten, z. B. 'Rote

Abb. 87 Schadbild des Amerikanischen Stachelbeermehltaues

Preisbeere', kupferempfindlich sind. Deshalb ist erst nach dem Laubfall zu spritzen.

Amerikanischer Stachelbeermehltau

Weißer, mehlartiger Überzug an Triebspitzen und jungen Blättern im Frühsommer, verkümmerte Triebspitzen mit dunkelbraunem Pilzbelag und schwachen Seitentrieben im Winter sind das Befallsbild des Amerikanischen Stachelbeermehltaues. Anfällig sind vor allem Sträucher bei zu engem und schattigem Stand sowie einseitiger Stickstoffdüngung und Kalkmangel im Boden. Besonders nachteilig ist u. a., daß auch die Früchte von der Krankheit befallen und dadurch entwertet werden.

Die wichtigste **Bekämpfungsmaßnahme** im Garten ist das Abschneiden der befallenen Triebspitzen, wie es beim Fruchtholzschnitt üblich ist, weil dadurch die überwinternden Befallsherde beseitigt werden. Diese sind anschließend zu verbrennen. Auslichten zu dichter Kronen und sachgemäße, ausgeglichene Düngung sind die wichtigsten vorbeugenden Bekämpfungsmaßnahmen und meist ausreichend, um den Befall zu verhindern. Als chemische Bekämpfungsmaßnahme hat sich im Bedarfsfall die Anwendung von Schwefelmitteln (z. B. „Pol-Sulkol-Extra") zur Austriebsspritzung und von Benomyl-Präparaten (z. B. „Chinoin-Fundazol 50 WP") nach der Blüte als wirksam erwiesen.

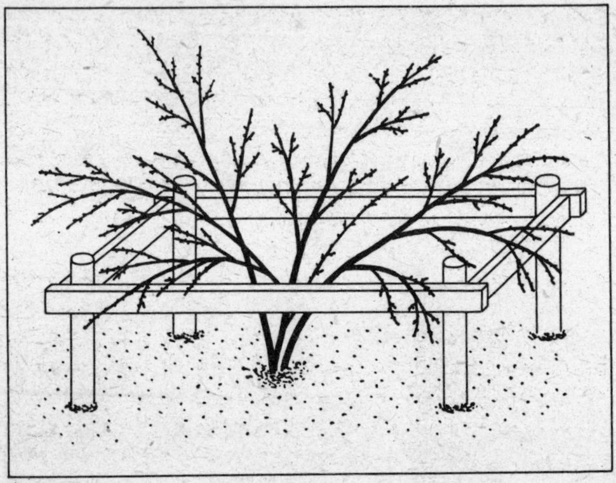

Abb. 88 Stützgerüst für Stachelbeerbüsche im Ertrag

Ernte der Stachelbeeren

Der dichte und überhängende Wuchs der meisten Stachelbeersorten veranlaßt, nicht zuletzt auch der bequemen Ernte wegen und um das Beschmutzen der Früchte zu verhindern, Stachelbeeren als Hochstämmchen anzubauen. Hat man jedoch Büsche im Garten, ist es angeraten, Vorrichtungen anzufertigen, die verhindern, daß die fruchtschweren Äste am Boden liegen, wie Abbildung 88 zeigt.

Die frühesten Stachelbeersorten, z. B. ‚Hönings Früheste', werden Ende Juni/Anfang Juli **vollreif geerntet**. In diesem Zustand sind die Beeren weich, doch noch prall, saftig und süß und haben die für die Sorte typische Färbung angenommen. Bei den meisten Sorten reifen die Beeren nicht gleichzeitig, sondern folgernd, halten sich aber reif recht gut am Strauch. Meist erstreckt sich diese Reifeperiode über 8 bis 10 Tage. Da die Vollreife der späten Sorten Mitte bis Ende Juli beginnt, stehen etwa 4 Wochen reife Stachelbeeren zur Verfügung.

Nun besteht die Möglichkeit, Stachelbeeren für bestimmte Verarbeitungszwecke bereits vor voller Reife zu ernten. Dadurch wird die Erntezeit der einzelnen Sorten um weitere 3 bis 4 Wochen verlängert. Insgesamt unterscheiden wir bei Stachelbeeren drei Reifegrade: grünreif, hartreif und vollreif. **Grünreife Früchte** können wir ernten, sobald sie einen Durchmesser von etwa 12 mm erreicht haben. Dabei werden die Zweige nicht leer-, sondern ausgepflückt, so daß sich die verbleibenden Früchte besser entwickeln können. Grünreif geschmort, eignen sich Stachelbeeren für Kompott und Kuchen- bzw. Tortenbelag. Zum Einmachen bestimmte Früchte ernten wir, nachdem sie voll ausgebildet sind, in **hartreifem Zustand**, damit sie eine

Abb. 89 Leicht zu beerntender Fruchtast der Stachelbeere

gewisse Festigkeit behalten. Zum Frischgenuß, zur Saft- und Weinbereitung müssen die Beeren aber vollreif sein. Überreife Stachelbeeren nehmen bereits einen leicht bitteren Geschmack an, lassen sich aber noch zu Saft oder Wein verarbeiten.
Früchte, die eine Zeitlang aufbewahrt werden sollen, sei es zum Frischgenuß, sei es zur Verarbeitung, müssen unbedingt trocken geerntet und kühl und trocken gelagert werden. Andernfalls werden sie schnell unansehnlich und verderben. Sollen sie jedoch sofort verarbeitet werden, kann man sie auch tau- und regennaß pflücken, da sie ohnehin gewaschen werden.
Gepflückt wird, indem die Beeren zwischen die Fingerspitzen genommen und abgezupft werden. Im übrigen verfährt man wie bei Johannisbeeren.

Stachelbeersorten

Die zugelassenen Stachelbeersorten eignen sich sämtlich für den Frischverzehr und alle Verarbeitungsformen. Im Zusammenhang mit den geringen Platzansprüchen und der Anpassungsfähigkeit der meisten Sorten an den gegebenen Standort ist es gerechtfertigt, auch im kleinen Garten mehrere Sorten anzupflanzen.
Im Vordergrund wird der Bedarf für Frischverzehr, Kompottbereitung, Tortenbelag und Konservierung stehen, für die alle Sorten gleich gut geeignet sind. Für Weinbereitung eig-

nen sich besonders die weiß- und gelbfrüchtigen Sorten.

Gelbfrüchtige Sorten

Hönings Früheste

Reife: Sehr früh, Ende Juni bis Anfang Juli.
Frucht: Mittelgroß, rundlich, goldgelb, dicht behaart, angenehm süß; Haut dünn; für Frischverzehr und Konservierung.
Strauch: Wächst stark, rundlich; Ertrag hoch bis sehr hoch, regelmäßig, mitunter wechselnd; anfällig für Blattfallkrankheit.
Ansprüche: Gering, anpassungsfähig an Boden und Klima.

Gelbe Triumphbeere

Reife: Mittelfrüh, Anfang bis Mitte Juli.
Frucht: Mittelgroß, langoval, blaß grünlichgelb, süßlich, wenig aromatisch; Schale glatt, mitteldick; grünreif für Konservierung und Kompott, vollreif für Frischverzehr, Marmelade, Saft und Wein; Beeren platzen leicht.
Strauch: Wächst mittelstark; Ertrag hoch bis sehr hoch, sicher; anfällig für Blattfallkrankheit.
Ansprüche: Gering.

Grün- und grünweißfrüchtige Sorten

Weiße Triumphbeere

Reife: Mittelfrüh, Mitte Juli.
Frucht: Mittelgroß bis groß, breitoval, weißlichgrün, sonnenseits rot getupft, süßsäuerlich, gut aromatisch; Haut dünn, fein behaart; grün- und vollreif für Konservierung und Kompott, vollreif für Frischverzehr, Kompott-, Saft- und Weinbereitung; hält sich gut am Strauch.
Strauch: Wächst mittelstark bis stark, Ertrag hoch und regelmäßig.
Ansprüche: Gering, anpassungsfähig.

Weiße Volltragende

Reife: Spät, Mitte bis Ende Juli.
Frucht: Mittelgroß, rundlich bis oval, weißlichgrün, süßlich, wenig aromatisch, Schale glatt, ziemlich dünn; grünreif für Konservierung und Kompott, vollreif für Frischverzehr, Saft- und Weinbereitung; hält sich gut am Strauch.
Strauch: Wächst stark, breitrund, ausladend; Ertrag hoch und regelmäßig.
Ansprüche: Verlangt nährstoffreiche, etwas feuchte, nicht zu leichte Böden.

Rotfrüchtige Sorten

Rote Triumphbeere

Reife: Mittelfrüh, Mitte Juli.
Frucht: Mittelgroß bis groß, oval, mittel- bis dunkelrot, dicht behaart, säuerlich aromatisch; Haut dick, reift ungleichmäßig; vollreif für Frischverzehr, Kompott und Marmelade, grünreif für Konservierung; sonnenbrandempfindlich.
Strauch: Wächst mittelstark bis stark, Ertrag hoch bis sehr hoch.
Ansprüche: Noch für rauhe, jedoch nicht frostgefährdete Lagen; verlangt genügend feuchten, nährstoffreichen Boden.

Rote Preisbeere

Reife: Sehr spät, Ende Juli.
Frucht: Groß bis sehr groß, breitoval, hell- bis dunkelrot, süßsäuerlich, gut aromatisch, Schale fast glatt, ziemlich dick; grünreif als Belegfrucht, vollreif

für Frischverzehr, Kompott, Marmelade und Saft; hält sich gut am Strauch.
Strauch: Wächst stark, Triebe hängen über; bevorzugt als Hochstamm anzubauen; Ertrag hoch bis sehr hoch, nicht ganz sicher; anfällig für Blattranddürre.
Ansprüche: Anpassungsfähig.

Jochelbeere

Eine neue Obstart für den Garten ist die Jochelbeere. Es handelt sich um eine **Kreuzung** zwischen **Stachelbeere** und **Schwarzer Johannisbeere.** Zugelassen für den Vertrieb sind die beiden Sorten 'Jochina' und 'Jocheline'. Beide sind selbstfruchtbar. Sowohl in den Frucht- als auch in den Straucheigenschaften stehen sie zwischen den Eltern. Die **Beeren** sind größer als die der Schwarzen Johannisbeere, rundlich, braun- bis schwarzrot, je zwei bis drei in kurzen Trauben vereint. Da sie folgernd reifen, ist mehrmaliges Durchpflücken erforderlich. Die Früchte weisen ein feines Stachelbeeraroma auf, mit leichtem Anteil von Schwarzer Johannisbeere. Ihr spezifisches Aroma kommt erst nach der Verarbeitung voll zur Geltung. Im übrigen eignet sich die Jochelbeere sowohl zum Frischverzehr als auch zur Herstellung von Marmelade, Konfitüre, Saft und Süßmost, letzteres zusammen mit Schwarzer Johannisbeere.
Der **Strauch** wächst sehr stark, stärker als die Schwarze Johannisbeere, im Aufbau dieser ähnlich. Pflanzabstände von 200 bis 300 cm sind deshalb erforderlich.

Himbeere

Wirtschaftliche Bedeutung

Obwohl die Himbeere als Grundstoff für die Herstellung des begehrten Himbeersirups dient, spielt sie im Anbau nur eine untergeordnete Rolle. Am flächenmäßigen **Bestand** des Strauchbeerenobstes ist sie nur mit 3,4 % beteiligt. Wie beim übrigen Beerenobst befindet sich der größte Teil der Anbaufläche, nämlich 88 %, in den Gärten, in denen 80 % des Ertrages erzeugt werden.
Der **Ertrag** setzt mit dem 2. Standjahr ein. Die Reifezeit beginnt Anfang bis Mitte Juli. Auf Grund der folgernden Reife erstreckt sich die Erntezeit einer Sorte jeweils auf 10 bis 14 Tage.
Zwar eignet sich die Himbeere sehr

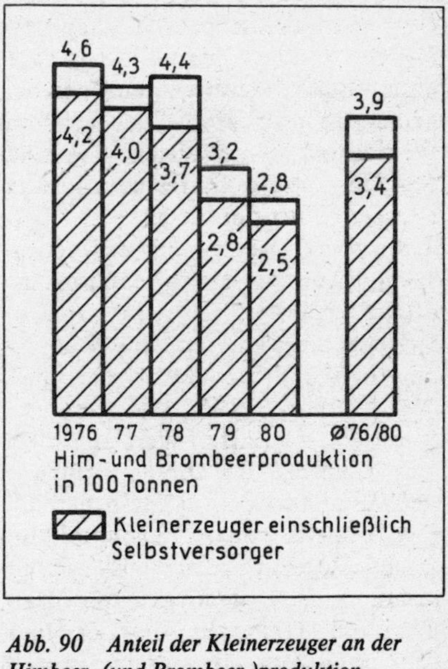

Abb. 90 Anteil der Kleinerzeuger an der Himbeer- (und Brombeer-)produktion 1976–1980

gut für den Frischverzehr und auch für alle Verarbeitungsformen, doch wird der überwiegende Anteil des Ertrages auch in der häuslichen Verarbeitung für Saft bzw. Sirup genutzt.

Herkunft und botanische Besonderheiten

Zusammen mit der Brombeere gehört die Himbeere zur Gattung *Rubus* aus der Familie der Rosengewächse (*Rosaceae*). Die bei uns angebauten Sorten stammen von der heimischen Art *Rubus idaeus* ab. Diese kommt in zahlreichen Spielarten in der subarktischen und gemäßigten Zone der nördlichen Halbkugel vor und wird als Wildfrucht geerntet.

Die Himbeere ist ein sommergrüner **Schößlingsstrauch** mit schwach **bewehrten Langtrieben.** Die Erneuerung des Sprosses durch Langtriebe beschränkt sich auf die Strauchbasis (Basisförderung). Aus den Erneuerungsknospen an Triebbasis und Wurzelstock, unterirdischen Ausläufern und wurzelbürtigen Adventivknospen entspringen bis 2 m lange mehr oder weniger überhängende Triebe (Ruten). Aus den Achselknospen gehen im folgenden Jahr von unten nach oben an Wuchsstärke abnehmende Kurztriebe hervor, die in einem z. T. beblätterten Blütenstand enden. Nach dem Ertrag sterben die Ruten ab. Bei der Bewehrung handelt es sich um Auswüchse der Oberhaut, sog. Rindenborsten. Die Blätter sind geteilt. Die **Bewurzelung** ist sehr intensiv, weitstreichend und sehr flach. Das durchschnittliche Alter der Sträucher beträgt etwa 15 Jahre.

Austrieb und Blüte erfolgen relativ

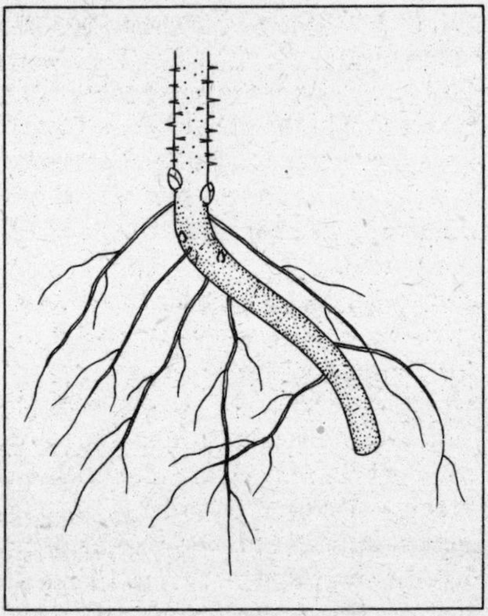

Abb. 91 Basisteil einer Himbeerpflanze mit kräftigen Erneuerungsknospen

spät, Mitte bis Ende Mai. Die Blüten sind zu rispigen **Blütenständen** vereinigt. Form und Ausbildung der Blüten, des Blütenstandes sowie der Frucht sind im „Allgemeinen Teil“ beschrieben. Die Einzelblüten eines Blütenstandes blühen folgernd auf, zuerst die jeweils oberste eines Blütenstandes bzw. eines Seitenastes desselben. Diese Verzögerung setzt sich auch während der Fruchtreife fort. Die **Frucht** ist eine Sammelsteinfrucht. Der zapfenförmige Blütenboden verbleibt bei der Reife am Fruchtstiel, wird also nicht mitgeerntet.

Ansprüche an den Standort

Bei uns gedeiht die Himbeere in allen **Klimabereichen**. Für den Anbau besonders geeignet sind geschützte, sonnige, warme, hinreichend luftfeuchte

Lagen, z. B. Südhänge in Flußtälern. Die Widerstandsfähigkeit gegen Winterfrost ist hoch. Frostschäden an den Ruten sind nur bei sehr tiefen Temperaturen zu erwarten; Kahlfrost kann sich nachteilig auswirken. Spätfrostschäden sind wegen der späten Blüte nicht zu erwarten. Triebbildung und Fruchtertrag werden durch hohe Sommertrockenheit beeinträchtigt.

Der **Boden** soll durchlässig, humos, nährstoffreich und genügend feucht sein. Dabei ist die Bodenart von geringerer Bedeutung. Bei ausreichender Wasser- und Nährstoffversorgung ist auch leichter Boden noch für den Anbau geeignet. Hoher Grundwasserstand wird vertragen, nicht jedoch stagnierende Nässe. Bodenbedeckung ist günstig.

Eingliederung in den Garten

Der verhältnismäßig geringe Anteil der Himbeere am Beerenobstbestand ist häufig der Anlaß, sie irgendwo an den Rand zu pflanzen oder unter Bäumen anzubauen. Randpflanzung an Grundstücksgrenzen führt häufig zur Verunkrautung und anderweitiger Vernachlässigung. Anbau unter Obstbäumen ist wegen des sehr flachen Wurzelverlaufs und des hohen Wasser- und Nährstoffbedarfs einerseits sowie der hohen Wärme- und Lichtansprüche der Himbeeren andererseits nicht ratsam. Am günstigsten ist Blockpflanzung mit Nord-Süd-Richtung der Reihen.

Pflanzung

Vorbereitung des Bodens

Die intensive Durchwurzelung des Bodens sowie der hohe Wasser- und Nährstoffbedarf der Himbeere erfordern eine besonders gründliche Bodenvorbereitung. Es wird im allgemeinen notwendig sein, die gesamte zu bepflanzende Fläche auf 30 bis 40 cm Tiefe umzugraben und mit reichlich Humusdünger – am besten Stalldung, kompostierten Rindenabfällen oder Torf – zu versetzen. Zugleich sind als mineralische Vorratsdünger je m^2 1000 g eines Phosphordüngers und 500 g schwefelsaures Kali einzuarbeiten.

Die Bodenbearbeitung ist vorteilhaft im Herbst vorzunehmen. Dabei ist es besonders wichtig, Wurzelunkräuter wie Quecke und Winde zu beseitigen. Soll anschließend noch gepflanzt werden, ist der Boden Fuß bei Fuß anzutreten, um ihm den nötigen Schluß zu geben. Kann erst im Frühjahr gepflanzt werden, hat sich der Boden bis dahin hinreichend gesetzt.

Beschaffung des Pflanzgutes und Vermehrung

Himbeeren pflanzen wir am besten im Herbst ab Ende September. Geeignete **Pflanzware** sind Ruten von wenigstens 1 m Länge, mit mindestens einer kräftigen unbeschädigten Basisknospe und möglichst zahlreichen Wurzeln.

Besitzt man selbst oder ein Gartennachbar eine gesunde Himbeeranlage mit einer guten Sorte, so macht es keine Schwierigkeiten, hier eine Anzahl **Jungpflanzen** zu gewinnen. Himbeeren bilden alljährlich, neben kräftigen Erneuerungsknospen an der Basis der Ruten, an den Wurzeln Adventivknospen, die im Folgejahr eine Anzahl kräftiger und weniger kräftiger Ruten hervorbringen. Durch gute Bo-

Abb. 92 Pflanzwürdige Himbeerjungpflanze

denpflege kann der Anteil kräftiger Ruten und damit die Ausbeute an Jungpflanzen erhöht werden. Kurz vor dem gewählten Pflanzzeitpunkt werden geeignete Jungpflanzen, die sich zwischen den Reihen und am Rand der Anlage gebildet haben, herausgehoben, entblättert und sofort bis zur Pflanzung eingeschlagen.

Festlegen der Pflanzweiten und Pflanzstellen

Die Standraumansprüche der bei uns angebauten Sorten weichen nicht wesentlich voneinander ab. Deshalb können übereinstimmende Pflanzweiten gewählt werden. Bei Blockpflanzung sollte der **Reihenabstand** wenigstens 150 cm betragen, die **Abstände in den Reihen** 40 bis 50 cm. Bei einreihigen Rand- und Grenzpflanzungen ist der Abstand von der Grenze bzw. der angrenzenden Kultur oder dem Weg auf wenigstens 100 cm zu bemessen.

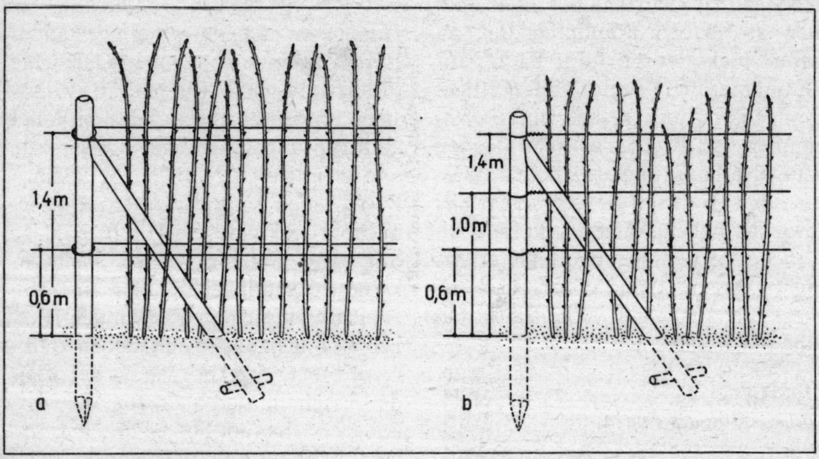

Abb. 93 Stützgerüste für Himbeeren

a, b

c, d

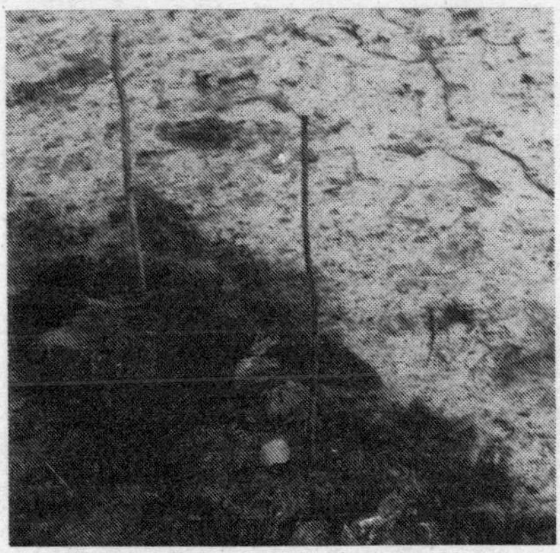

Abb. 94 Pflanzung vom Himbeeren
a = Ausheben der Pflanzgrube und Einsetzen der Ruten,
b = Festtreten, c = Angießen,
d = Einkürzen der Ruten und Aufbringen von organischem Material

An den Abständen in der Reihe ändert sich nichts. Der Reihenverlauf wird mit der Pflanzschnur festgelegt, die Pflanzstellen werden beim Pflanzen abgemessen.

Der Anbau der Himbeere erfolgt zweckmäßigerweise an einem **Stützgerüst** (Drahtspalier). Pflege und Ernte sind wesentlich erleichtert und es wird verhindert, daß reife Früchte von den schwankenden Ruten abgestreift oder abgeweht werden. Das Stützgerüst stellt man sich im einfachsten Fall aus Baum- oder Zaunpfählen her, die wenigstens 150 cm aus der Erde ragen. Der Abstand der Pfähle sollte 300 bis 400 cm betragen, die Eckpfähle sind abzustützen. Zwischen den Pfählen werden 2 bis 3 Drähte (auch starke Angelsehnen) gespannt, der unterste Draht bei 60 cm, der oberste bei 140 cm. Daran werden die Ruten angebunden. Das Anbinden kann man ersparen, wenn bei 60 und 140 cm je 2 Drähte gespannt werden, die mittels 25 cm langer Spreizhölzer auseinandergesperrt werden. Die Ruten werden in diesem Fall zwischen die Drähte gesteckt. Die Pfähle des Stützgerüstes setzt man am besten nach dem Einmessen der Reihen, noch vor dem Pflanzen; das Spannen der Drähte erfolgt am besten nach dem Pflanzen. Hierzu benutzt man Spannschlösser.

Durchführung der Pflanzung

Himbeeren pflanzt man entlang der Schnur. Dabei sind die Knospen an der Basis der Ruten unbedingt zu schonen, da sich von hieraus der Strauch erneuert. Die Jungpflanzen sind so tief zu setzen, daß die Basisknospen 5 bis 10 cm mit Erde bedeckt sind. Die Wurzeln sind mit guter Komposterde zu umfüttern. Nach dem Pflanzen ist die Erde anzutreten, und die Sträucher sind anzugießen. Nachdem die Pflanzstellen geglättet wurden, werden die Pflanzstreifen dick mit Krummstroh, Laub, Rechheu u. a. bedeckt. Diese Streudecke schützt die Wurzeln vor Frost und hält sie im folgenden Frühjahr feucht, fördert also das Anwachsen und eine kräftige Triebbildung. Dem letztgenannten Zweck dient auch der Rückschnitt der Ruten auf 30 bis 40 cm gleich nach dem Pflanzen.

Abb. 95 Himbeeranlage mit Bodenbedeckung

Bodenpflege

Bodenbearbeitung und Bodenbedeckung

Der außerordentlich flache Wurzelverlauf der Himbeere verbietet jede tiefere Bodenbearbeitung. Angeraten ist nur flaches Hacken oder Grubbern bis 5 cm Tiefe. Besonders wichtig ist sorgfältige **Unkrautbekämpfung,** vor allem Dauer- und Wurzelunkräuter betreffend. Soweit möglich, ist Bodenbedeckung über die ganze Fläche, wenigstens aber über einen Pflanzstreifen von 50 bis 80 cm Breite durchzuführen. Bodenbedeckung mit organischem Material hat sich bei Himbeeren als besonders günstig für die Gesunderhaltung des Bestandes und die Aufrechterhaltung seiner Ertragsfähigkeit erwiesen. Geeignetes Deckmaterial, das dem Gartenfreund zur Verfügung steht, sollte in erster Linie für Himbeeren verwendet werden.

Humusversorgung und Düngung

Durch regelmäßige Bodenbedeckung gelangen die erforderlichen Humusstoffe in den Boden, die zur Erhaltung der Wasser- und Nährstoffkapazität erforderlich sind. Wo Bodenbedekkung nicht möglich ist, ist es notwendig, gut zersetztes organisches Material in einer Menge von jährlich 1,5 bis 2 l je m^2 einzubringen. Vorteilhaft ist es auch, Torf- und Rindenkompost zu Beginn des Winters auszustreuen, als Frostschutz liegen zu lassen und im zeitigen Frühjahr einzuharken.
Um regelmäßige, hohe Erträge zu erzielen, darf auf regelmäßige Nährstoffzufuhr nicht verzichtet werden. Bei jährlichen Kompostgaben sind die im nachstehenden Düngebeispiel genannten Mengen erforderlich.
Bei einer Vorratsdüngung mit Kalium und Phosphor vor der Pflanzung erübrigen sich in den ersten beiden Standjahren Kalium- und Phosphorgaben, und die Stickstoffgaben sind auf 50 bis 60 % zu verringern.
Vom 3. Standjahr an werden 3 Teile der vorgesehenen Stickstoffmenge zur Förderung des Triebwachstums im April, 2 Teile Anfang Juni gegeben. Phosphor- und Kalidünger gibt man vorteilhaft vom Spätsommer ab. Zur Aufrechterhaltung der günstigen schwach sauren Bodenreaktion wird Kalkdünger nur alle 4 Jahre in einer Menge von 1000 g je m^2 während des Winterhalbjahres ausgestreut.

Düngebeispiel für 10 m^2 ertragsfähige Himbeer- und Brombeerpflanzung im einjährigen Düngeturnus

Düngezeitpunkt	Einnährstoffdünger	Volldünger
November/Februar	20 l Komposterde	
September/Februar	160 g Schwefelsaures Kali	–
	120 g Alkalisinterphosphat	–
März/April	160 g Schwefelsaures Ammoniak	300 g Piaphoskan blau-extra
Anfang Juni	50 g Piaphoskan grün	100 g Piaphoskan blau-extra

Dort, wo Bodenbedeckung durchgeführt oder Torf bzw. Rindenkomposte gegeben werden, die nicht mit Nährsalzen angereichert wurden, sind die im Düngebeispiel genannten Mengen um ein Drittel zu erhöhen.
Mineraldünger, die während der Vegetationszeit verabfolgt werden, sollten entweder in Wasser gelöst und mit der Gießkanne verteilt oder ausgestreut werden, worauf anschließend beregnet wird. Auf diese Weise werden sie sofort gelöst und damit wirksam, und von den Blättern werden gleichzeitig staubartige Bestandteile abgespült.

Bewässerung

Auf Grund des sehr flachen Wurzelverlaufs ist die Himbeere gegen Bodentrockenheit besonders empfindlich. Bei Niederschlagsmangel wirkt sich Bewässerung sehr förderlich auf die Pflanzenentwicklung aus, besonders auf leichten Böden. Während der gesamten Vegetationsperiode ist deshalb darauf zu achten, daß den Pflanzen ständig genügend Feuchtigkeit zur Verfügung steht. In Trockenzeiten ist man mit Hilfe der Bewässerung zur Zeit der Fruchtreife in der Lage, Ertragsverluste zu vermeiden. Auch für die Rutenbildung ist nach der Ernte hinreichende Wasserversorgung notwendig. In normalen Jahren ist ab Mitte Mai bis Ende August etwa alle 10 Tage eine Wassergabe erforderlich, auf leichtem Boden auch öfter. Dabei sind wenigstens 15 mm Wasser zu verabreichen.

Schnitt

Beim Pflanzen wird die Rute der Jungpflanzen auf 40 cm eingekürzt. Dadurch werden die Ausbildung von Fruchttrieben verhindert und die Entwicklung von kräftigen Ersatztrieben aus den Basisknospen gefördert. Im Jahr nach dem Pflanzen entstehen je Strauch gewöhnlich 1 bis 3 Ruten, die im folgenden Jahr den ersten Ertrag bringen. Alljährlich sind nunmehr die nachfolgend beschriebenen Pflegearbeiten durchzuführen.
Noch im Laufe des Sommers, unmittelbar nach der Ernte, sind die **abgetragenen, trockenen Ruten** zu entfernen. Hierdurch wird die Entwicklung der jungen Triebe begünstigt und gleichzeitig der Ausbreitung von Krankheiten und Schädlingen vorgebeugt. Bei dieser Arbeit werden auch die zahlreichen, zwischen den Reihen stehenden jungen Ruten beseitigt, da sonst die Anlage völlig zuwachsen würde.
Im Laufe des Winters werden von den in unmittelbarer Nähe des Mutterstocks stehenden **Ersatzruten** die 4 bis 6 kräftigsten ausgewählt (je lfm. Himbeerreihe 10 bis 12 Ruten). Alle übrigen jungen Ruten werden bis zum Boden abgeschnitten, gegebenenfalls für eine Neupflanzung herausgenommen. Ruten, an deren Triebgrund sich violett verfärbte, aufgerissene Stellen befinden, müssen entfernt werden, da sie von der Rutenkrankheit befallen sind. Auch Triebe, die spindelförmige Gallen aufweisen, sind zu beseitigen. In diesen befinden sich Larven der Himbeergallmücke oder der Brombeergallwespe.
Ein **Rückschnitt** der Ruten findet nicht statt, denn die besten und zeitigsten Früchte entwickeln sich an der Triebspitze. Nur wenn sich herausge-

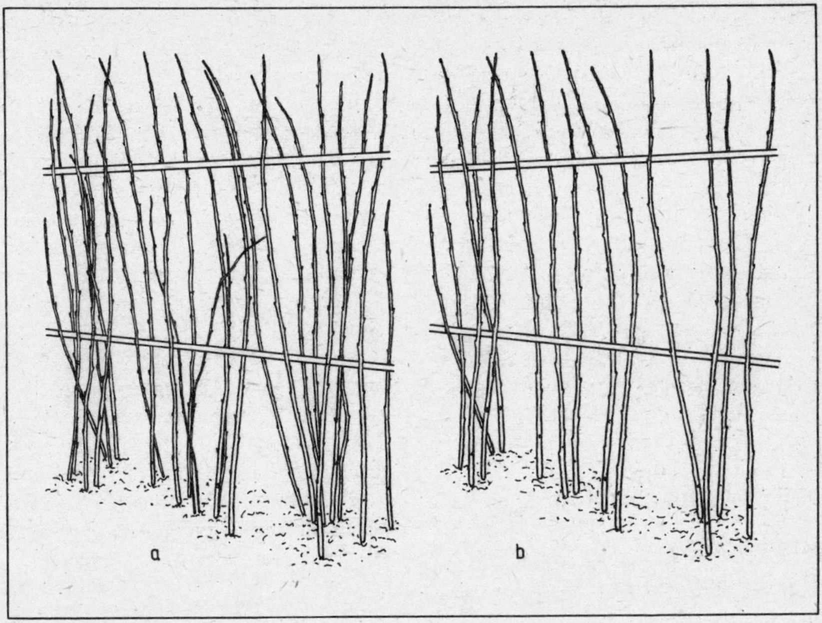

Abb. 96 Vereinzeln der Tragruten, a = vorher, b = nachher

stellt hat, daß die Spitzen unter Frost gelitten haben oder die Spitzenknospen anderweitig geschädigt sind, werden sie bis auf das gesunde Holz zurückgeschnitten.

Schädlinge und Krankheiten und ihre Bekämpfung

Die Himbeere wird von einer ganzen Anzahl Schädlinge und Krankheiten heimgesucht, von denen einige den Ertrag schwer beeinträchtigen können. Von größter Bedeutung ist die Himbeerrutenkrankheit, weil hiervon das Bestehen ganzer Anlagen abhängen kann. Der starke Rückgang der Himbeerbestände ist vor allem auf diese Krankheit zurückzuführen.

Himbeerrutensterben

Ungünstige Bodenverhältnisse, z. B. Trockenheit, begünstigen den Befall durch die Himbeerruten-Gallmücke und zwei Pilze, die das Rutensterben verursachen. Die Pilze dringen in die von der Gallmücke verursachten Verletzungen der Korkschicht ein, die Rinde verfärbt sich blauviolett, und die Ruten sterben unter Abschilferung der Rinde ab. Befallene und abgestorbene Ruten sind umgehend bis zum Erdboden abzuschneiden und zu verbrennen. – Gleichzeitig sind auch die an spindelförmigen Anschwellungen erkennbaren, von der Himbeergallmücke befallenen Ruten zu beseitigen und zu vernichten.

Vorbeugend ist auf ausreichende Wasserversorgung der Anlage zu achten und durch Bodenbedeckung mit lockerem organischem Material für gleichmäßige Bodenfeuchtigkeit zu sorgen. Aufrechterhaltung einer schwach sauren Bodenreaktion, frühzeitige und mäßige Stickstoffversorgung, Lichthalten der Reihen und regelmäßiges, frühzeitiges Beseitigen der abgetragenen Ruten und des überflüssigen schwachen Aufwuchses sind weitere Mittel, dem Gallmückenbefall entgegenzuwirken und die Anlage gesund zu erhalten. Gegen die pilzlichen Erreger sind wiederholte Spritzungen mit einem Kupfermittel ab 20 cm Wuchshöhe zweckmäßig.

Himbeerkäfer

Der Himbeerkäfer verursacht die sogenannte Madigkeit der Himbeeren. Der 4 bis 5 mm lange, hell- bis dunkelbraune Käfer überwintert in der Erde, frißt im Frühjahr zuerst an den Blüten von Weißdorn, Löwenzahn und anderen Frühjahrsblühern und siedelt dann erst zum Reifungsfraß auf die Himbeere über. Hier frißt er vor allem an den Stempeln und Staubgefäßen der Blüten. Ab Juni legt er seine Eier an die jungen Früchte ab. Die gelblichen bis rötlichen Larven fressen im Innern der Früchte, verlassen diese, sobald sie ausgewachsen sind und verpuppen sich im Boden. Eine **Bekämpfung** kann im Knospenstadium durch morgendliches Abklopfen in Gefäße erfolgen, die mit etwas Wasser unter Zusatz von Spülmittel gefüllt sind. Auch die Anwendung von Phosphorinsektiziden zum gleichen Zeitpunkt gegen die aus den Winterquartieren zufliegenden Käfer ist möglich.

Himbeerblütenstecher

Dieser kleine schwarze Käfer ist der gleiche, der bereits als Erdbeerblüten-

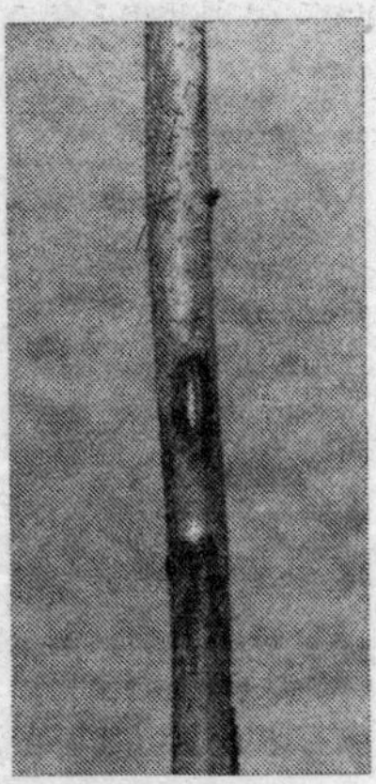

Abb. 97 Schadbild der Himbeerrutenkrankheit

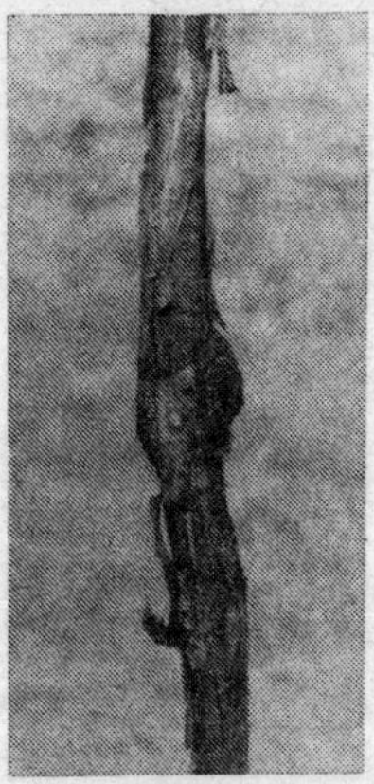

Abb. 98 Von der Himbeerrutengallmücke befallener Trieb

stecher beschrieben wurde. Er verursacht an der Himbeere das gleiche Schadbild wie an der Erdbeere, doch sind die Schäden geringer als dort. Die Bekämpfung erfolgt auf die gleiche Weise wie beim Himbeerkäfer.

Blattläuse

An Himbeeren tritt vor allem die **Kleine Himbeerblattlaus** auf, eine kleine, strohfarbene wirtswechselnde Laus. Ihr Schadbild sind Blattnester aus nach unten eingerollten Blättern an der gestauchten Triebspitze, meist an der Rutenspitze. Nachteiliger als die so verursachte Wachstumshemmung ist die von ihr bewirkte Übertragung von Viruskrankheiten. Durch Einbeziehung der Himbeeranlage in die Austriebsspritzung können Blattläuse hinreichend bekämpft werden.

Viruskrankheiten und Mykoplasmosen

Auch an Himbeeren bewirken Viren Störungen der Blattgrünbildung und Veränderungen der Blattgestalt.
Vor allem das Himbeermosaik, eine Viruskrankheit, und die Verzwergungskrankheit, eine Mykoplasmose, führen zu deutlich sichtbaren Veränderungen im Aussehen und Wuchsverhalten. Das **Himbeermosaik** bewirkt an den Blättern gelbliche Mosaikfleckung, Aufhellungen längs der Blattadern und Kräuselungen. Hexenbesenartige Anhäufung von zahlreichen dünnen Austrieben und Kurzbleiben der Seitentriebe sind das Befallsbild der **Verzwergungskrankheit** (Rubus-Stauche). Erkrankte Pflanzen sind umgehend zu roden und zu verbrennen.

Abb. 99 Himbeerfruchtstand; zu erkennen ist der unterschiedliche Reifegrad der Beeren

Ernte der Himbeeren

Himbeeren beginnen Ende Juni/Anfang Juli zu reifen. Sie sind vollreif, wenn die Früchte völlig dunkel gefärbt sind und sich leicht vom Kelch lösen lassen. Nur bei voller Reife haben sie ihre höchste Güte erreicht, müssen dann aber umgehend gepflückt werden. Überreife Beeren werden schnell unansehnlich, trocknen ein und fallen ab.
Wie Erdbeeren reifen Himbeeren folgernd und müssen deshalb alle 2 bis 3 Tage durchgepflückt werden. Dabei dürfen sie nicht gedrückt werden; sie sind vorsichtig ohne Stiel abzuzupfen. In die Erntegefäße sind sie vorsichtig und nicht zu hoch zu legen. Die schönsten Früchte wird man extra pflücken und roh genießen. Können die Himbeeren nicht sofort verarbeitet werden, sind sie möglichst in den frühen Morgenstunden zu ernten, solange die Früchte noch kühl sind. Warm geerntete, auch feuchte Beeren

verlieren schnell an Aussehen und verderben schnell.

Himbeersorten

Himbeeren werden in erster Linie zur Saft- und Sirupgewinnung angebaut, erst danach als Naschfrucht und zur Marmeladen- und Kompottbereitung. In Anbetracht der ziemlich übereinstimmenden Reifezeit genügt es, die für die gegebenen Standort- und Anbaubedingungen am besten geeignete Sorte zu wählen.

Bulgarski Rubin

Reife: Ende Juni, Anfang Juli.
Frucht: Groß, stumpf-kegelförmig, mittel- bis dunkelrot, angenehm süßsäuerlich, vollreif aromatisch, saftig; für alle Zwecke.
Strauch: Wächst stark bis sehr stark, aufrecht, die jungen kräftigen Ruten tragen sich selbst, Anbau ohne Stützgerüst möglich; Ertrag hoch; nicht widerstandsfähig gegen Rutenkrankheit.
Ansprüche: Ziemlich anspruchslos, gedeiht gut auf mittelschweren bis schweren, humosen, mäßig feuchten Böden; verträgt keine Sommertrockenheit.

Zeva 2

Reife: Mittelfrüh, Anfang Juli.
Frucht: Mittelgroß bis groß, rundlich, leuchtend dunkelrot; ziemlich fest, angenehm süßsäuerlich mit ausgeprägtem Himmbeeraroma; für alle Zwecke.
Strauch: Wächst stark bis sehr stark, mit langen Ruten, Stützgerüst erforderlich; Ertrag hoch bis sehr hoch, höher als bei 'Bulgarski Rubin'; widerstandsfähig gegen Rutensterben.
Ansprüche: Anspruchslos, für alle Böden.

Schönemann

Reife: Spät, Anfang bis Mitte Juli.
Frucht: Groß bis sehr groß, lang-kegelförmig, dunkelrot; fest, säuerlich, wenig aromatisch; dunkler Saft, deshalb vor allem zur Saftbereitung.
Strauch: Wächst mittelstark bis stark, mit langen, z. T. überhängenden Ruten, Stützgerüst erforderlich; Ertrag mittel bis hoch; regelmäßig; widerstandsfähig gegen Rutensterben und Verzwergungskrankheit.
Ansprüche: Anspruchslos, auch für leichte, sandige Böden geeignet.

Brombeeren

Wirtschaftliche Bedeutung

Trotz ihres Wohlgeschmacks und ihrer vielseitigen Verwendbarkeit ist die Brombeere mit weniger als 1 % am flächenmäßigen **Bestand** des Strauchbeerenobstes beteiligt. Als Ursachen hierfür können die mangelnde Widerstandsfähigkeit der Kultursorten gegen tiefe Wintertemperaturen sowie die Schwierigkeiten angesehen werden, den Schnitt der starkwachsenden, berankenden Sorten zu beherrschen, besonders in Anbetracht ihrer vielfach starken Bewehrung.

Der **Ertrag** der Brombeere setzt mit dem 3. Standjahr ein und ist hoch und sicher, wenn keine Winterfrostschäden an den Tragruten auftreten.

Die z. T. sehr aromatischen Früchte eignen sich sowohl für den Rohgenuß als auch für die Verarbeitung zu Saft, Süßmost, Marmelade und Gelee sowie zur Konservierung.

Herkunft und botanische Besonderheiten

Die Brombeere gehört zur Gattung *Rubus* aus der Familie der Rosengewächse (*Rosaceae*). Sie ist in zahlreichen Arten in der gesamten nördlich gemäßigten Zone beheimatet. Bei uns finden wir sie wild an sonnigen Stellen der Waldblößen, an Waldrändern, auf Kahlschlägen, Heide- und Ödlandflächen. Bis auf die Sorte 'Theodor Reimers' stammen die Kultursorten sämtlich von nichtheimischen Arten ab. Die bei uns angebauten Sorten werden unter der Bezeichnung *Rubus fruticosus* zusammengefaßt.

Die Brombeere ist ein sommergrüner, z. T. auch wintergrüner **Schößlingsstrauch** mit teilweise stark bewehrten Langtrieben. Aus den Erneuerungsknospen an der Strauchbasis sowie aus Wurzelschossen und unterirdischen Ausläufern entwickeln sich jährlich neue **Langtriebe**, die bei aufrechtwachsenden Sorten bis 2 m lang, bei niederliegenden, sogenannten rankenden Sorten mehrere Meter lang werden. Eine Besonderheit der niederliegenden Sorten ist die Bildung von **Geiztrieben**, d. h. Austrieben von Beiknospen der Achselknospen noch in der gleichen Vegetationsperiode. Aus den Achselknospen der Langtriebe, den Tragruten, gehen im folgenden Jahr Kurztriebe hervor, die in einem beblätterten **Blütenstand** enden. Weitere Blütenstände entstehen im Laufe des Sommers aus den Seitenknospen der Geiztriebe sowie der diesjährigen Kurztriebe. Diese Erscheinung ist u. a. die Ursache für die lange Blüh- und Reifezeit. Nach dem Ertrag sterben bei aufrechtwachsenden Sorten die Tragruten ab, während sie bei niederliegenden Sorten unter bestimmten Umständen einige Jahre am Leben bleiben können, aber nur schwache fruchtende Kurztriebe hervorbringen.

Die **Bewehrung** besteht aus kräftigen, z. T. gebogenen Stacheln, die in fünf Reihen angeordnet sind. Die Blätter sind glatt und handförmig geteilt. Die **Bewurzelung** ist sehr intensiv, weitreichend und geht ziemlich tief. Das durchschnittliche Alter der Sträucher beträgt etwa 15 bis 20 Jahre.

Der **Austrieb** erfolgt ziemlich zeitig, die Blüte spät, ab Mitte Mai, so daß keine Gefährdung durch Spätfrost besteht. Die Blüten sind zu rispigen Blü-

Abb. 100 Blütenstand einer Brombeere

tenständen vereinigt. Form und Ausbildung der Blüte und des Blütenstandes sowie der Frucht sind im „Allgemeinen Teil" beschrieben. Die Einzelblüten eines Blütenstandes blühen folgernd auf, zuerst die oberste, gefolgt von den obersten der Seitenäste, von oben nach unten fortschreitend. Diese Verzögerung setzt sich auch während der Fruchtreife fort. Die **Frucht** ist eine Sammelsteinfrucht. Der zapfenförmige Blütenboden löst sich bei der Reife vom Kelch und verbleibt in der Frucht.

Ansprüche an den Standort

Auf Grund ihrer Herkunft bedarf die Brombeere einer warmen, sonnigen, windgeschützten **Lage**, die eine gute Holzreife gewährleistet. Unausgereifte Triebe sind gegen tiefe Wintertemperaturen empfindlich, besonders in windigen Lagen. Spätfrostschäden sind wegen der späten Blüte nicht zu erwarten, Frostlagen jedoch unbedingt zu meiden.

Die **Bodenansprüche** sind, je nach Sorte, recht unterschiedlich. Die aufrechtwachsenden Sorten verlangen einen mittelschweren bis schweren, nährstoffreichen und genügend feuchten Boden. Stagnierende Nässe wird nicht vertragen. Rankende Sorten gedeihen auch auf leichteren und trokkeneren Böden und vertragen längere Trockenheit, die sich im Spätsommer und Frühherbst vorteilhaft auf Triebabschluß und Holzreife auswirken kann. Die Bodenreaktion soll schwach sauer bis neutral sein.

Eingliederung in den Garten

Brombeeren sind in gleicher Weise in den Garten einzugliedern wie Himbeeren. Der geringe Anteil am Bestand führt meist zur Pflanzung entlang der Grundstücksgrenze. Wichtig ist hier vor allem, daß der Abstand von der Grenze so weit gewählt wird, daß einer Verunkrautung wirksam entgegengearbeitet werden kann. Der oft gewählte Anbau als Grenzpflanze unmittelbar am Zaun bietet zwar einen guten Schutz, führt aber zwangsläufig zur Vernachlässigung und zu Ertragseinbußen und oft zu Ärger mit dem Nachbarn.

Pflanzung

Vorbereitung des Bodens

Die Bodenvorbereitung bei aufrechtwachsenden Sorten wird in gleicher Weise wie bei Himbeeren vorgenommen. Bei rankenden Sorten genügt es gewöhnlich, wegen der wenigen, auf große Abstände zu setzenden Pflanzen nur Pflanzgruben vorzubereiten. Der Boden der Pflanzstellen wird im

Abb. 101 Brombeerhecke an einem Drahtspalier nach dem Auslichten und Freischneiden im Nachwinter

Umfang von 60 bis 100 cm im Quadrat 30 cm tief ausgehoben, auf 50 cm Tiefe gelockert. Beim Zufüllen wird reichlich Torf sowie eine Vorratsdüngung von 1000 g Phosphordünger und 500 g schwefelsaurem Kali zugesetzt. Danach ist der Boden anzutreten.

Beschaffung des Pflanzgutes und Vermehrung

Die Brombeere sollte zeitig im Herbst oder im Frühjahr gepflanzt werden. **Pflanzen mit Topfballen**, die bei rankenden Sorten mitunter angeboten werden, können jederzeit gesetzt werden. Pflanzware sollte am Wurzelhals einen Durchmesser von wenigstens 10 mm aufweisen, und die Ruten sollen bei aufrechtwachsenden Sorten 80 cm, bei rankenden Sorten 40 cm lang sein. Ballenlose Pflanzen müssen gut bewurzelt sein und eine gut entwickelte Basisknospe haben.

Wie Himbeeren entwickeln aufrechtwachsende Brombeersorten **Wurzelschosse** – allerdings nicht so reichlich wie jene –, die als Jungpflanzen verwendet werden können. Durch eine gute Kompostgabe im Frühsommer, die flach eingearbeitet wird, kann die Ausbildung, insbesondere die Bewurzelung der Jungpflanzen gefördert werden. Die erforderlichen Jungpflan-

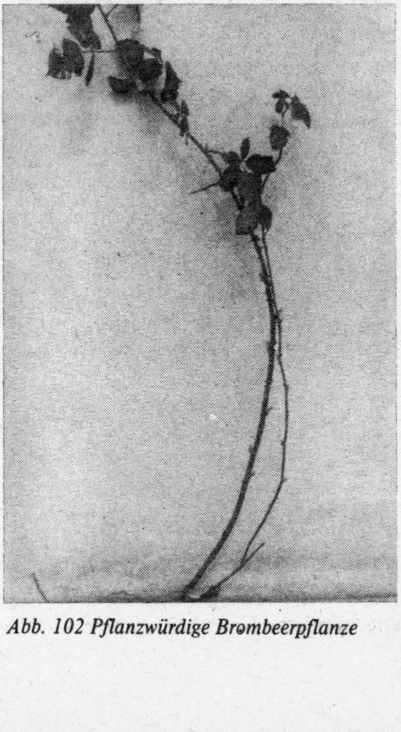

Abb. 102 Pflanzwürdige Brombeerpflanze

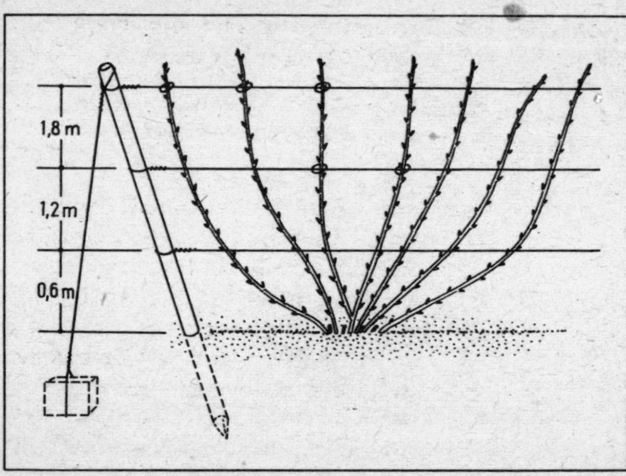

Abb. 103 Stützgerüst für Brombeeren

zen nimmt man erst unmittelbar vor dem Pflanzen unter weitgehender Schonung der Wurzeln heraus.

Von den rankenden Sorten benötigt man wegen ihres erheblichen Standraumes gewöhnlich nur wenige Jungpflanzen. Man macht sich zu ihrer Gewinnung die Eigenschaft der Brombeere zunutze, an noch unverholzten **Triebspitzen** leicht **Wurzeln** zu **bilden**. Hierzu legt man die entsprechende Anzahl Ruten herunter und steckt die Triebspitzen vorsichtig in eingeschlagene Töpfe fest, die zuvor mit einem Gemisch von Landerde, Komposterde und Torf gefüllt wurden. Die Triebspitzen sind mit etwas Erde zu bedecken. Danach sind sie feucht zu halten. Bis zum Herbst haben sie sich bewurzelt und können von der Rute getrennt werden. Die Töpfe mit den Jungpflanzen schlägt man an einem geschützten Platz ein, bedeckt sie über Winter mit Laub und kann sie vom Herbst des nächsten Jahres an nach Belieben verwenden.

Festlegen der Pflanzweiten und Pflanzstellen

Bei der Festlegung der Pflanzweiten ist zwischen aufrechtwachsenden und rankenden Sorten zu unterscheiden. Für aufrechtwachsende Sorten ist ein **Abstand in der Reihe** von 100 bis 150 cm zu wählen, bei mehreren Reihen etwa 250 cm. Rankende Sorten sind wesentlich starkwüchsiger und benötigen einen Abstand in der Reihe von 300 bis 400 cm, je nach Bodengüte. Der Abstand von der Grundstücksgrenze sowie von Nachbarkulturen ist auf wenigstens 150 cm zu bemessen.

Brombeeren sollten in jedem Fall ein **Stützgerüst** erhalten, da so Pflege und Ernte erleichtert, bei rankenden Sorten überhaupt erst möglich sind. Das Gerüst wird aus stabilen und dauerhaften Pfählen errichtet, die einzeilig im Abstand von 300 bis 400 cm gesetzt werden. Es soll 160 bis 180 cm hoch sein. Als Spalierdraht wird ein

3-mm-Spanndraht bei etwa 60, 110 und 160 cm Höhe gezogen. Er muß mittels Spannschlössern straff gespannt werden, da fast die volle Last der Sträucher auf ihnen ruht.
Das Drahtspalier wird nach dem Einmessen der Pflanzreihen errichtet, und zwar noch vor dem Pflanzen. Danach sind die Pflanzstellen zu markieren.

Durchführung der Pflanzung

Vor dem Pflanzen werden überlange Wurzeln mit einer scharfen Schere auf etwa 30 cm eingekürzt, beschädigte stärkere Wurzeln bis ins gesunde Holz zurückgeschnitten und abgestochene Wurzeln glattgeschnitten.
Zum Pflanzen heben wir nur soviel Erde aus, daß alle Wurzeln bequem in den Boden kommen. Den Aushub verbessern wir sodann mit einem Teil Komposterde oder Torf. Damit werden die Wurzeln gut umfüttert. Die am Wurzelhals befindlichen Erneuerungsknospen sind unbedingt zu schonen. Die Ruten setzen wir so tief, daß die Basisknospen 5 bis 10 cm hoch mit Erde bedeckt sind. Danach ist die Erde anzutreten, die Pflanzen erhalten einen Gießrand und werden reichlich angegossen.
Bei **Pflanzen mit Topfballen** ist im Prinzip genau so zu verfahren, jedoch ist der Topf bzw. die Plasthülle zuvor zu entfernen und das Antreten ist zu unterlassen. Vor dem Pflanzen ist der Erdballen gut zu durchfeuchten.
Nach dem Pflanzen wird die Pflanzstelle geglättet und mit einer 10 cm dicken Streudecke aus Stallmist, Krummstroh o. ä. versehen. Diese Decke bietet den Pflanzen über Winter einen hervorragenden Frostschutz und fördert das Anwachsen.

Bodenpflege

Bodenbearbeitung und Bodenbedeckung

Des flachen Wurzelverlaufs der Brombeere wegen ist jede tiefere Bodenbearbeitung, besonders bei aufrechtwachsenden Sorten, zu unterlassen. Deshalb beschränken wir uns darauf, den Boden während des Sommerhalbjahres wiederholt flach zu hacken und zu grubbern. Beides dient der Lockerung der obersten Bodenschicht und der Unkrautbekämpfung. Günstig ist es, die Pflanzscheibe möglichst dauernd mit einer lockeren Streudecke zu versehen. Zumindest sollte die Strauchbasis zum Winter hin mit einem lockeren Gemisch aus Laub und Staudenabfällen bedeckt werden, um sie gegen Winterfröste zu schützen.

Humusversorgung und Düngung

Regelmäßige **Humusversorgung** wirkt sich auch bei Brombeeren sehr günstig auf Wachstum und Ertrag aus. Wo die Pflanzscheibe über Winter keine Streudecke erhalten kann, werden wir die jährlich vorzusehende Kompost- oder Torfgabe von etwa 1 bis 2 l/m^2 im Spätherbst aufbringen und damit die Strauchbasis bedecken. Ab Ende März kann dann dieses Material mit der Harke abgezogen, gleichmäßig verteilt und mit dem Grubber flach eingearbeitet werden. Die **Düngung** ist in gleicher Weise und in gleicher Höhe wie bei Himbeeren vorzunehmen. Um einen rechtzeitigen Triebabschluß und gute Holzreife, die Voraussetzung für ausreichende Winterfestigkeit, zu erreichen, sind Stickstoff- und Mehrnährstoffdünger keinesfalls später als zum angegebenen Zeitpunkt zu verabreichen.

Bewässerung

Zusätzliche Wassergaben wirken sich vor allem bei den anspruchsvollen und flacher wurzelnden aufrechtwachsenden Sorten förderlich auf Wachstum und Fruchtentwicklung aus. Im allgemeinen genügen auf geeigneten Standorten ab Anfang Juni bis Ende Juli 3 bis 4 Wassergaben in einer Höhe von 10 bis 15 mm. Weitere Wassergaben sind nur bei extremer Trokkenheit nötig. Ab August sollte jede zusätzliche Bewässerung unterbleiben, um die Holzreife der Jungtriebe nicht zu verzögern und ihre Frosthärte dadurch zu beeinträchtigen. Rankende Sorten benötigen nur auf sehr leichten Böden und bei großer Sommertrockenheit einige Wassergaben. Die Gefahr, durch zuviel Feuchtigkeit die Ausreife des Holzes zu beeinträchtigen, ist hier noch größer als bei aufrechtwachsenden Sorten.

Schnitt

Während sich bei aufrechtwachsenden Sorten der Schnitt, wie bei Himbeeren, auf das rechtzeitige Beseitigen überflüssiger und das Entfernen abgetragener Ruten beschränkt, ist bei rankenden Sorten eine verhältnismäßig aufwendige Sommerarbeit nötig.
Im Frühjahr **nach dem Pflanzen** werden die Ruten der Jungpflanzen auf je eine reduziert und diese auf 4 bis 6 Knospen über dem Erdboden zurückgeschnitten. Die Ausbildung kräftiger Ersatzruten aus den Erneuerungsknospen an der Rutenbasis wird dadurch wesentlich gefördert. Diese neugebildeten Ruten, im ersten Standjahr gewöhnlich 1 bis 3, werden alsbald einzeln an das Drahtspalier geheftet. An ihnen entstehen im folgenden, also im 2. Standjahr, bereits einige fruchtbare Nebentriebe. Gleichzeitig entwickeln sich weitere **Ersatzruten** aus der Strauchbasis. Diese werden sobald als möglich fächerförmig am Spalier verteilt und einzeln angebunden. Das Anbinden ist mehrmals zu wiederholen. Im Laufe des folgenden Winters werden die abgetragenen vorjährigen Ruten dicht über dem Boden abgeschnitten und beseitigt. Ende März sieht man die verbliebenen Ersatzruten durch und entfernt bis auf die 4 bis 6 besten alle schwächeren, beschädigten und überzähligen dicht am Boden.
In gleicher Weise ist in den folgenden Jahren zu verfahren. Schwacher Aufwuchs an der Strauchbasis sowie zwischen den Reihen ist bereits während des Sommers zu beseitigen. Die Anzahl der Tragruten kann im Laufe der Zeit auf 6 bis 9 erhöht werden.
Über diese allgemein notwendigen Maßnahmen hinaus ist bei manchen rankenden Sorten ein **Sommerschnitt** erforderlich. Die sich in den Blattachseln der Tragruten bildenden Geiztriebe beeinträchtigen bei ungehinderter Entwicklung die Ausbildung der Blütenknospen sowie den Ertrag des gleichen Jahres, abgesehen davon, daß das entstehende Triebgewirr Pflege und Ernte erschwert. Sobald deshalb die Geiztriebe eine Länge von 30 bis 40 cm erreicht haben, werden sie auf 1 bis 2 Knospen zurückgeschnitten.

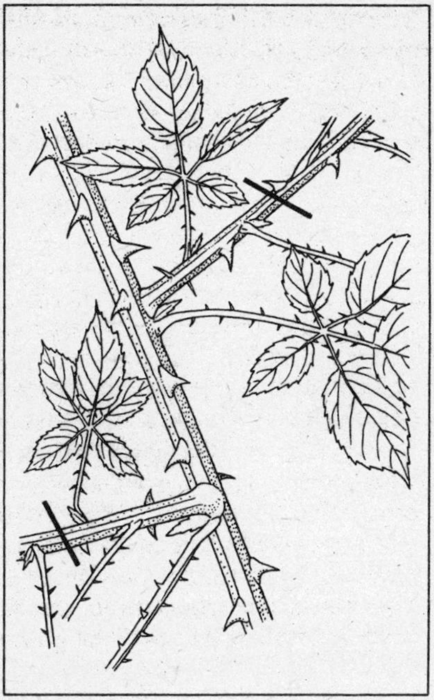

Abb. 104 Rückschnitt von Geiztrieben der Brombeere

Nochmaliger Austrieb wird gelegentlich auf 1 Knospe pinziert, sonst im Winter zurückgeschnitten.
Die **abgetragenen Tragruten** der rankenden Sorten schneidet man sofort nach der Ernte, noch vor dem Laubfall, dicht über dem Boden ab, entfernt sie jedoch nicht, sondern beläßt sie am Spalier. Mitsamt den angetrockneten Blättern bieten sie einen gewissen Winterschutz für die Ersatzruten. Ausgangs des Winters werden sie stückweise herausgeschnitten. Danach werden die **künftigen Tragruten** ausgewählt und gleichmäßig am Spalier verteilt und angebunden. Die Ruten schneidet man grundsätzlich nicht zurück. Zu lange Ruten bindet man bogenförmig herunter, nur beschädigte, erfrorene und zurückgetrocknete Triebspitzen werden entfernt.
Durch das **Aufbinden der Ersatzruten** sowie den Sommerschnitt sorgen wir für eine gute Belichtung der Sträucher und fördern sowohl die Ausbildung kräftiger Blütenknospen als auch das Ausreifen des Holzes und somit die Winterfestigkeit.
Die starke Bewehrung der Ruten vieler Sorten läßt es angeraten erscheinen, bei den Schnittarbeiten dicke Lederhandschuhe anzuziehen.

Schädlinge und Krankheiten und ihre Bekämpfung

Die Brombeere wird nur von wenigen wirtschaftlich bedeutsamen Krankheiten und Schädlingen befallen. Es ist aber auf jeden Fall günstig, die Brombeersträucher in die allgemeinen Pflanzenschutzmaßnahmen im Obstgarten einzubeziehen.

Milben

An Brombeeren werden mitunter empfindliche Saugschäden durch Spinn- und Gallmilben hervorgerufen. Der Befall ist an hellen, fleckenförmigen Blattverfärbungen erkennbar. Eine gesonderte Bekämpfung ist nicht nötig, da Austriebsspritzung und Blattlausbekämpfung mit Phosphorinsektiziden, z. B. Bi 58 EC, auch die Milben erfassen.
Eine Brombeergallmilbe schädigt durch Besaugen der Früchte, die sich rötlich verfärben und nicht ausreifen. Befallene Fruchtstände sollte man abschneiden und verbrennen. **Bekämpfung** mit chemischen Mitteln erfolgt

bei ständigem Befall durch wiederholte Behandlungen mit dem Akarizid „Fentoxan". Die erste Spritzung ist bei einer Seitentrieblänge von 10 bis 20 cm, die zweite etwa 14 Tage später und die dritte während der Vollblüte durchzuführen.

Brombeerrutenkrankheit

Wenn sich im Frühjahr die Blätter der fruchtenden Nebentriebe verfärben und die Blütenstände und Fruchtansätze welk werden und vertrocknen, so deutet dies auf einen Befall mit der Brombeerrutenkrankheit hin. An den jungen Ruten führt der Befall oft zur Bildung bräunlicher, rot umrandeter Flecken, zum Verfärben der ganzen Rute und zum Absterben an der Spitze. Die ersten Anzeichen der Krankheit zeigen sich im Sommer des Vorjahres an stecknadelkopfgroßen, intensiv grünen, dann rötlichen Flekken am Grunde der Ruten.
Bekämpfung ist möglich durch zweimalige Behandlung mit Kupfermitteln, z. B. „Spritz-Cupral 45", Ende April und Mitte Juni.

Anschwellungen und Wucherungen an den Ruten

Einzelne oder mehrere rundliche, runzlige oder glatte Anschwellungen rühren vom Befall mit der Himbeergallmücke bzw. der Brombeergallwespe her. In den Gallen leben jeweils mehrere rötliche bzw. weiße Larven der Insekten in mehreren Kammern. Der Befall schränkt die Wasser- und Nährstoffzufuhr ein und mindert den Ertrag. Gleiche Wirkung hat der Befall mit dem Erreger des Wurzelkropfes der Obstgehölze. An den basalen Rutenteilen sowie an Ruten, die am Boden liegen, führt er zu Wucherungen mit warziger oder zerklüfteter Oberfläche.
Die **Bekämpfung** erfolgt, indem die geschädigten Ruten sofort nach dem Erkennen des Befalls abgeschnitten und verbrannt werden.

Mykoplasmosen

Die bei den Himbeeren beschriebene Verzwergungskrankheit befällt besonders die Brombeere und ruft hier das gleiche Befallsbild hervor. Erkrankte Pflanzen gehen im Verlauf weniger Jahre ein. Sobald der Befall sicher erkannt ist, müssen die betroffenen Sträucher umgehend gerodet und verbrannt werden.

Ernte der Brombeeren

Die Fruchtreife der Brombeeren beginnt Ende Juli/Anfang August. Sie erstreckt sich bei aufrechtwachsenden Sorten auf 4 Wochen, bei rankenden Sorten auf 8 bis 10 Wochen. Vollreife ist daran zu erkennen, daß die Früchte völlig dunkel gefärbt und weich sind und sich der Boden des Fruchtzapfens violett verfärbt hat. Erst zu diesem Zeitpunkt haben sie ihr volles Aroma erreicht.
Zur Konservierung bestimmte Früchte können bereits vor voller Reife geerntet werden, wenn zwar die Frucht schon ausgefärbt, der Boden des Fruchtzapfens aber noch weiß ist. Für den Frischverzehr und alle übrigen Verarbeitungszwecke, wie Saft-, Marmeladen- und Geleebereitung, können sie auch etwas überreif sein; sie sind dann besonders weich, süß und wohlschmeckend.

Brombeeren reifen folgernd und sollten etwa alle 4 bis 5 Tage durchgepflückt werden. Dabei dürfen sie nicht gedrückt werden. Sie sind vorsichtig abzuzupfen und in die Erntegefäße zu legen. Da Brombeeren vollreif stark saften, sind sie zweckmäßigerweise in geschlossene Behälter – Büchsen, Schüsseln, Eimer – zu sammeln und ggf. umzufüllen.
Geerntete Brombeeren können, sofern sie trocken und nicht zu warm gepflückt wurden, einige Zeit aufbewahrt werden. Überreife Beeren müssen sofort angerichtet oder verarbeitet werden.

Brombeersorten

Brombeeren sind in gleicher Weise zum Frischverzehr wie für alle Verarbeitungsformen geeignet. Im Haushalt des Gartenfreundes wird man sie in Anbetracht der langen Erntezeit vorwiegend frisch verwenden. Am wohlschmeckendsten, aromatischsten und am besten für den Verzehr als Rohware, Konserve und Marmelade geeignet sind die rankenden Sorten.

Wilsons Frühe

Reife: Früh, Ende Juli, bis Ende August anhaltend.
Frucht: Klein bis mittelgroß, rundlich bis hochrund, glänzend schwarz; süßlich, wenig aromatisch bis fad, Samen beim Verzehr störend.
Strauch: Wächst mittelstark bis stark, aufrecht bis schräg aufrecht, viele Wurzelschosse; Ruten schwach bewehrt, im Winter dunkel weinrot, bereift; Ertrag sehr hoch, regelmäßig; widerstandsfähig gegen Winterfrost.
Ansprüche: Verlangt mittleren bis schweren, nährstoffreichen, genügend feuchten Boden, verträgt keine Trokkenheit.

Abb. 105 Fruchtstand einer Brombeere

Theodor Reimers

Reife: Spät, Anfang August, bis Oktober anhaltend.
Frucht: Mittelgroß bis groß, rundlich, glänzend schwarz; sehr saftig, erfrischend säuerlich, aromatisch, vollreif sehr süß, Samen beim Genuß kaum störend.
Strauch: Wächst sehr stark, überhängend kriechend, keine Wurzelschosse; Ruten stark bewehrt, stumpf grün, sonnenwärts gerötet; Ertrag hoch und sicher, wenn keine Winterfrostschäden auftreten, Ruten nicht frosthart.

Ansprüche: Wenig anspruchsvoll an Boden und Düngung, gedeiht auch auf leichten Böden recht gut und verträgt länger anhaltende Trockenheit.

Thornfree

Reife: Sehr spät, ab Ende August.
Frucht: Groß, kegelförmig, glänzend schwarz; saftig, erfrischend säuerlich, aromatisch, vollreif süß, Samen beim Genuß nicht störend.
Strauch: Wächst stark bis sehr stark, überhängend kriechend, keine Wurzelschosse; Ruten stachellos, keine Geiztriebe, im Winter stumpf; Ertrag hoch.

Gartenheidelbeere

Wirtschaftliche Bedeutung

Die Gartenheidelbeere ist am Bestand des Strauchbeerenobstes nur in sehr geringem Umfang beteiligt. Die Einführung in den Garten begann bei uns erst vor wenigen Jahren. Einer Anbauausdehnung stehen die speziellen Bodenansprüche entgegen. Ihr Wohlgeschmack und ihre vielseitige Verwendbarkeit – sie ist für den Frischverzehr und alle Verarbeitungsformen geeignet – wird ihr dennoch einen Platz in unseren Gärten sichern.

Herkunft und botanische Besonderheiten

Die Heidelbeere gehört zur Gattung *Vaccinium* der Heidekrautgewächse (*Ericaceae*). Diese Gattung ist über die gesamte nördliche Halbkugel mit Ausnahme der afrikanischen Hochgebirge verbreitet. Ihr wichtigster heimischer Vertreter ist die Waldheidelbeere. Sie wird als Wildfrucht in beachtlichen Mengen gesammelt.
Die Sorten der Gartenheidelbeere stammen ausschließlich von nordamerikanischen Arten wie *Vaccinium corymbosum, V. australe* und *V. lamarkii* bzw. ihren Kreuzungen ab. Dabei spielt die nordamerikanische Blaubeere (Blueberry) (*Vaccinium corymbosum*) die wichtigste Rolle. Im Unterschied zu unserer Waldheidelbeere (*Vaccinium myrtillus*) hat sie helles Fruchtfleisch und keinen färbenden dunklen Saft.
Die Gartenheidelbeere ist ein **sommergrüner Strauch** von sehr verschiedenartigem Wuchs. Abhängig von der Sorte bildet sie straff aufrecht wach-

sende bis breit ausladende oder flach wachsende Büsche. Die Äste sind schwach, fein verzweigt und ergänzen sich vorzugsweise durch Erneuerungstriebe aus der Strauchbasis und durch Wurzelschosse. Blütenknospen bilden sich sowohl an den Spitzen kräftiger Langtriebe als auch an schwächerem Seitenholz, vorzugsweise in der Spitzenregion der Sträucher. Die Blätter sind wesentlich größer als bei der Waldheidelbeere, ganzrandig und oval zugespitzt. Die **Bewurzelung** ist intensiv und verläuft sehr flach. Das durchschnittliche Alter des Strauches beträgt bei uns 20 bis 25 Jahre.

Der **Austrieb** erfolgt verhältnismäßig spät; die Blüte erscheint Mitte Mai bis Anfang Juni und dauert mehrere Wochen. Die Form und Ausbildung der Blüte sind im „Allgemeinen Teil" beschrieben. Die **Blütenstände** sind kurze Trauben. Als erste Blüte blüht die jeweils basisnächste auf, am spitzennächsten Blütenstand eines Triebes beginnend. Die hierdurch eintretende Verzögerung setzt sich bis zur Fruchtreife fort. Die **Frucht** ist eine einfächrige Beere von meist runder, abgeplatteter Form mit einem Durchmesser von etwa 15 mm. Ihre Haut ist blau, mit einer haltbaren weißen Wachsschicht versehen. Das Fruchtfleisch ist hell, der Geschmack süßsäuerlich bis sehr aromatisch.

Ansprüche an den Standort

Die **Klimaansprüche** der Gartenheidelbeere sind mäßig und stimmen mit denen der roten Johannisbeere überein. Sie verlangt einen mäßig warmen, etwas windgeschützten Standort. Halbschatten wird vertragen, doch werden im Unterschied zur Waldheidelbeere höchste Ertragsleistungen nur in sonnigen Lagen erzielt. Allerdings können sehr hohe Sommertemperaturen zu Hitzeschäden führen. Die Frosthärte von Holz und Blüte ist hoch. Blütenfrostschäden sind auf Grund der späten Blütezeit nicht zu erwarten. Dagegen können starke Fröste vor Ende Oktober zu Schäden am jungen Holz führen.

Die **Bodenansprüche** gleichen denen der Waldheidelbeere. Sie sind so speziell, daß allgemeiner Anbau kaum in Frage kommt. Die Gartenheidelbeere braucht einen nährstoffarmen, lockeren, humusreichen, sich leicht erwärmenden Boden von stark saurer Reaktion (*p*H 4,3 bis 4,8), wie sie für Heide-, saure Wald- und Hochmoorböden kennzeichnend ist. Trockenheit verträgt sie nicht. Während der Vegetationszeit ist gleichmäßige, jedoch nicht stauende Feuchtigkeit erforderlich. Hoher Grundwasserstand wird vertragen.

Eingliederung in den Garten

Gartenheidelbeeren werden ausschließlich als Büsche angebaut. Ihre speziellen Ansprüche an den Boden und die sich daraus ergebenden Bodenvorbereitungen schränken die Anbaumöglichkeiten und den Anbauumfang ein. Andererseits bieten Gartenheidelbeeren durch ihren hohen Zierwert, besonders durch Fruchtbehang und herbstliche Laubfärbung, die Möglichkeit, sie als freistehende Gruppe sowie im Verband mit anderen Moorbeetpflanzen in den Wohngarten einzugliedern. Hier sind auch ihre speziellen Bodenansprüche auf

Abb. 106 Busch der Gartenheidelbeere (Sämling)

die Dauer am besten zu erfüllen. Ähnlich wie Stachelbeerstämmchen eignen sie sich auf Grund ihrer Zierwirkung als Verbindungspflanzung zwischen Wohn- und Nutzteil des Gartens.

Pflanzung

Vorbereitung des Bodens

Die speziellen Ansprüche der Gartenheidelbeere an den Boden erfordern in jedem Fall eine besondere Bodenvorbereitung; nur in den seltensten Fällen stimmen Bodenreaktion und Humusgehalt mit den Ansprüchen überein. Die meisten Böden sind nicht sauer und humos genug und weisen nicht den **erforderlichen *p*H-Wert** von höchstens 4,8 auf. Gelingt es nicht, die entsprechenden Verhältnisse zu schaffen, kann mit einem Erfolg des Anbaues nicht gerechnet werden. Schnell beginnen die Pflanzen zu kränkeln, das Laub bleibt klein, vergilbt bald, das Wachstum geht zurück, erlischt bald ganz, und der Strauch geht ein.

Am einfachsten lassen sich die erforderlichen Bedingungen auf leichten, anmoorigen, zur Versauerung neigenden Böden schaffen. Hier hebt man **Pflanzgruben** von 100 bis 150 cm im Quadrat oder entsprechend breite Pflanzgräben auf 40 cm Tiefe aus, setzt die untere, 20 cm hohe Schicht beiseite und vermischt den restlichen Aushub mit der gleichen Menge Torf oder Auflagehumus aus dem Wald.

Vorteilhaft ist Waldstreu aus Heidelbeerbeständen. Ersatzweise können auch saurer Rindenkompost, Nadelstreu, verrottetes Eichenlaub und Sägespäne, am besten gemischt, verwendet werden.

Auf gutem Gartenboden von mittlerer bis schwerer Beschaffenheit und neutraler bis alkalischer Reaktion muß die Pflanzgrube um 10 bis 20 cm tiefer ausgehoben und der Zusatz saurer, humoser Bestandteile auf ²/₃ erhöht werden. Zusatz von scharfem Sand soll bindigen Boden etwas durchlässiger machen.

Zweckmäßig ist es, Pflanzgruben und -gräben vor dem Einfüllen des verbesserten Bodens mit **Folie** oder **Dachpappe auszukleiden**. So verhindert man die Vermischung mit dem angrenzenden kalkhaltigen Boden, was vor allem in Gärten, die sich in guter Kultur befinden, oder auf alkalischen Böden von Bedeutung ist. Ferner ist mittels Lakmuspapier oder *p*H-Meter die Bodenreaktion des zubereiteten Pflanzsubstrats festzustellen. Erweist es sich als zu wenig sauer, so ist es möglich, durch Zugabe von 250 bis 500 g pulverisiertem Schwefel je m^3 den *p*H-Wert um 0,8 bis 1,5 zu senken. Der Schwefel ist dazu sehr gründlich mit dem Boden zu vermischen.

Unter ungünstigen Bodenverhältnissen kann auch der **Anbau in Gefäßen** zweckmäßig sein, wenngleich die Entwicklung der Gehölze eingeschränkt wird. Hierzu werden Holz- oder Metallfässer mit einem Durchmesser von wenigstens 60 cm quer so aufgeschnitten, daß ein Teil von mindestens 50 cm Tiefe entsteht. Anhaftende Re-

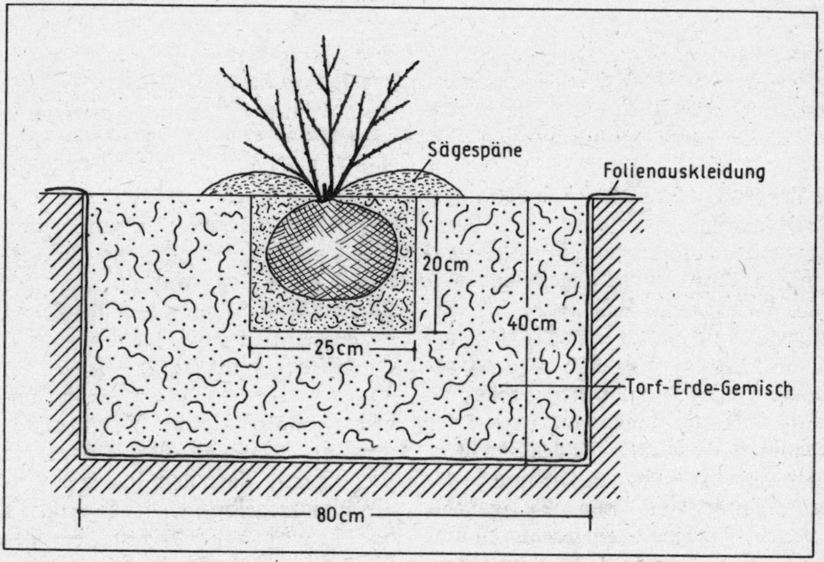

Abb. 107 Pflanzung der Gartenheidelbeere in eine Pflanzgrube (schematisch)

ste des alten Inhalts, insbesondere Teer und Teerfarben, sind danach auszubrennen. Der Faßboden erhält mehrere Löcher von 3 cm Durchmesser, durch die überschüssige Feuchtigkeit abziehen kann. Die so gewonnenen Gefäße sind an den vorgesehenen Pflanzstellen bis zum Rand einzugraben und mit einem Gemisch von 1 Teil Gartenerde und 2 Teilen Torf und saurer Walderde (aus Nadelholzbeständen) zu füllen und gut zu wässern.
Wichtig ist, daß sich die Erde bis zum Pflanzzeitpunkt hinreichend gesetzt hat, was auf Grund ihres hohen Humusgehaltes ziemlich lange dauert. Die Erdzubereitung ist deshalb wenigstens 6 Wochen vor dem Pflanzen abzuschließen.

Beschaffung des Pflanzgutes und Vermehrung

Pflanzfähige Gartenheidelbeeren werden von den Baumschulen als 3- bis 4jährige Sämlings- oder Stecklingsware mit Erd- und Topfballen verkauft. Die Mehrzahl der zum Verkauf gelangenden Sträucher sind Sämlinge. Sortenechte Pflanzen aus Stecklingsanzucht werden bisher nur selten bzw. in geringem Umfang angeboten. Weil das Pflanzgut als Ballenware zur Verfügung steht, ist es vom Frühjahr bis zum Herbst gewöhnlich in Plastebehältern (sog. Containern) erhältlich. Hat man die Jungpflanzen aus der Baumschule bezogen und ist nicht in der Lage, sie sofort an Ort und Stelle zu pflanzen, so müssen sie umgehend an schattiger Stelle eingeschlagen und angegossen werden. Der Ballen darf auf keinen Fall austrocknen.

Festlegen der Pflanzstellen und Pflanzweiten

Über den Pflanzort wurde schon unter „Eingliederung in den Garten" gesprochen und empfohlen, Gartenheidelbeeren im Verband von Zier- und Moorbeetpflanzen im Wohngarten anzusiedeln. Natürlich ist es auch möglich, sie neben anderen Beerensträuchern im Obstgarten unterzubringen. Die zweckmäßigste Pflanzweite beträgt je nach Wuchstyp und Wuchsstärke 120 bis 150 cm. Sollen mehrere Reihen gepflanzt werden, was selten vorkommen wird, ist ein Reihenabstand von 200 bis 250 cm einzuhalten. Die genaue Festlegung der Pflanzstellen erfolgt, wie üblich, nach der Bodenverbesserung.

Durchführung der Pflanzung

Gartenheidelbeeren werden in den speziell vorbereiteten Boden gesetzt. Zum Pflanzen wird nur soviel Erde ausgehoben, wie zur Unterbringung des Ballens nötig ist. Die Pflanzen werden so tief gesetzt, wie sie zuvor in der Baumschule standen. Vorher sind Plasttöpfe und Folienhüllen abzuziehen. Der Ballen wird fest mit der Pflanzerde umfüttert, der Boden leicht angetreten und dann gut angegossen. Besteht der Verdacht, daß der Ballen ausgetrocknet ist, sollte man ihn unbedingt einige Stunden in einen Eimer Wasser stellen, bevor er in die Erde kommt. Nach dem Pflanzen wird die Pflanzscheibe möglichst dick, 10 bis 15 cm hoch, mit Sägespänen oder Waldstreu bedeckt. Diese Decke schützt über Winter vor Frosteinwirkung und dem gefährlichen Hochfrieren und hält in der Folgezeit die Pflanzstelle feucht, was für die Gartenheidelbeere wichtig ist.

Bodenpflege

Bodenbearbeitung und Bodenbedeckung

Des extrem flachen Wurzelverlaufs und des hohen Feuchtigkeitsbedarfs wegen empfiehlt sich in jedem Fall eine dauernde Bodenbedeckung mit organischem Material. Am besten geeignet sind hierfür Nadelholz-Sägespäne. Sie werden in einer Dicke von 10 cm (100 l je Pflanzstelle) aufgebracht und leicht mit der obersten Bodenschicht vermischt. Jährlich sind etwa 20 l Material je Pflanzstelle nachzudecken. Auch Torf, Waldhumus, zersetztes Eichenlaub, Schälrinde und Stroh sind als Deckmaterial geeignet. Die Bodenbedeckung ist eine wesentliche Voraussetzung für einen erfolgreichen Anbau. Die Deckschicht ist ständig feucht zu halten.
Die erforderliche Unkrautbekämpfung, insbesondere gegen die Vogelmiere, erfolgt durch Jäten und flaches Hacken, das auch dann regelmäßig durchzuführen ist, wenn mangels Deckmaterial keine Bodenbedeckung erfolgen kann.

Humusversorgung und Düngung

Eine besondere **Humusversorgung** ist nur dort nötig, wo keine Bodenbedekkung möglich ist. Gut geeignet hierfür ist verrotteter Stalldung sowie Torfkompost, der mit Nährstoffen angereichert wurde, aber keinen Kalkzusatz erhalten hat. Auch gut zersetzter Rindenkompost ist brauchbar. Der gewöhnliche Gartenkompost ist auf Grund seines mehr oder weniger hohen Kalkgehaltes nicht geeignet. Den Humusdünger gibt man alljährlich im Nachwinter in einer Menge von 2 bis 3 l/m^2 und grubbert ihn flach ein.
Auch bei der Gartenheidelbeere ist nur bei ausreichender **Nährstoffversorgung** mit hohen Erträgen zu rechnen. Wir dürfen nur solche Dünger verwenden, die keine alkalischen Bestandteile im Boden zurücklassen, z. B. schwefelsaures Ammoniak, schwefelsaures Kali und Superphosphat. Im kleinen Garten und bei wenigen Sträuchern ist die Anwendung der Mehrnährstoffdünger „Piaphoskan blau-extra“ und „Aziplex“ zweckmäßiger. Letzterer wurde speziell für Moorbeet- und Heidepflanzen und solche Gehölze entwickelt, die saure Bodenreaktion benötigen.
Von beiden gibt man je Zentimeter Pflanzenhöhe insgesamt 2 g je Pflanze. Bei Pflanzen, die breiter als hoch sind, legt man den Durchmesser der Berechnung zugrunde. Eine Pflanze, die 50 cm hoch ist, erhält danach also 100 g. Der Dünger wird in drei Gaben im Abstand von 4 Wochen ausgebracht, erstmals Mitte April. Zweckmäßigerweise löst man den Dünger in Wasser auf – 20 bis 30 g/ 10 l Wasser – und gießt ihn auf die Pflanzstelle. Bei der erstmaligen Düngung von Pflanzen, die Bodenbedekkung erhalten haben, ist die Düngesalzmenge auf etwa das Doppelte zu erhöhen, da ein Teil der Nährstoffe bei der Zersetzung des Deckmaterials

festgelegt und erst später wieder freigesetzt wird.
Von Zeit zu Zeit ist die **Bodenreaktion** zu überprüfen. Dabei ist darauf zu achten, daß der *p*H-Wert von 5,0 nicht überschritten wird. Bei regelmäßiger Verwendung von Nadelholz-Sägespänen und Nadelstreu zur Bodenbedeckung und ausschließlicher Verwendung von Regenwasser ist damit auch nicht zu rechnen. Gegebenenfalls muß durch jährliches Ausstreuen von Schwefelpuder (50 g/m^2) die Bodenreaktion auf den gewünschten Wert von *p*H 4,5 bis 4,8 zurückgeführt werden.

Bewässerung

Um eine gute Entwicklung der Sträucher und hohen Ertrag sicherzustellen, ist der Boden gleichmäßig feucht zu halten. Bei Niederschlagsmangel ist zusätzlich zu wässern. Dabei ist zu beachten, daß die dichte Bodendecke erhebliche Feuchtigkeitsmengen speichern kann, so daß geringe Niederschläge meist nicht zur Wirkung gelangen. Regelmäßiges Überprüfen der Bodenbeschaffenheit unter der Deckschicht ist deshalb angezeigt.
Wegen der Kalkempfindlichkeit der Gartenheidelbeere sollte man grundsätzlich nur Regenwasser bzw. kalkfreies Wasser zur Bewässerung nehmen. In Jahren mit normalen Niederschlägen gibt man ab Mitte Mai bis Ende August alle 10 Tage etwa 2 bis 3 Kannen (20 bis 30 l) Wasser je Strauch, bei sehr trockenem Wetter auch öfter. Bei trockener Witterung Anfang September sichert zusätzliche Bewässerung die Ausreife des Holzes und die Blütenknospenausbildung.

Kronengestaltung

Wuchsform, Wuchsverhalten, Trieb- und Blütenbildung der Gartenheidelbeere ähneln der Johannisbeere. Wie dort trägt regelmäßige und sachgemäße Kronengestaltung wesentlich zu dauerhaften, hohen und hochwertigen Erträgen bei.

Erziehung

Das Ziel der Kronengestaltung nach der Pflanzung ist die Heranbildung eines kräftigen, 6 bis 8 Gerüstäste umfassenden Kronengerüstes. Die Gartenheidelbeere erhält keinen eigentlichen **Pflanzschnitt**. Vielmehr werden nur beschädigte Triebe entfernt und bei einseitiger Entwicklung zu lange Zweige etwas eingekürzt.
Mit dem Schnitt wird begonnen, wenn nach 2 bis 3 Standjahren kräftiges Triebwachstum eingesetzt hat. Aus den vorhandenen Ästen sind die 4 bis 5 kräftigsten, gut verteilten als künftige **Gerüstäste** auszuwählen. Alle anderen werden auf je einen bodennahen Austrieb zurückgesetzt und Wurzelschosse bis kurz über dem Boden zurückgeschnitten. Das an den verbleibenden Ästen vorhandene Bekleidungsholz wird auf die jeweils kräftigsten Seitentriebe vereinzelt, so daß sich eine gleichmäßige pyramidale Bekleidung ergibt. Dabei sind trockene und triebschwache Seitenäste zu beseitigen. Von nun an sind alle Schnittmaßnahmen der Ertragsbildung nutzbar zu machen.

Instandhaltung

Die kräftigsten Blütenstände und die besten Früchte entstehen an Langtrie-

ben 2. und 3. Ordnung und deren einjährigen Seitentrieben. Das Ziel der Gestaltungsmaßnahmen ist, die Entwicklung von **kräftigen Fruchttrieben** zu fördern. Man erreicht dies durch regelmäßiges Auslichten der Sträucher oder durch Vereinzeln der Fruchttriebe, wie es bei Johannisbeeren beschrieben wurde. Die Eigenart der Gartenheidelbeere, an den Spitzen der Triebe zu blühen und zu fruchten, verbietet den Rückschnitt der Langtriebe. Nur kräftige Bodentriebe, von denen Gerüstäste herangezogen werden sollen, schneidet man auf die Höhe der Sträucher zurück bzw. soweit, daß eine kräftige Bekleidung mit Seitentrieben erwartet werden kann.
Das Vereinzeln ist zeitlich etwas aufwendiger als das gewöhnliche Auslichten und verlangt mehr Sachkenntnis, bewirkt aber auch gleichmäßigere und hochwertigere Erträge und etwas geringeres Kronenvolumen. Über die praktische Durchführung des Vereinzelns und des Auslichtungsschnittes ist bei der Kronengestaltung der Johannisbeere nachzulesen.
Dem **Auslichtungsschnitt** unterworfene Sträucher sollen im Vollertragsalter 6 bis 8 Gerüstäste aufweisen, von denen alle zwei bis drei Jahre einige durch inzwischen aus der Strauchbasis nachgezogene Äste ersetzt werden. Die abgetragenen Äste schneidet man nicht bis zum Boden zurück, sondern wirft sie dicht über einem basisnahen Seitenast ab.
Beim **Vereinzeln** kann die Anzahl der Gerüstäste in Anbetracht ihrer geringeren Ausdehnung auf 10 bis 12 erhöht werden. Wegen der durch das Vereinzeln bewirkten ständigen Verjüngung genügt es, einen Teil von ihnen im Abstand von 4 bis 5 Jahren durch neu herangezogene Äste zu ersetzen.
Ältere Sträucher, die trotz ordnungsgemäßer Pflege im Triebwachstum und im Ertrag deutlich nachlassen, sowie vernachlässigte Sträucher können durch sachgemäße **Verjüngungsmaßnahmen** wieder instand gesetzt werden und ihre Leistungsfähigkeit zurückerlangen. Wir verfahren hier ebenso, wie es bei Johannisbeeren unter „Instandsetzung und Verjüngung" beschrieben ist. Doch ist auch hier darauf zu achten, daß bei der Totalverjüngung der Abwurf der Äste jeweils auf einen basisnahen Seitenast bzw. -trieb erfolgt.

Schädlinge und Krankheiten und ihre Bekämpfung

Die Gartenheidelbeere wird auf Grund ihrer geringen Verbreitung nur von wenigen wirtschaftlich bedeutsamen Krankheiten und Schädlingen befallen. Zahlreiche Schmetterlings- und Käferlarven, die an anderen Obstarten schädigen, sind auch an der Gartenheidelbeere anzutreffen. Deshalb ist es zweckmäßig, diese in die allgemeinen Pflanzenschutzmaßnahmen im Obstgarten einzubeziehen.

Heidelbeerfruchtfliege

In der Nähe von Wäldern mit Heidelbeervorkommen kann es zum Auftreten dieser Fliege kommen. Die 4 bis 5 mm große Fliege erscheint im Mai und legt ihre Eier im Juni/Juli einzeln an halbreifen Heidelbeeren ab. Die weißlichen, 6 bis 8 mm großen Larven fressen von Juni bis August in den

Früchten und verpuppen sich von Juli ab im Boden.
Die **Bekämpfung** kann erfolgreich mit Phosphorinsektiziden, z. B. „Bi 58 EC“, vor der Eiablage Anfang Juni, jedoch nicht während der Blüte, vorgenommen werden.

Vögel

Vogelfraß an den mild schmeckenden Früchten kann erhebliche Schäden anrichten und den Ertrag großenteils vernichten. Überstellen von Gerüsten, die mit Gardinen, Perlonnetzen u. ä. bedeckt werden, vermag den Schaden in Grenzen zu halten.

Ernte der Gartenheidelbeeren

Gartenheidelbeeren beginnen Mitte Juli/Anfang August zu reifen. Die Erntezeit erstreckt sich bei den einzelnen Sorten auf etwa 4 Wochen. Die Vollreife der Beeren ist daran zu erkennen, daß sie bis zum Stielansatz völlig blau ausgefärbt und weich sind und ihre weißliche Wachsschicht voll ausgebildet ist. Erst jetzt haben sie ihr volles Aroma erreicht. Bleiben sie noch einige Tage am Strauch hängen, nehmen sie an Süße und Wohlgeschmack zu.
Wegen der folgernden Reife müssen die Gartenheidelbeeren alle 4 bis 6 Tage durchgepflückt werden. Dabei werden sie vorsichtig zwischen Daumen und Zeigefinger genommen und seitlich weggedreht, so daß sie sich leicht vom Stiel lösen. Weil sie von recht fester Beschaffenheit sind, können sie in die üblichen Erntegefäße (Spankörbe, Eimer) beliebig hoch gelegt werden. Sachgemäß gepflückte Beeren saften nicht. Hat man sie trocken und nicht zu warm geerntet, kann man sie an kühlem Ort gut eine Woche aufbewahren. Sofort heruntergekühlt und in Folienbeutel verpackt, sind sie im Kühlschrank bei +2 bis 4 °C mehrere Wochen lang haltbar. Gefrierlagerung ist mit und ohne Zucker möglich.

Abb. 108 Fruchtstand der Gartenheidelbeere

Sorten der Gartenheidelbeere

Gleich den Waldheidelbeeren sind die Gartenheidelbeeren hervorragend für den Frischverzehr und alle Verarbeitungsformen geeignet. Im Haushalt werden sie vorwiegend frisch und als Kompott sowie als Konserve verwendet, daneben auch zu Marmelade, Saft, Wein und Likör verarbeitet.
Unter den zahlreichen anbauwürdigen Sorten können die nachstehenden für den Anbau in der DDR empfohlen werden.

Earlylue

Reife: Sehr früh, ab Mitte Juli.
Frucht: Groß bis sehr groß, leicht ab-

geplattet, hellblau bereift, sehr fest; wohlschmeckend, säuerlich, aromatisch; platzfest, nicht rieselnd; Traube mittelgroß, locker.
Strauch: Wächst mittelstark, aufrecht, Kronenform ausgeglichen, frosthart; Blüte spät; Ertrag mittelhoch.

Bluecop

Reife: Mittelfrüh, ab Ende Juli.
Frucht: Mittelgroß bis groß, rundlich abgeplattet, hellbau bereift; etwas säuerlich, mildaromatisch, mäßig gewürzt; Traube groß, dicht.
Strauch: Wächst mittelstark, breit aufrecht; frosthart, trockenheitsresistent; Blüte spät; Ertrag sehr hoch.

Herbert

Reife: Spät, ab Anfang August.
Frucht: Sehr groß, abgeplattet, mittel- bis dunkelblau, wenig bereift, platzfest; wohlschmeckend, saftig, säuerlich, hocharomatisch; Traube groß, locker.
Strauch: Wächst stark, breit aufrecht, nicht sehr hoch; frosthart; Blüte spät; Ertrag hoch und regelmäßig.

Ivanhoe

Reife: Spät, ab Anfang August.
Frucht: Groß bis sehr groß, mittelblau, wenig bereift; saftig, leicht säuerlich, aromatisch.
Strauch: Wächst sehr stark; nicht ganz frosthart; Blüte spät; Ertrag sehr hoch.

Tafeltrauben

Tafeltrauben sind eine begehrte Fruchtart. Bei uns bauen nur Liebhaber Tafeltrauben in sehr geringem Umfang an günstig gelegenen Hauswänden, Mauern oder an sonstigen geschützten Plätzen an. Wie zahlreiche Beispiele beweisen, finden sich auch für die anspruchsvolle Weinrebe außerhalb der klimagünstigen Weinbaugebiete Anbaumöglichkeiten.

Herkunft und botanische Besonderheiten

Die Weinrebe gehört zur Gattung *Vitis* aus der Familie der Rebengewächse *(Vitaceae).* Diese Gattung ist in vielen Arten auf der gesamten nördlichen Halbkugel bis etwa zum 50. Breitengrad heimisch. Unsere Kultursorten gehen auf die Art *Vitis vinifera* zurück, die im Mittelmeergebiet, in Teilen Mitteleuropas bis zum Donaugebiet, in Kleinasien, im Kaukasusgebiet und im vorderen Orient beheimatet ist. Für die Züchtung krankheits- und schädlingsfester Rebsorten und -unterlagen sind einige amerikanische Wildarten wichtig geworden.
Die Weinrebe ist ein **sommergrüner Kletterstrauch** von sehr starkem Wuchs und dichter Verzweigung. Die Jahrestriebe weisen ein besonders starkes Längenwachstum auf, mit stark gestreckten Internodien. Die Blätter stehen zweizeilig wechselnd. Im Basisabschnitt der Triebe bis etwa zum 10. Blatt entwickelt sich vom 3. Blatt ab gegenüber dem Blatt ein Blütenstand (Geschein). Mitunter werden bis drei Gescheine ausgebildet. Weiter aufwärts folgen anstatt der

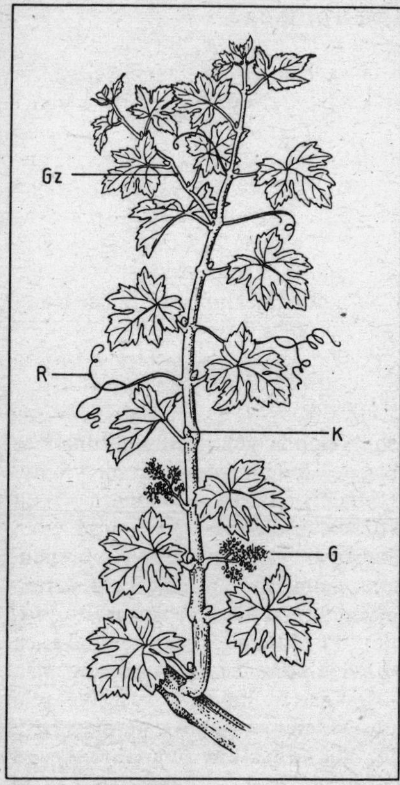

Abb. 109 Sproß der Weinrebe im Sommer, schematisch (nach Thiele)
Gz = Geiztrieb, R = Ranke,
G = Geschein, K = Knospe

Gescheine Ranken, die als natürliche Haftorgane dienen. Auf zwei Blattknoten mit Gescheinen folgen gewöhnlich zwei Knoten ohne solche.

Neben kräftigen Knospen entwickeln sich in den Blattachseln noch im Verlauf des Längenwachstums **Geiztriebe**, die mitunter eine beachtliche Länge erreichen und die Entwicklung des Triebes und der Knospe beeinträchtigen können.

In den **Winterknospen** fruchtbarer Triebe sind drei Triebanlagen enthalten: eine Haupt- und zwei Nebentriebanlagen. Aus der Haupttriebanlage geht der Haupttrieb des nächsten Jahres hervor. An ihr sind bereits die Blatt-, Geschein- und Rankenanlagen erkennbar.

Die **Wurzeln** erschließen den Boden weiträumig. Die Rebe ist deshalb in der Lage, auch trockenere und ärmere Standorte gut zu nutzen. Das Alter eines Weinstocks beträgt 30 bis 50 Jahre.

Der **Austrieb** der Weinrebe erfolgt Anfang bis Mitte Mai, die Blüte erscheint um Mitte Juni. Form und Ausbildung der Blüte sind im „Allgemeinen Teil" beschrieben. Der **Blütenstand** der Weinrebe ist eine zusammengesetzte Rispe, die „Geschein" genannt wird. Das „Mützchen" der reifen Blüte entfaltet sich nicht, sondern springt ab, sobald die Temperatur wenigstens 15 °C beträgt. Bei feuchtem und kühlem Wetter bleibt es sitzen, wodurch die Befruchtung unterbleibt. Unbefruchtete Blüten fallen ab, sie „rieseln durch". Die **Frucht** der Weinrebe ist eine zweifächrige Beere von rundem bis rundovalem Längsschnitt, unterschiedlicher Größe und Farbe. Die Beeren sind zu einem rispigen Fruchtstand vereinigt, der „Traube" genannt wird.

Ansprüche an den Standort

Die **Klimaansprüche** der Rebe sind sehr hoch. Sie benötigt viel Wärme, Sonnenschein und Schutz gegen Nord- und Ostwinde. Besonders wäh-

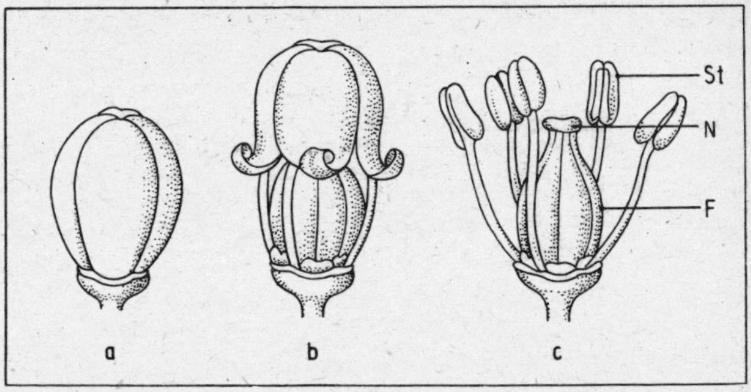

Abb. 110 Blüten der Weinrebe (nach Thiele) a = geschlossene Blüte, b = bei Reife abgestoßene Kronblätter (Mützchen), c = normale Zwitterblüte; F = Fruchtknoten, N = Narbe, St = Staubgefäße

rend der Blüte und der Traubenreife verlangt sie Wärme und Lufttrockenheit. Innerhalb der DDR befinden sich die günstigsten Weinbaulagen in den Gebieten mit einer mittleren Sommertemperatur von 18 bis 20 °C. Hier sind es vor allem die geschützten, sonnigen Hänge der Flußtäler von Elbe, Saale und Unstrut, die geeignete Anbaumöglichkeiten bieten. Nordwärts der Weinbaugrenze, die von Eisleben über Jessen bis Guben verläuft, ist der Weinanbau eine reine Liebhaberei. Hier bedient man sich vor allem geschützter südlicher Mauern, Wände oder auch Böschungen. Besonders geeignet sind Hauswände mit weiten Dachvorsprüngen. Mauern und Wände speichern die eingestrahlte Sonnenwärme und geben sie später langsam wieder ab. Dadurch unterbleiben schnelle Abkühlungen, was sich im Frühjahr zur Zeit des Austriebs, während der Blüte und wäh-

Abb. 111 Reben am Hausspalier

rend der Fruchtreife positiv bemerkbar macht.
An den **Boden** ist die Weinrebe nicht besonders anspruchsvoll. Günstig ist ein warmer, durchlässiger, genügend nährstoffreicher Mineralboden von neutraler Reaktion. Auf sehr kalkreichem Boden kann es zur Gelbsucht kommen. Kalte und nasse Böden sind für den Anbau ungeeignet, es sei denn, sie können durchgreifend verbessert werden.

Eingliederung in den Garten

Bei Beachtung der Klimaansprüche kann die Weinrebe in den meisten Gärten ihren Platz finden, zumal die Flächenansprüche sehr gering sind. Südlich gerichtete **Hauswände, Mauern** und dergleichen sollten genutzt werden. Hier ist sogar der Anbau an Hauswänden von Straßenfronten möglich, ohne daß Gartenland nennenswert in Anspruch genommen wird.
Gut gepflegte und regelmäßig geschnittene Weinreben können unter günstigen Klimabedingungen 30 und mehr Jahre am Pflanzort belassen werden. Infolge des strengen Schnittes und der dadurch bewirkten ständigen Verjüngung bleiben sie lange gesund und triebkräftig.

Pflanzung

Vorbereitung des Bodens

Da die Weinrebe einen tiefgründig lockeren Boden benötigt, ist es angebracht, vor dem Pflanzen eine gründliche Bearbeitung und Verbesserung vorzunehmen. Im Herbst vor dem Pflanzen wird eine Pflanzgrube im Ausmaß von 100 bis 150 cm im Quadrat und 60 bis 80 cm Tiefe ausgehoben und der Boden beim Zuwerfen mit guter Komposterde, Torf, kalkhaltigem Bauschutt und Kalkmergel vermischt. Dabei ist die humushaltige Erde nicht tiefer als 40 cm einzubringen. Pflanzt man mehrere Reben in einer Reihe, so rigolt man den ganzen Pflanzstreifen. Dabei ist es zweckmäßig, als Vorratsdüngung 1000 g Thomasphosphat und 500 g schwefelsaures Kali pro m^2 tief einzuarbeiten.

Beschaffung des Pflanzgutes und Vermehrung

Weinreben werden grundsätzlich im Frühjahr gepflanzt, sobald mit starken Frösten nicht mehr gerechnet zu werden braucht. Bis dahin werden Pflanzreben von den Baumschulen frostfrei überwintert.
Die **Pflanzreben** sollen kräftig und gut bewurzelt, nicht älter als zweijährig und möglichst eintriebig sein, da nur solche Setzlinge Gewähr für gutes Anwachsen und Entwicklung kräftiger Triebe bieten. In Weinbaugebieten müssen die Pflanzen auf **reblausfeste Unterlagen** veredelt sein. In nicht reblausgefährdeten Gebieten ist es dagegen zulässig, aus Stecklingen gezogene Reben zu verwenden. Größte Sicherheit im Anwachsen bieten **Topfreben** (Reben mit Topfballen).
Außerhalb der Weinbaugebiete können Weinreben durch **Steckholz** oder Absenker selbst vermehrt werden, wie es bei Johannisbeeren und Haselsträuchern beschrieben wird.

Festlegen der Pflanzweiten und Pflanzstellen

Die Pflanzweite der Weinrebe richtet sich sowohl nach der natürlichen

Wuchsstärke als auch nach der Erziehungsform, der Schnittart und der zur Verfügung stehenden Spalierfläche. Folgende Beispiele seien genannt:

Latten und Leisten sind mit einem pflanzenunschädlichen Holzschutzmittel zu versehen, damit sie recht lange halten.

Spalierform	Pflanzenabstand in cm	
	Zapfenschnitt	Bogrebenschnitt
Senkrechter Schnurbaum	150	200
U-Form	300	400
Waagerechter Schnurbaum		
einarmig	200–300	–
zweiarmig	300–400	–
Spalier mit waagerechten Ästen (Palmette)	300–400	–

Vor dem Pflanzen ist an den Wänden und Mauern ein Spaliergerüst anzubringen. Als Klettergehölz vermag sich die Weinrebe nicht selbst aufrecht zu tragen. Sie bedarf eines **Stützgerüstes**, an das Stamm, Äste, Tragholz und Jahrestriebe geheftet werden. Das Spaliergerüst kann aus Holzleisten oder Spanndraht errichtet werden. Lattengerüste sind am einfachsten herzustellen und wirken am schönsten. Dachlatten mit den Abmessungen 6×4 cm werden im Abstand bis max. 150 cm mittels Mauerhaken oder Konsolen aus Flachstahl an der Mauer befestigt. Der Abstand von der Wandfläche soll 10 cm betragen. Auf den Dachlatten werden Leisten von 2×3 bis 4 cm Kantenlänge mit seitlichem Abstand von 25 bis 30 cm senkrecht angenagelt. Die senkrechten Leisten sollen etwa 15 cm Abstand von der Wand haben, um ausreichende Luftzirkulation zu gewährleisten und Wärmestau zu vermeiden.

Steht verzinkter Draht zur Verfügung, kann auch ein Drahtspalier angebracht werden.

Bei Errichtung von Lauben und freistehenden Spaliergerüsten sind die gleichen Grundsätze wie bei Wandspalieren zu befolgen. Die Eckpfosten sind in geeigneter Weise abzustützen (siehe unter Brombeeren). Die Höhe freistehender Spaliere sollte 200 bis 250 cm nicht überschreiten.

Durchführung der Pflanzung

Vor dem Pflanzen ist der Topfballen sorgfältig anzufeuchten. Bei Pflanzreben ohne Ballen sind die Wurzeln mit einem scharfen Messer auf Handbreite einzukürzen. Haben die Reben mehrere Triebe, so wird nur der stärkste stehengelassen.

Zum Pflanzen wird in dem vorbereiteten Boden ein spatenstichbreites, 40 bis 50 cm tiefes **Pflanzloch** ausgehoben, dessen eine Schmalseite nach außen geneigt ist. Wird an einer Mauer

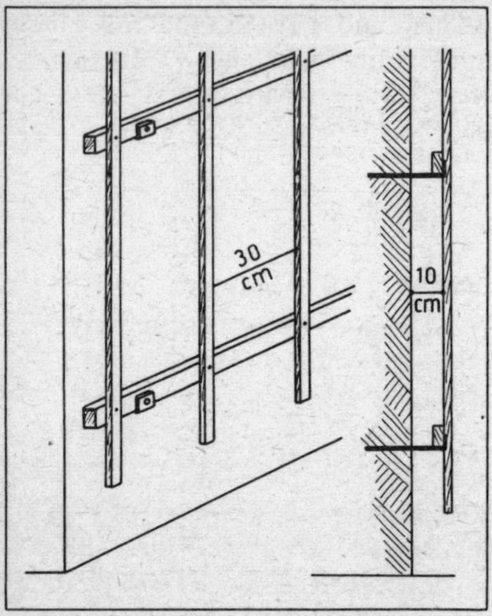

Abb. 112 Rebspalier am Haus; zweckmäßige Befestigung und Abmessungen

gepflanzt, so ist das Pflanzloch wenigstens mit 20 cm Abstand und Neigung zur Mauer anzulegen. Bei freier Reihenpflanzung zeigt die Neigung in die Reihe. In dieses Pflanzloch kommt zuunterst Komposterde, und darauf wird die aus einem Steckling gezogene Rebe schräg so tief gepflanzt, daß der Trieb auf 30 bis 40 cm in die Erde kommt. Sollte der oberirdische Teil der Rebe bei starkem Winterfrost einmal erfrieren, so kann er sich aus dem unterirdischen Stammteil wieder erneuern. Bei Pfropfreben, die an einem Wulst am Wurzelhals zu erkennen sind, darf die Veredlungsstelle nicht in den Boden kommen, damit sich das Edelreis nicht bewurzelt und die Pflanze reblausanfällig wird.

Nach dem Einsetzen der Rebe wird das Pflanzloch bis zur Hälfte mit Gartenerde gefüllt, diese fest angedrückt und gut angegossen. Der Rest der Pflanzerde wird locker nachgefüllt, ein Gießrand hergestellt und die Pflanzscheibe mit kurzem Stalldung oder ähnlichem bedeckt. Das aus der Erde ragende Triebende wird auf 2 Knospen zurückgeschnitten und mit Erde bedeckt.

Bodenpflege

Bodenbearbeitung und Bodenbedeckung

Die überwiegende Anzahl Weinreben für die Tafeltraubenerzeugung am Hausspalier steht auf schmalen Randbeeten längs der Hauswand. Dieser Umstand schließt eine normale Bodenbearbeitung meist aus und beschränkt sie auf einfache Unkrautbekämpfung. Es ist deshalb angebracht, die Pflanzstelle mit dauernder organischer **Bodenbedeckung** zu versehen. Die hierfür benötigte geringe jährliche Menge an organischem Deckmaterial ist sicherlich zu beschaffen. Steht die Weinrebe im freien Grund, können Bodenbearbeitung und Humusversorgung in üblicher Weise erfolgen. Eine Humusdüngung mit Gartenkompost oder Torfkompost in einer Menge von 3 bis 5 l/m^2 alle 2 Jahre ist angemessen. Der Humus ist mit Grabegabel oder Handgrubber einzuarbeiten.

Düngung

Der Nährstoffbedarf der Weinrebe ist auf Grund ihrer Starkwüchsigkeit besonders hoch. Unter normalen Bedingungen sind je 10 m^2 folgende Nährstoffmengen in Form mineralischer Dünger zuzuführen:

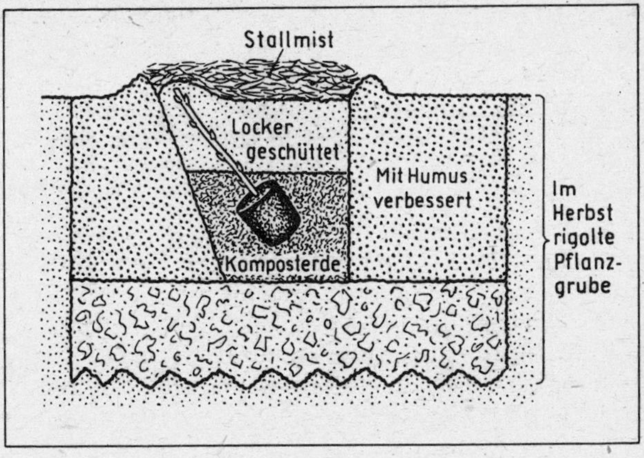

Abb. 113 Pflanzung einer Topfrebe in eine Pflanzgrube am Haus (schematisch)

120 g Reinstickstoff (N),
35 g Reinphosphor (P),
150 g Reinkalium (K).

Umgerechnet auf die verfügbaren Düngemittel ergeben sich die in nachstehendem Düngebeispiel genannten Mengen. Dabei sind chlorarme bzw. chlorfreie Düngemittel zu bevorzugen.

Bei der **Ausbringung der Düngemittel** ist zeitlich und technisch wie bei der Johannisbeere zu verfahren. Die mineralischen Dünger sind also anfangs in geringerer Menge zu geben und bis zum 5. Standjahr auf die volle Gabe zu steigern. Die Stickstoffgabe ist zu teilen und je zur Hälfte im zeitigen Frühjahr und nach der Blüte zu verabfolgen.

Düngebeispiel für 10 m² ertragsfähige Weinrebenpflanzung bei zweijährigem Düngeturnus

Düngezeitpunkt	Einnährstoffdünger	Volldünger
1. Jahr		
November/Februar	40 l Komposterde	
	180 g Schwefelsaures Kali	–
	250 g Thomasphosphat	–
Februar/März	140 g Kalkammonsalpeter	240 g Piaphoskan blau-extra
Ende Mai/Mitte Juni	70 g Piaphoskan grün	240 g Piaphoskan blau-extra
2. Jahr		
November/Februar	360 g Schwefelsaures Kali	–
	500 g Thomasphosphat	–
Februar/März	280 g Kalkammonsalpeter	480 g Piaphoskan blau-extra
Ende Mai/Mitte Juni	140 g Piaphoskan grün	480 g Piaphoskan blau-extra

Bewässerung

Obwohl die Weinrebe gegenüber den anderen Obstarten einen verhältnismäßig geringen Feuchtigkeitsbedarf hat, besteht beim Anbau am Hausspalier durchaus die Notwendigkeit zu bewässern. Ausreichende Feuchtigkeit ist vor allem in den Monaten Juni und Juli, während der Blütezeit und bis zur Ausbildung der Beeren erforderlich. Je nach Witterungsverlauf und Niederschlagshöhe geben wir auf mittlerem Boden alle 2 Wochen 20 mm, auf leichtem Boden alle 8 bis 10 Tage 10 bis 15 mm. Zweckmäßigerweise verteilt man das Wasser wegen der Gebäudenähe durch Verrieselung in Furchen, bei Bodenbedeckung einfach auf das Deckmaterial.

Kronengestaltung

Die Weinrebe zeichnet sich durch ein starkes Triebwachstum, Bildung zahlreicher vorzeitiger Triebe (Geiztriebe) und leichte Verkahlung der unteren Partien aus. Um einen regelmäßigen Ertrag gut ausgebildeter und ausgereifter Trauben zu ernten, vorzeitige Erschöpfung durch hohe Ertragsleistung zu vermeiden, der Verkahlung entgegenzuwirken und die Bildung genügend kräftiger Triebe zu fördern, ist eine strenge Schnittbehandlung im Winter und Sommer notwendig. Sie wird von der Rebe auch ohne weiteres vertragen.

Geeignete **Wandspalierformen** – nur diese kommen für unsere Verhältnisse in Frage – sind der senkrechte Schnurbaum, die U-Form, der waagerechte Schnurbaum und das Spalier mit mehreren Etagen (Palmette).

Erziehungsformen

Der **senkrechte Schnurbaum** besteht aus einem durchgehenden senkrechten Stamm, aus dessen Seitentrieben das Tragholz entwickelt wird. Er ist am leichtesten zu erziehen und eignet sich besonders zur Bekleidung schmaler und hoher Wandflächen.

Für breitere Wandflächen kann auch die **U-Form** verwendet werden. Der Stamm wird in geringer Höhe in zwei Äste (Schenkel) verzweigt, die je nach der vorgesehenen Schnittart 70 bis 100 cm waagerecht verlaufen und dann senkrecht geführt werden. Der Abstand der senkrechten Äste beträgt dementsprechend bei kurzem Schnitt 150 cm, bei langem Schnitt 200 cm.

Zur Bekleidung schmaler waagerechter Wandflächen eignet sich vor allem der ein- oder zweiarmige **waagerechte Schnurbaum.** Hier gehen von einem beliebig langen Stamm ein oder zwei waagerechte Äste ab, die wenigstens 150 cm lang werden sollen. An mehrgeschossigen Häusern kann es sinnvoll sein, durch Verbindung von senkrechten und waagerechten Ästen die zur Verfügung stehende Wandfläche auszunutzen. Der Abstand waagerechter Äste sollte mindestens 80 bis 100 cm betragen.

Größere, nicht unterbrochene Wandflächen können zweckmäßig durch das **Spalier mit mehreren waagerechten Ästen** genutzt werden. Es besteht aus einem durchgehenden Stamm, an dem mit 80 bis 100 cm Abstand übereinander mehrere waagerechte Schenkelpaare angeordnet sind. Hier ist darauf zu achten, daß die unteren Schenkel länger gelassen werden als die obe-

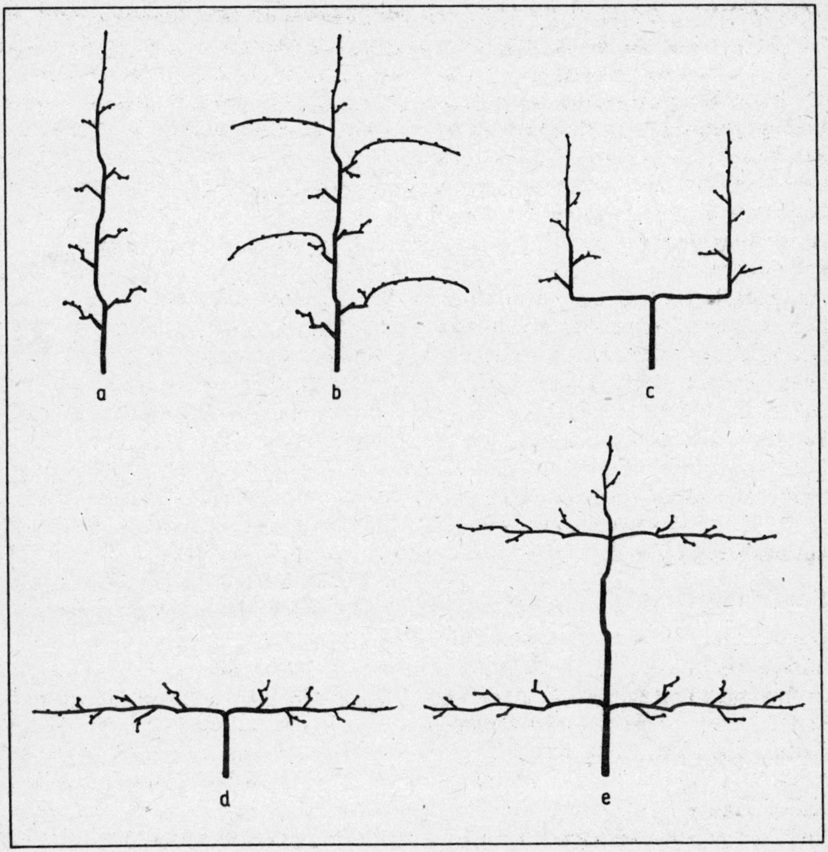

Abb. 114 Erziehungsformen der Spalierrebe
a = Senkrechter Schnurbaum mit Zapfenschnitt,
b = Senkrechter Schnurbaum mit Bogrebenschnitt,
c = U-Form,
d = Waagerechter Schnurbaum, zweiarmig,
e = Spalier mit mehreren waagerechten Ästen

ren, um sie den begünstigten oberen in der Wuchskraft etwa gleichzuordnen (siehe „Astrangordnung"). An Stämmen und Ästen der Weinrebe wird das **Tragholz** erzogen, an dem die Fruchttriebe entstehen, die noch im gleichen Jahr den Ertrag bringen. Unterschieden werden „Zapfen" mit 2 bis 3 Knospen, „Strecker" mit 4 bis 7 Knospen und „Bogreben" mit 8 und mehr Knospen. Durch den Schnitt des Rebstocks soll die regelmäßige Ausbildung von kräftigem, jedoch nicht mastigem, gut entwickeltem einjährigem Tragholz erreicht werden. Alljährlich wird das abgetragene Tragholz be-

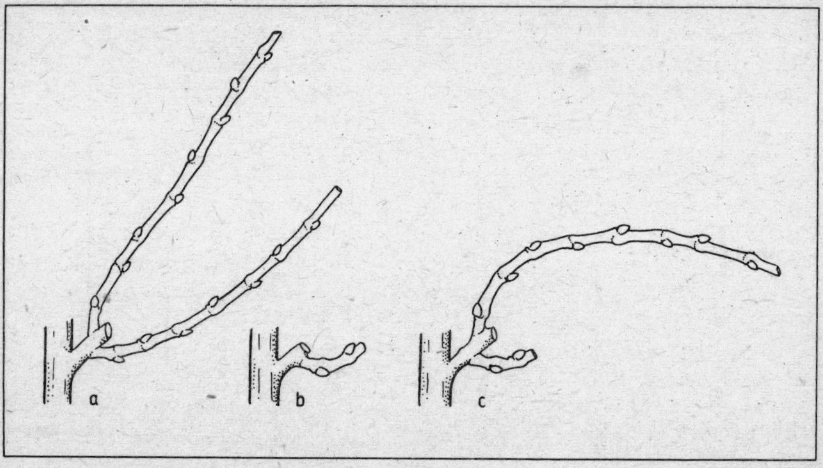

Abb. 115 Behandlung des Tragholzes
a = Austriebe eines Zapfens, b = nach dem Zapfenschnitt,
c = nach dem Bogrebenschnitt, es verbleibt ein Ersatzzapfen

seitigt und neues Trag- und Ersatzholz angeschnitten. Ersatzholz besteht aus Zapfen mit 2 Knospen, an ihm soll sich das Tragholz des nächsten Jahres entwickeln.

Der Tragholzbesatz eines Schenkels muß sich nach der Schnittart richten und der Wuchskraft einer Sorte und des Weinstocks angemessen sein. Dementsprechend erhalten die aus den Seitentrieben von Stamm und Schenkel hervorgehenden Zapfen einen Abstand von 30 bis 40 cm. Dazwischen entstehende überflüssige Triebe werden alsbald ausgebrochen. Ist langer Schnitt vorgesehen, schneidet man an senkrechten Schenkeln später wechselseitig nur an jedem 2. oder 3. Zapfen eine Bogrebe an, so daß diese einen Abstand von 60 bis 80 cm erhalten.

Erziehung

Beim Pflanzen wird die Rebe auf 1 bis 2 Knospen über dem Erdboden zurückgeschnitten. Die Sommertriebe werden senkrecht an das Spaliergerüst geheftet und im August entspitzt, damit das Wachstum zum Abschluß kommt und das Holz besser ausreift. Die Geiztriebe werden über dem 1. Blatt entspitzt. Beseitigt man sie ganz, so werden die neben ihnen stehenden Achselknospen leicht in ihrer Entwicklung beeinträchtigt.

Im kommenden Winter wird der schwächere der beiden Triebe gänzlich entfernt. Sofern der verbleibende Trieb etwa Bleistiftstärke erreicht hat, kann der Aufbau des Spaliers beginnen. Andernfalls wird der Trieb abermals auf 2 Knospen zurückgeschnit-

ten, und es wird wie im ersten Jahr verfahren.
Zum **Aufbau der Rebspaliere** wird der verbleibende Trieb auf 40 cm plus 4 bis 6 Knospen geschnitten. Die im Sommer erscheinenden Triebe sind gleichmäßig verteilt an das Spaliergerüst zu heften, damit sie gut belichtet werden und gut ausreifen können. Die übrige Sommerbehandlung erfolgt wie im ersten Jahr. Sofern nicht einarmige senkrechte Schnurbäume erzogen werden sollen, können die Triebe im Winter zum Aufbau der gewünschten Spalierform benutzt werden. Die Triebe lassen sich leichter in die gewünschte Form bringen, wenn man sie an der Biegungsstelle leicht um ihre Achse dreht, z. B. bei der Erziehung von U-Formen und waagerechten Schnurbäumen. Die Verlängerungstriebe von Stamm und Ästen werden von jetzt ab bis zum vollendeten Aufbau der Form jährlich auf etwa 4 bis 7 Knospen zurückgeschnitten. Alle übrigen Seitentriebe sind auf 2 Knospen, auf Zapfen, zurückzuschneiden. Dieser kurze Schnitt ist notwendig, damit alle Knospen austreiben und die Äste nicht verkahlen.
Im nächsten Jahr bringen einige Reben schon Ertrag, und es beginnt die Instandhaltung. Die weitere Formierung der Äste (Schenkel) richtet sich danach, ob das Spalier einen kurzen oder langen Schnitt erhalten soll.

Instandhaltung

Maßgebend dafür, ob die Weinrebe einen kurzen oder langen Schnitt erhält, sind Sorteneigenschaften und Wuchsstärke. Zahlreiche Sorten bringen aus allen, auch den basisnahen Knospen des vorjährigen Holzes blühende, fruchtbare Triebe hervor. Bei anderen sind erst Triebe der 4. bis 8. Knospe fruchtbar.

Kurzer Schnitt

Der kurze Schnitt (Zapfenschnitt) kann nur bei solchen Sorten durchgeführt werden, die auch am kurzen Holz blühen. Das sind die meisten zugelassenen Sorten. Ferner wendet man den Zapfenschnitt grundsätzlich am Tragholz aller waagerecht verlaufenden Formen bzw. Schenkel an.

Laubarbeiten

Das starke und ungeordnete Wachstum der Rebe erfordert bestimmte Sommerarbeiten (Laubarbeiten). Durch sie soll der Rebstock in der vorgesehenen Form erhalten bleiben. Weiterhin ist es ihr Zweck, die Entwicklung überflüssiger Triebe einzuschränken und durch gute Belichtung des Laubes für gute Ausbildung und Ausreife aller benötigten Triebe und der Trauben zu sorgen.
Sobald die Gescheine an den Trieben gut erkennbar sind und kein Frost mehr zu erwarten ist, werden überflüssige Triebe – Bodentriebe, Wasserschosse aus dem alten Holz, unfruchtbare Triebe aus Nebenknospen – ausgebrochen, stärkere abgeschnitten. An den im vorangegangenen Winter auf Zapfen geschnittenen Seitentrieben sind meist 2 Jungtriebe entstanden. Sofern der oberste dieser beiden Triebe unfruchtbar ist, wird er entfernt. Das **Ausbrechen** muß vor Blühbeginn beendet sein.
Zugleich mit dem Ausbrechen sind die verbleibenden Triebe gleichmäßig,

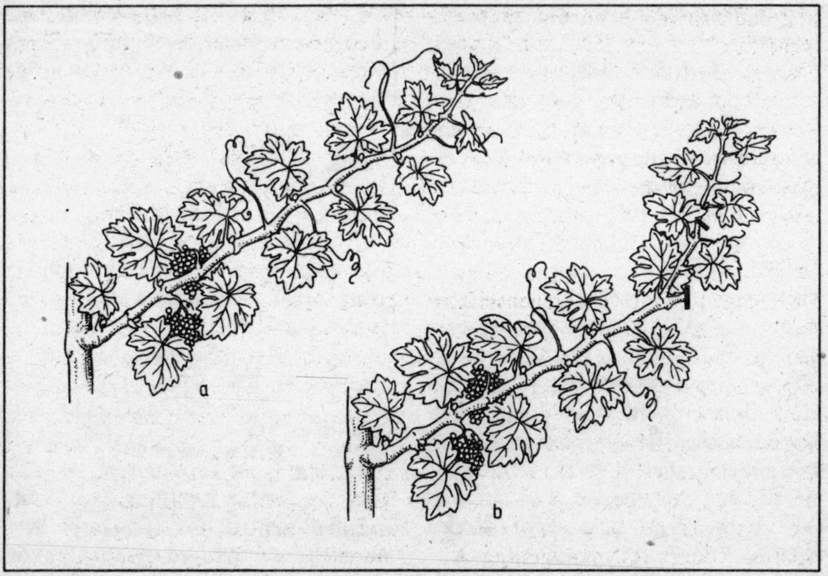

Abb. 116 Entspitzen fruchtbarer Triebe (nach Thiele); a = vor dem Entspitzen, b = längere Zeit nach dem Entspitzen; der entstandene Geiztrieb wird auf 2 Blätter gekürzt

locker verteilt, aufrecht bis schräg-aufrecht an das Spaliergerüst zu **heften**. Waagerechtes Heften fördert die Ausbildung von Geiztrieben. Das Heften ist entsprechend dem weiteren Triebwachstum mehrmals zu wiederholen.

Nach der Blüte sind die fruchtbaren Triebe bei starkem Wachstum 4 bis 6 Knospen über der obersten Traube zu **entspitzen**, desgleichen verbliebene unfruchtbare Triebe über dem 10. bis 12. Blatt. Die **Geiztriebe** in den Blattachseln sind regelmäßig über dem 1. Blatt zu entspitzen. Im August die Haupttriebe nochmals kappen.

Winterschnitt

Im folgenden Winter ist ein **Rückschnitt** der Triebe erforderlich. Die an den vorjährigen Verlängerungstrieben entstandenen Seitentriebe werden auf 2 Knospen gekürzt. Von den auf den Zapfen entstandenen 2 Trieben entfernt man den obersten ganz und schneidet den untersten auf 2 Knospen, also auf Zapfen, zurück. Ist der unterste Trieb sehr schwach entwikkelt, so schneidet man ihn auf 1 Knospe, läßt den obersten aber stehen und schneidet ihn auf 2 Knospen zurück. In gleicher Weise wird auch in den folgenden Jahren verfahren.

Das Seitenholz darf nicht zu lang werden. Sobald es eine Länge von 15 cm erreicht hat, ist es zu **verjüngen.** Dabei wird es auf einen am Zweiggrund befindlichen Nebentrieb zurückgeschnitten. Das Fruchtholz befindet

sich dadurch immer in unmittelbarer Nähe des Stammes oder Astes und ist leicht zu behandeln. Zu beachten ist, daß unmittelbar am Stamm entstehende Jungtriebe oftmals nicht fruchtbar sind.
Der Zapfenschnitt ist technisch am einfachsten durchführbar.

Langer Schnitt

Der lange Schnitt (Bogrebenschnitt) muß bei allen Sorten durchgeführt werden, die an kurzem Holz keine blühenden Triebe hervorbringen. Er wird zweckmäßigerweise auch bei starkwachsenden Sorten der anderen Gruppe angewendet.
Auch beim **Bogrebenschnitt** werden die Seitentriebe der letztjährigen Stamm- oder Astverlängerung auf Zapfen geschnitten. Von den hieran entstehenden beiden Trieben wird der unterste als **Ersatztrieb** auf Zapfen geschnitten, der oberste als Bogrebe behandelt, auf 6 bis 8 Knospen zurückgeschnitten und im schwachen Bogen an das Spalier gebunden. Aus den 6 bis 8 Knospen entstehen mehrere fruchtbare Triebe, die mehr oder weniger senkrecht an das Spalier geheftet werden. Unfruchtbare Triebe entfernt man ganz. Die übrige Sommerbehandlung ist die gleiche wie beim Zapfenschnitt, mit dem Unterschied, daß die an den Zapfen entstehenden Triebe erst über der 10. Knospe entspitzt werden. Im folgenden Winter wird die **abgetragene Bogrebe** entfernt. Von den beiden auf dem Zapfen entstandenen Trieben dient der oberste als neue Bogrebe, der unterste wird auf Zapfen geschnitten. Nur wenn der oberste sehr schwach entwickelt ist,

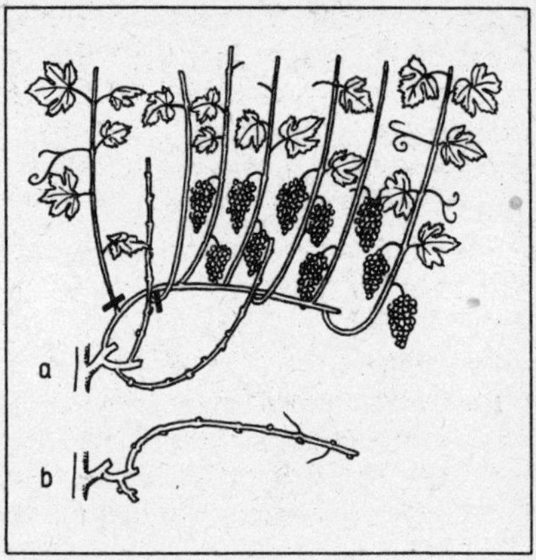

Abb. 117 Bogrebenschnitt
a = Bogrebe mit fruchtbaren Trieben; unfruchtbare Triebe werden frühzeitig ausgebrochen (links), b = im folgenden Nachwinter: das abgetragene Holz wurde entfernt und die neue Bogrebe angeschnitten und herabgebogen

verwendet man den untersten als Bogrebe und schneidet den obersten auf Zapfen.
Nun kann nicht aus jedem Seitenast der Rebe eine Bogrebe entwickelt werden. Die Bogreben sollen voneinander 60 bis 80 cm **Abstand** haben, so daß ein 2 m hoher senkrechter Schnurbaum bei zweiseitiger Anordnung etwa 4 bis 6 Bogreben aufweist. Auf diese Weise bleibt die Rebe stets wuchskräftig, und das Laubwerk kann gut belichtet werden. Nach Beseitigung der abgetragenen Bogreben und dem Rückschnitt der Ersatztriebe wählt man die benötigten Bogreben in jedem Jahr neu aus. Dabei wechselt man nach Möglichkeit die Seitenzweige. Die nicht benötigten Aus-

triebe eines Zapfens werden vereinzelt, und der jeweils verbleibende Trieb wird als Ersatzholz auf Zapfen geschnitten.

Zeitpunkt und Technik der Schnittarbeiten

Die günstigste Zeit für den winterlichen Rückschnitt ist die Zeit von Mitte Februar bis Mitte März. Späterer Schnitt führt zum Bluten der Rebe und damit zu einem unnötigen Verlust von Assimilaten. Der Rückschnitt der Triebe wird nicht, wie beim übrigen Obst, kurz über dem Auge vorgenommen, sondern man läßt einen kleinen, 1 bis 2 cm langen Zapfen stehen, da sonst das Auge leicht geschädigt wird. Wenn alte Äste entfernt werden müssen, so werden sie glatt am Stamm abgeschnitten. Bei den Schnittarbeiten wird zugleich die lose Rinde mit abgerissen, da sich hierhinter zahlreiche Schädlinge verbergen können.

Krankheiten und Schädlinge und ihre Bekämpfung

Die Weinrebe wird von zahlreichen Krankheiten und Schädlingen befallen, deren Schaden sich in Anbetracht oft weniger günstiger Klimaverhältnisse besonders nachteilig auswirkt. Deshalb ist gezielte Schädlingsbekämpfung erforderlich, um die Rebe gesund zu erhalten und hohe, hochwertige Erträge zu gewinnen.

Reblaus

Die Reblaus ist als wichtigster Schädling der Weinrebe anzusehen. In den Weinbaugebieten Mitteleuropas hat sie gegen Ende des vergangenen Jahrhunderts den Weinbau fast zum Erliegen gebracht. In den Weinbaugebieten ist die Bekämpfung der Reblaus staatlich organisiert. Hier dürfen nur auf reblausfeste Unterlagen veredelte Pfropfreben gepflanzt werden.

Die Reblaus ist eine in mehreren Generationen vorkommende Zwerglaus. Sie ist grünlich bis bräunlich gefärbt und lebt an Wurzeln und in Blattgallen. Schaden wird vor allem durch das Saugen der Wurzelreblaus an den Wurzeln angerichtet, wodurch die Weinstöcke kümmern und absterben. Erkennbar wird der Befall durch Anschwellungen und Knötchenbildungen an den Wurzeln. Reblausverdächtige Symptome an Weinstöcken sind umgehend den Pflanzenschutzämtern zu melden.

Traubenwickler

Miteinander versponnene Blütenknospen in den Gescheinen deuten auf den Befall mit diesen Kleinschmetterlingen hin, die an warmen und feuchten Maiabenden fliegen und ihre Eier an den Blütenknospen ablegen. Die gelbköpfigen Räupchen des **Bekreuzten Traubenwicklers** erscheinen etwas früher als die schwarzköpfigen des **Einbindigen Traubenwicklers**. Wegen ihres Auftretens zu Beginn der Heuernte werden sie als „Heuwürmer" bezeichnet. Nach dem Verpuppen der Raupen erscheint im Juli und August die zweite Generation der Wickler. Die Eier werden jetzt einzeln an den Beeren abgelegt. Durch den Fraß der Räupchen in den Beeren bleiben diese klein, sauer und faulen. Die Räupchen der zweiten Generation, als „Sauerwürmer" bezeichnet, verpuppen

sich unter der Rinde und in anderen Schlupfwinkeln.
Die **Bekämpfung** ist vorzunehmen, sobald in den Gescheinen bzw. an den Trauben der erste Befall festgestellt wird. Sie erfolgt durch Spritzen mit Phosphorinsektiziden (z. B. „Wofatox-Spritzmittel" oder „Wotexit-Spritzmittel") und ist mit scharfem Strahl vorzunehmen. Am wichtigsten ist die Bekämpfung der ersten Generation.

Filzgallmilbe

Mehr auffällig als nachteilig ist das Schadbild der Filzgallmilbe, die häufig an Spalierreben anzutreffen ist. Die auf der Blattunterseite lebenden Milben bewirken dort einen weißlichen Haarfilz, der sich später mitunter rötlich verfärbt. Die befallenen Stellen wölben sich auf der Blattoberseite zunehmend, so daß sie Pocken ähnlich sehen.
Im allgemeinen erübrigt sich eine chemische Bekämpfung. Bei starkem Befall im Vorjahr empfiehlt sich Einbeziehung in die Austriebsspritzung mit „Oleo-Wofatox" gegen die in den Knospen überwinternden Milben.

Wespen und Hornissen

Sie fressen vor allem an reifenden Beeren frühreifer Sorten. **Bekämpfung** ist durch Aufhängen von Köderflaschen (Bier- und Weinflaschen), zur Hälfte mit verdünntem Fruchtsaft, etwas Zucker und Bier gefüllt, möglich. Ferner kann man Trauben durch Einhüllen in Gazebeutel schützen.

Vögel

Besonders Amseln und Stare richten an reifen Beeren oft großen Schaden an. Die gefährdeten Spaliere können durch Vorhängen von Gardinen und Netzen einigermaßen geschützt werden.

Echter Mehltau der Rebe

Der Echte Mehltau ist die wichtigste Pilzkrankheit an Rebspalieren. Erkennbar ist sie an dem weißlichen Belag, mit dem Blätter, Triebe, Gescheine und Trauben überzogen sind. Es handelt sich um ein feines Pilzgeflecht, das Sauggefäße in die Zellen des Weinstocks treibt und sie aussaugt. Der Befall geht von dem Myzel aus, das in den Knospen überwintert hat. Es entwickelt sich bei wärmerer Witterung ab Mitte Mai und bildet Sporen, die auf die jungen Blätter und

Abb. 118 Schadbild des Echten Mehltaues (nach Thiele)

Früchte verweht werden. Erkrankte Blätter vertrocknen und fallen ab. Gescheine und kleine Beeren verkümmern, größere Beeren werden hart und platzen auf.

Die **Bekämpfung** erfolgt durch wiederholte abwechselnde Spritzung mit Schwefel- und Benomylmitteln. Umfassender anwendbar, weil gleichzeitig gegen den Falschen Mehltau wirksam, sind schwefelhaltige organische Fungizide wie „bercema-Zineb-Schwefel“. Die Reben werden vorbeugend vor und nach der Blüte gespritzt, bzw. sobald sich die ersten Anzeichen der Krankheit zeigen. Danach wird die Spritzung im Abstand von 14 Tagen wiederholt, bis die Trauben zu reifen beginnen.

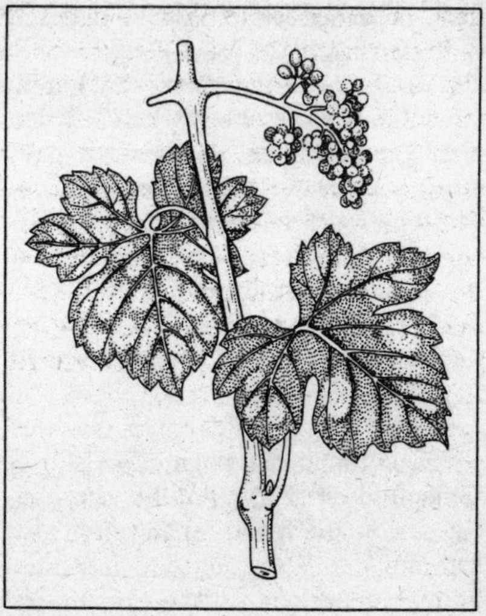

Abb. 119 Schadbild des Falsches Mehltaues (Blattfallkrankheit) (nach Thiele)

Falscher Mehltau der Rebe

Anfangs hellgrüne oder gelbliche, durchscheinende Flecken auf den jungen Blättern, später weißgraue Pilzrasen auf der Blattunterseite sind das Schadbild des Falschen Mehltaues. Bei feuchter Witterung breiten sich die Pilzrasen schnell auf Blättern und Trauben aus. Schließlich werden die Blätter braun und fallen ab (Blattfallkrankheit), die Beeren werden blau und schrumpfen. Der Befall geht im Frühjahr vom überwinterten Laub, während der Vegetation von befallenen Blättern aus. Reben am Hausspalier sind weit weniger anfällig als Reben im Freistand, da Spalierreben an südlichen Wänden seltener von Niederschlägen getroffen werden und hier eine geringere Luftfeuchtigkeit herrscht.

Die **Bekämpfung** erfolgt im einfachsten Fall durch Sammeln und Vernichten der abgefallenen Blätter, im übrigen, besonders bei feuchter Witterung, durch Spritzung mit einem Kupfermittel (z. B. „Spritz-Cupral 45“) nach der Büte, sobald sich auf den Blättern die ersten durchscheinenden „Öl“-Flecke zeigen. Nach 10 bis 14 Tagen ist die Spritzung zu wiederholen. Außer Kupfermitteln eignen sich auch organische Fungizide, z. B. „bercema-Zineb 90“, „Malipur“ und „Wolfen-Thiuram 85“ zur Bekämpfung des Falschen Mehltaues. „bercema-Zineb-Schwefel“ wirkt zugleich gegen den Echten Mehltau.

Frostschutz

Frostschutzmaßnahmen sind bei der wärmebedürftigen Weinrebe besonders wichtig. Auch beim Anbau an Hauswänden und Mauern sollten Lagen, in denen regelmäßig Spätfröste auftreten, gemieden werden. Hier liegen auch die Wintertemperaturen besonders tief.

Von Dezember ab sollten die Rebstöcke in Schilf oder Stroh eingebunden oder mit Fichtengrün bedeckt werden. Junge Reben kann man niederlegen und mit Erde anhäufeln. Bedecken der Pflanzscheibe über Winter mit lockerem organischem Material schützt Stammgrund und Wurzeln weitgehend vor Frosteinwirkung. Bei Spätfrösten bieten vorgestellte Strohmatten einen gewissen Schutz.

Ernte der Trauben

Die Trauben beginnen Mitte August zu reifen. Als Tafeltrauben werden sie vollreif geerntet. Je länger man sie hängen lassen kann, desto wohlschmeckender werden sie. Erkennbar ist die volle Reife daran, daß die Beeren ausgefärbt und süß sind. Wartet man die Reife der einzelnen Trauben ab, kann man die Ernte eines Stockes auf 2 bis 3 Wochen verteilen.

Die Trauben werden am Stiel gefaßt, mit einer Schere vom Trieb getrennt und vorsichtig in das Pflückgefäß gelegt. Dabei sollte der vielen Sorten anhaftende „Duft“ erhalten bleiben. Einschichtig in Flachsteigen gelegt, kann man die Trauben an einem kühlen und luftigen Ort einige Zeit aufbewahren. Spät und trocken geerntete Trauben sind, in einem frostgeschützten, luftigen Raum einzeln an Schnüren

Abb. 120 Erntereife Trauben

aufgehängt, mehrere Wochen lang haltbar.

Tafeltraubensorten

Die im Garten am Hausspalier angebauten Rebsorten sind überwiegend Tafeltraubensorten, also Sorten, die zum Frischverzehr bestimmt sind. Einige sind allerdings auch zum Keltern, also zur Weinbereitung geeignet. Ferner ergeben besonders die hellfrüchtigen Sorten einen wohlschmekkenden Süßmost und brauchbare Konserven. Durch den Anbau mehrerer Sorten ist man in der Lage, sachgemäße Lagerung vorausgesetzt, von August bis zum Spätherbst frische Tafeltrauben auf dem Tisch zu haben.

Früher Malingre

Reife: Sehr früh, Mitte August.
Frucht: Klein bis mittelgroß, oval; süß, wenig Aroma; Traube mittelgroß, lokker.
Rebe: Wächst mittelstark; verlangt kurzen Schnitt; für kleine Formen und Flächen geeignet; Ertrag hoch; Holz reift gut aus und ist ziemlich frostwiderstandsfähig.
Ansprüche: Gering, besonders für Anbau außerhalb der Weinbaugebiete geeignet.

Perrantraube

Reife: Mitte August.
Frucht: Rundlich bis oval, weißgelb; sehr süß; Traube mittelgroß bis groß, locker.
Rebe: Wächst stark; für mittellangen bis langen Schnitt.

Königin der Weingärten

Reife: Mitte August
Frucht: Gelblich; mit würzigem Muskatgeschmack; Traube groß bis sehr groß, locker.
Rebe: Wächst mittelstark bis stark; für mittellangen, während der Hauptertragszeit auch für kurzen Schnitt.
Ansprüche: Hoch, vorwiegend für Anbau in Weinbaugebieten.

Königliche Magdalenentraube

Reife: Früh, Anfang September.
Frucht: Groß, hellgelb; süß; Traube mittelgroß, länglich.
Rebe: Wächst stark; für kurzen und langen Schnitt; Ertrag hoch; Holz reift mitunter schlecht aus, deshalb nicht immer winterhart.
Ansprüche: Verlangt warmen und geschützten Standort; empfindlich gegen naßkalte Witterung und Spätfröste.

Blauer Portugieser

Reife: Mittelfrüh, Mitte September.
Frucht: Mittelgroß, rundlich, schwarzblau mit hellem Duft, dünnhäutig; von angenehmem Geschmack; Traube mittelgroß bis groß, dichtbeerig.
Rebe: Wächst stark; verlangt in der Jugend langen, später kurzen Schnitt; Ertrag hoch.
Ansprüche: Verlangt warme und geschützte Lage, dann auch außerhalb der Weinbaugebiete geeignet; Holz reift bei ungünstiger Witterung schlecht aus und ist dann frostempfindlich.

Roter und Weißer Gutedel

Reife: Mittelfrüh, Mitte bis Ende September.
Frucht: Groß, rund, mit dünner, aber fester Haut, hellrot bzw. gelbgrün und

sonnenwärts gebräunt; süß aromatisch; Trauben groß, lang, locker; lassen sich frisch längere Zeit aufbewahren.

Rebe: Wächst mittelstark; für kurzen und langen Schnitt; Ertrag reich und regelmäßig, 'Roter Gutedel' trägt etwas weniger reich.

Ansprüche: Gering, für alle Lagen, hoher Nährstoffbedarf.

In den letzten Jahren wurden einige Auslesen heimischer Wildobstarten zum Anbau zugelassen, die auch im Garten ihren Platz finden könnten. Sie bieten hinsichtlich Gewinnung und Verarbeitung gegenüber den Wildformen wesentliche Vorteile.

Schwarzer Holunder

Der Schwarze Holunder *(Sambucus nigra)* ist als Wildgehölz besonders auf humosem, stickstoffreichem, frischem bis feuchtem Boden als Vor- und Unterholz in Laub- und Mischwäldern, Feldgehölzen und Hecken sowie als Kulturfolger an Ortsrändern und im Gartengelände anzutreffen. Daneben verwendet man ihn und verwandte Arten als Decksträucher in der Garten- und Landschaftsgestaltung.

Schwarzer Holunder bildet **kräftige Sträucher** und **kleine Bäume** von 4 bis 7 m Höhe. Die Triebentwicklung ist ausgesprochen kräftig, die Verzweigung locker und sperrig. Aus den gegenständigen, weitständigen Achselknospen der vorjährigen Lang- und Kurztriebe gehen kräftige Kurztriebe hervor, die in einem beblätterten Blütenstand enden. Die Bewurzelung ist grob und weitreichend.

Der **Austrieb** erfolgt zeitig, die **Blüte** erscheint Anfang Juni. Die stark duftenden Blüten sind zu entständigen, dichtblütigen fünfästigen Trugdolden vereinigt, die sich im Verlauf der Fruchtreife herabbiegen. Die kugelige, 5 bis 6 mm große Frucht ist eine Beere. In reifem Zustand ist sie glänzend dunkelviolett gefärbt und enthält

einen dunkelroten, stark färbenden Saft mit zahlreichen gesundheitlich bedeutsamen Inhaltsstoffen.
Holunder für die Fruchtgewinnung wird man im Garten nur als Einzelgehölz **pflanzen**, am besten als Deckstrauch oder Schattengehölz in der Nähe des Sitz- oder Kompostplatzes. Dazu verwenden wir die zugelassene Sorte 'Mammut'. Ein Standplatz von 15 bis 20 m^2 sollte gewährleistet werden. Die Pflanzstelle werden wir auf Spatenstichtiefe reichlich mit Kompost oder zerkleinertem Torf verbessern. Nach dem Pflanzen ist sie mit einer dicken Decke aus Laub und Feinreisig zu versehen.
Die **Bodenpflege** kann sich im allgemeinen darauf beschränken, jährlich die Streudecke zu ergänzen und im Bedarfsfall zu wässern. Der **Schnitt** wird anfangs im Beseitigen schwacher Basistriebe, später im Entfernen abgetragener Fruchtzweige und abgängiger Gerüstäste bestehen. Wo in geschlossenen, warmen Lagen die Schwarze Holunderblattlaus auftritt, ist es zweckmäßig, die Sträucher in die Austriebspritzung einzubeziehen und befallene Triebe in eine insektizide Brühe zu tauchen. Amseln, Drosseln und andere Vögel sind von den reifen Früchten durch Scheuchen, Netze oder Gardinen fernzuhalten.
Holunderbeeren beginnen Ende August/Anfang September zu reifen. Sie werden geerntet, wenn die Beeren eines Fruchtstandes vollständig schwarz sind und die ersten zu schrumpfen beginnen. Geerntet wird, indem die Fruchtstände mit der Schere abgeschnitten und vorsichtig in einen Behälter gelegt werden. Die **Verarbeitung** sollte möglichst bald erfolgen. Hierzu sind die Dolden kurz zu waschen. Nachdem sie abgetropft sind, werden die Beeren ohne Stiele und Stengel abgezupft und in Schüsseln gesammelt.
Holunderbeeren sind wegen des Gehalts der Samen und grünen Teile an Sambunigrin **nicht zum Rohguß** geeignet, vielmehr ist davor dringend zu warnen. Dagegen können sie gut zu Saft, Mark, Marmelade und Gelee verarbeitet und mit anderen Früchten gemischt werden. So ergibt Holundersaft, mit Johannisbeersaft gemischt, ein hervorragendes Getränk und kann mit Apfel- und Johannisbeersaft zu einem wohlschmeckenden Gelee verarbeitet werden. Aus Holunderfruchtmark kann man mit Apfelmus, Pflaumen, Sauerkirschen und Johannisbeeren eine schmackhafte Marmelade herstellen. Um jede gesundheitliche Schädigung auszuschließen, sind Saft und Mark vor dem Genuß und jeder Weiterverarbeitung aufzukochen.
Neben den Früchten werden in der Küche auch Holunderblüten verwendet, während Blätter, Blüten und Wurzeln als Tee zur Bekämpfung zahlreicher körperlicher Beschwerden und Krankheiten dienen.

Sorte 'Mammut'

Reife: Sehr früh, Ende August/Anfang September.
Frucht: Mittelgroß, rund, dunkelschwarzblau; Trugdolden groß, Fruchtstiel dunkelrot, Beeren reifen gleichzeitig, ohne zu rieseln; für häusliche Verwertung.
Strauch: Stark wachsend, breit aufrecht; Blüte spät, Anfang Juni; Ertrag

sehr hoch und regelmäßig, auch auf leichtem Boden.
Ansprüche: Für genügend humose, stickstoffreiche, auch leichte Böden mit hinreichender Feuchtigkeit geeignet. Erfordert regelmäßiges Auslichten (Fruchtholzumtrieb).

Preiselbeere

Die Preiselbeere *(Vaccinium vitis-idaea)* ist ein kriechender, rasig wachsender **immergrüner Zwergstrauch** trockener Kiefernwälder und -heiden. Die etwa 20 cm Höhe erreichenden, sich schwach verzweigenden Stengel tragen endständig traubige Blütenstände. Die weißen, rosig überhauchten glokkenförmigen Blüten erscheinen vom Mai bis zum Herbst. Die Frucht ist eine Beere, die sich vollreif rot färbt und erst überreif weich wird.
An den **Standort** stellt die Preiselbeere ähnliche Ansprüche wie die Heidelbeere. Günstig sind trockene Nadelwald- und Heideböden von lokkerer Beschaffenheit und saurer Reaktion, Nadelstreuauflage und freie bis halbschattige Lage. Auf Grund ihrer speziellen Standortansprüche wird man die Kulturpreiselbeere nicht allgemein im Garten anbauen können. Geeignet sind sie jedoch zu Unterpflanzung von Moorbeet- und Koniferenpflanzungen. Besonders aber auf Wochenendgrundstücken in lichtem Waldgelände mit den o. g. Standortbedingungen sollte man ihnen einen Platz geben, nachdem man den Boden durch Einhacken von zerkleinertem Torf oder Waldstreu verbessert hat. Die Bodenpflege besteht in gelegentlichem Nachdecken von Streu.
Preiselbeeren beginnen ab August folgernd zu reifen. Sie eignen sich überreif zum Rohgenuß, überwiegend aber zur **Verarbeitung** zu Kompott, Konfitüre und Konserven. Geerntet werden sie, sobald sie voll ausgefärbt sind.

Sorte 'Erzgebirgsperle'

Reife: Ab Anfang August bis Ende Oktober.
Frucht: Groß (großfrüchtige Mutante der Waldpreiselbeere), dunkelrot glänzend; etwas bitter, erst vollreif saftig; für Frischverzehr, Kompott, Konfitüre, Konserven.
Strauch: Rasig wachsender Zwergstrauch, 20 cm hoch; Blüte Mai bis Spätherbst; Ertrag hoch (bis zum fünffachen der Waldpreiselbeere).
Ansprüche: Verlangt sauren Boden und freie bis halbschattige Lage.

Anhang

Haselnußstrauch

Wirtschaftliche Bedeutung

Der Haselnußstrauch ist in unserem Gebiet heimisch und in vielen Gärten und Landschaften anzutreffen. Dennoch sind weder der **Bestand** noch dessen Ertrag hinreichend erfaßt, als daß eine zutreffende Aussage über die wirtschaftliche Bedeutung der Hasel im allgemeinen und der Kulturhasel im besonderen gemacht werden könnte. Wir dürfen aber davon ausgehen, daß auf Grund der weiten Verbreitung beachtliche Mengen Haselnüsse in Gärten und Wäldern geerntet werden und den Tisch des Selbstversorgers bereichern.

Der **Ertrag** beginnt mit dem 3. bis 4. Jahr, bei Sämlingspflanzen erheblich später. An geeigneten Standorten und bei Anwesenheit geeigneter Befruchtersorten ist er recht sicher. Die sehr zeitige Blüte wird oft durch ungünstige Spätwintertemperaturen gestört.

Der Anteil der für den Frischverzehr bestimmten Früchte ist ziemlich gering. Der größte Teil der im Selbstversorgerhaushalt geernteten Nüsse wird als Backzutat verwendet. Darüber hinaus sind Haselnüsse als Rohstoff für die Süßwarenindustrie und die Ölgewinnung von Bedeutung.

Herkunft und botanische Besonderheiten

Der Haselnußstrauch gehört zur Gattung *Corylus* aus der Familie der Birkengewächse *(Betulaceae)*. Diese Gattung ist in der gesamten nördlich gemäßigten Zone anzutreffen. Am Zustandekommen unserer Kulturhasel sind die Waldhasel *(Corylus avellana)* und die Lambertnuß *(Corylus maxima)* beteiligt. Die Waldhasel ist in lichten Laubwäldern ganz Europas bis zum Kaukasus, in Nordafrika und Kleinasien, die Lambertnuß in Wäldern Südosteuropas, Kleinasiens und des vorderen Orients beheimatet. In einigen Mittelmeerländern, wie Spanien, Italien und besonders in der Türkei wird die Haselnuß großflächig angebaut und stark exportiert.

Der Haselnußstrauch ist ein **sommergrünes Gehölz** von sehr starkem Wuchs, der auf geeignetem Standort 4 bis 6 m hoch wird und baumartigen Charakter annimmt. Die steilwachsenden Äste sind gleichmäßig zweizeilig fein verzweigt und ergänzen sich vorzugsweise durch lange Erneuerungstriebe (Loden) aus der Strauchbasis. Die Blüten sind **getrenntgeschlechtlich einhäusig,** d. h. weibliche und männliche Blütenorgane befinden sich an der gleichen Pflanze, auch am gleichen Trieb, sind aber getrennt voneinander angeordnet. Die **männlichen Blütenorgane** sind zu vielblütigen Troddeln vereinigt. Diese bilden zu

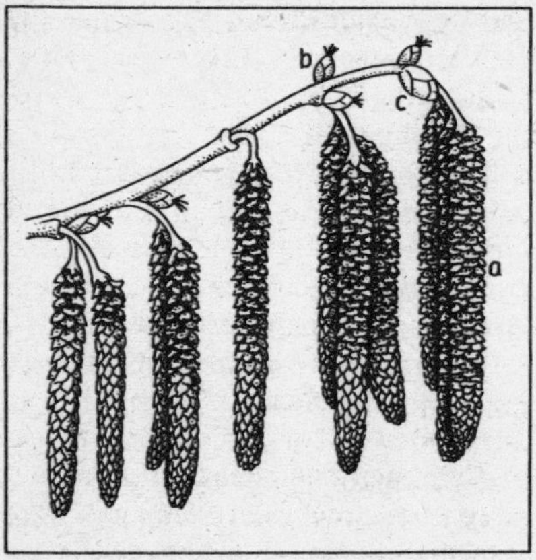

Abb. 121 Blütenzweig des Haselnußstrauches a = männliche Blüten (Troddeln), b = weibliche Blüte, c = gewöhnliche Holzknospe

zweien bis vieren eine kleine Traube und sind bereits im Sommer sichtbar. Die **weiblichen Blütenknospen** gleichen gewöhnlichen Holzknospen und sind erst zur Blütezeit an den aus der Knospenspitze* hervortretenden kleinen fadenförmigen roten Narben erkennbar. Sie befinden sich meist am Grunde des Stielchens der Troddeln, aber auch einzeln im Trieb. Die Bildung fruchtbarer Triebe und der Blütenanlagen erfolgt vor allem in der Spitzenregion des Strauches. Ausgesprochene Langtriebe sowie Erneuerungstriebe aus dem alten Holz sind unfruchtbar.

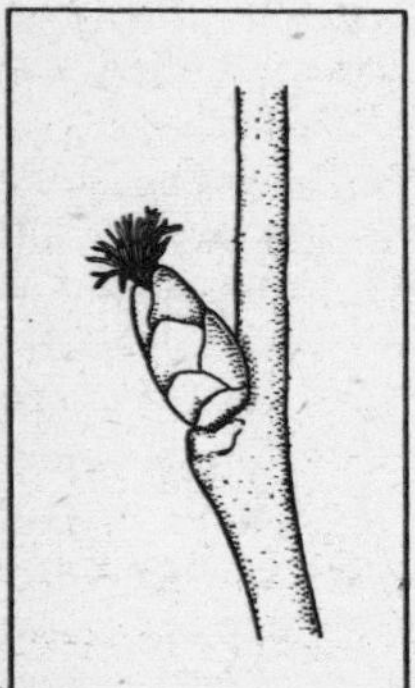

Abb. 122 Weibliche Haselblüte

Die **Bewurzelung** des Haselnußstrauches ist sehr intensiv, reicht sehr weit und ziemlich tief. Die Faserwurzeln sind von einem Pilzgeflecht (Mykorrhiza) umsponnen. Das durchschnittliche Lebensalter des Strauches beträgt 35 bis 40 Jahre.

Der Haselnußstrauch blüht je nach den Witterungsbedingungen schon sehr früh, ab Ende Januar bis Ende März, lange vor dem Laubaustrieb. Weibliche und männliche Blüten blühen oft zu verschiedenen Zeiten. Die Witterungsbedingungen, insbesondere die Temperaturen, sind die Ursache dafür, ob männliche oder weibliche Blüten zuerst blühen. Haselnußsträucher sind im Unterschied zum übrigen Strauchobst **Windblütler**, d. h., der Blütenstaub wird vom Wind auf die empfängnisfähige Narbe übertragen. Während die Troddeln nur wenige Tage stäuben, bei kühlem Wetter mehr, bei warmem weniger, sind die weiblichen Blüten längere Zeit befruchtungsfähig.

Aus der weiblichen Blütenkospe geht nach der Befruchtung ein Fruchtstand mit einer oder mehreren Früchten hervor. Die Frucht ist eine Nuß, die sich in einer becherförmigen Blatthülle befindet.

Für den Anbau von Bedeutung ist, daß die meisten Haselnußsorten

Abb. 123 Fruchtstand des Haselnußstrauches

selbstunfruchtbar sind. Zur Sicherung des Fruchtsatzes sind geeignete Befruchtersorten in der Nachbarschaft erforderlich.

Ansprüche an den Standort

Mit zuverlässigen und hohen Erträgen kann nur dort gerechnet werden, wo bestimmte Ansprüche an das **Klima** erfüllt werden. Wichtig sind möglichst ausgeglichene Temperaturen, milde Winter ohne starke Temperaturschwankungen und warme Sommer und Spätsommer, ferner ausreichende Belichtung und Luftbewegung. Bei ausgeglichenen kühlen Temperaturen von Jahresbeginn an ist mit annähernd gleicher Blühzeit männlicher und weiblicher Blüten gegen Ende Februar/Anfang März und einem guten Bestäubungseffekt zu rechnen. Dagegen stäuben die männlichen Blüten bei hohen Temperaturen zu Winterbeginn bereits Ende Januar und sind in wenigen Tagen abgeblüht, bevor die weiblichen Blüten treiben. Holz und Blüte sind frosthart. Mit Frostschäden an männlichen Blüten ist erst ab −20 °C zu rechnen.

Der **Boden** soll kräftig, humos, feucht und von neutraler Reaktion sein. Auf armen und trockenen Standorten enttäuscht der Haselnußstrauch. Er gedeiht, wo Stiel- und Traubeneiche heimisch sind.

Eingliederung in den Garten

Halselnußsträucher werden bei uns nur selten einer sachgemäßen Kronengestaltung sowie einem strengen Schnitt unterworfen. Deshalb nehmen sie einen erheblichen Standraum in Anspruch, dem nur ein relativ geringer Ertrag gegenübersteht. Aus diesem Grunde ist der Haselnußstrauch für den kleinen Garten kaum, für den größeren dann geeignet, wenn die Umweltbedingungen zusagen, es sich also um eine absonnige, aber helle und milde Lage handelt.

Die übliche Verwendung als Abpflanzung von Gebäuden, Kompostplätzen und als Windschutzhecke läßt gewöhnlich nicht die erforderliche Pflege, insbesondere Kronengestaltung und Schädlingsbekämpfung, zu, so daß hier mit befriedigenden Erträgen nicht gerechnet werden kann. Mit dem Fruchtholzschnitt gelingt es, den Kronendurchmesser und die Kronenhöhe auf 2,0 bis 2,5 m zu begrenzen, die Sträucher genügend freizustellen und auf diese Weise mehrere Sorten anzubauen. Wählt man hierzu Sorten, die als gute Pollenspender bekannt sind, so ist eine wesentliche Voraussetzung für hohe und regelmäßige Erträge geschaffen.

Pflanzung

Vorbereitung des Bodens

Ein guter Gartenboden bietet die nötigen Voraussetzungen für den Anbau des Halselnußstrauches. Hier genügt es, geräumige Pflanzlöcher – etwa 40×40×40 cm – auszuheben und den Boden bei der Pflanzung mit Garten- oder Torfkompost zu verbessern.
Auf wenig kultiviertem Boden ist es zweckmäßig, Pflanzgruben von 100 cm im Quadrat einen Spatenstich tief (30 cm) auszuheben. Der Boden der Pflanzgrube ist danach einfach umzustechen. Dem Aushub mischt man reichlich Humusdünger (20 bis 30 l) sowie zur Vorratsdüngung 1 kg eines Phosphordüngers und 0,5 kg schwefelsaures Kali bei und füllt die Grube wieder zu. Genügend abgetrockneter Boden ist sofort, nasser Boden einige Zeit später anzutreten, damit er den nötigen Schluß erhält.

Beschaffung des Pflanzgutes und Vermehrung

Die günstigste Pflanzzeit für den Haselnußstrauch ist der Spätherbst. Geeignete **Pflanzware** sind gut bewurzelte, wenigstens einmal verpflanzte 2- bis 3jährige Sträucher mit mindestens 3 kräftigen Trieben. Aus der Baumschule bezogene Pflanzen sind schonend zu transportieren; dabei sind die Wurzeln durch Einbinden ge-

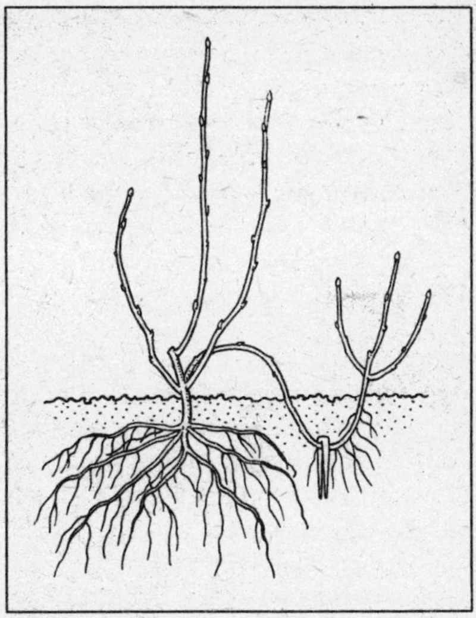

Abb. 124 Vermehrung durch Absenker (schematisch)

gen Austrocknen zu schützen. Die Pflanzen sind umgehend an Ort und Stelle einzupflanzen.
Da Haselnußsträucher nur in begrenzter Anzahl von den Baumschulen abgegeben werden, kann es angebracht sein, von Sträuchern, die der Sorte nach bekannt sind, nachzuziehen. Dies erfolgt durch **Absenker.** Dazu verwendet man an der Strauchbasis entstandene Triebe von genügender Länge. Nachdem in entsprechendem Abstand spatenstichtiefe Löcher ausgehoben wurden, werden die Triebe im Laufe des Winters unter leichter Drehung herabgebogen und bogenförmig eingesenkt. Bevor das Loch zugeworfen wird, ist die Rinde an der unteren Biegung des Triebes leicht abzuschürfen. Dadurch wird die Wurzelbildung gefördert, ebenso durch Zu-

satz von Torf oder Komposterde zum Erdaushub und ständiges Feuchthalten. Bis zum nächsten Herbst haben sich die Absenker gewöhnlich bewurzelt und können abgeschnitten, unter Schonung der Wurzeln herausgehoben und an Ort und Stelle gepflanzt werden.

Festlegen der Pflanzweiten und Pflanzstellen

Der Standraumbedarf des Haselnußstrauches hängt, wie schon gesagt, wesentlich vom Verwendungszweck und der zugedachten Pflege, speziell der Kronengestaltung, ab. Danach bemessen wir die Pflanzweite wie folgt:

Sträucher, die sich frei entwickeln können, 400 cm,
Sträucher, die einen Fruchtholzschnitt erhalten, 200 bis 250 cm,
Sträucher, die für Abpflanzungen oder Schutzpflanzungen verwendet werden, 200 cm.

Soll in Ausnahmefällen mehrreihig gepflanzt werden, so ist der Reihenabstand um 100 cm größer als der Pflanzabstand in der Reihe zu bemessen.

Durchführung der Pflanzung

Gleich, welche Art der Bodenvorbereitung getroffen wurde, werden wir zum Pflanzen nur so viel Erde ausheben, wie nötig ist, um alle Wurzeln bequem im Pflanzloch unterzubringen. Die Wurzeln werden nur soweit eingekürzt, wie sie beschädigt sind. Die Pflanzen setzen wir so tief, wie sie zuvor standen; es macht jedoch nichts aus, wenn sie etwas tiefer kommen. Nach dem Pflanzen ist die Erde mäßig anzutreten und mit einer Kanne Wasser anzugießen. Anschließend wird die Pflanzscheibe geglättet und dick mit Torf oder Stroh bedeckt, damit die Wurzeln ständig und gleichmäßig feucht bleiben.

Bodenpflege

Bodenbedeckung und Bodenbearbeitung

In den ersten Standjahren ist es zweckmäßig, die Pflanzscheibe mit einem Durchmesser von 60 bis 80 cm mit lockerem organischem Material zu bedecken. Das Anwachsen und die Jugendentwickung werden dadurch sehr gefördert. Später wird man, je nach Bodengüte, Niederschlagshäufigkeit und allgemeinen Bedingungen, regelmäßig flache Bodenbearbeitung durchführen, Bodenbedeckung mit organischem Material oder Raseneinsaat vornehmen.

Die **Bodenbearbeitung** erfolgt, wie beim übrigen Strauchobst, abwechselnd mit Handgrubber und Schuffel bzw. Zughacke, so oft es zur Unkrautbekämpfung nötig ist. **Bodenbedekkung** kann mit beliebigem organischem Material, wie Stroh, Torf, Staudenabfällen, Rindenabfällen usf. vorgenommen werden und wirkt sich sehr günstig auf Wachstum und Ertrag der Sträucher aus. Wichtig ist regelmäßiges Nachdecken. Das Auflesen abgefallener Nüsse wird durch die Deckschicht leider erschwert. Der gleiche Nachteil zeigt sich bei **Raseneinsaat**. Der Rasen muß zur Erntezeit unbedingt kurz gehalten werden. Graseinsaat ist nur auf genügend feuchten Böden und bei hinreichenden Niederschlägen erfolgreich möglich, leidet

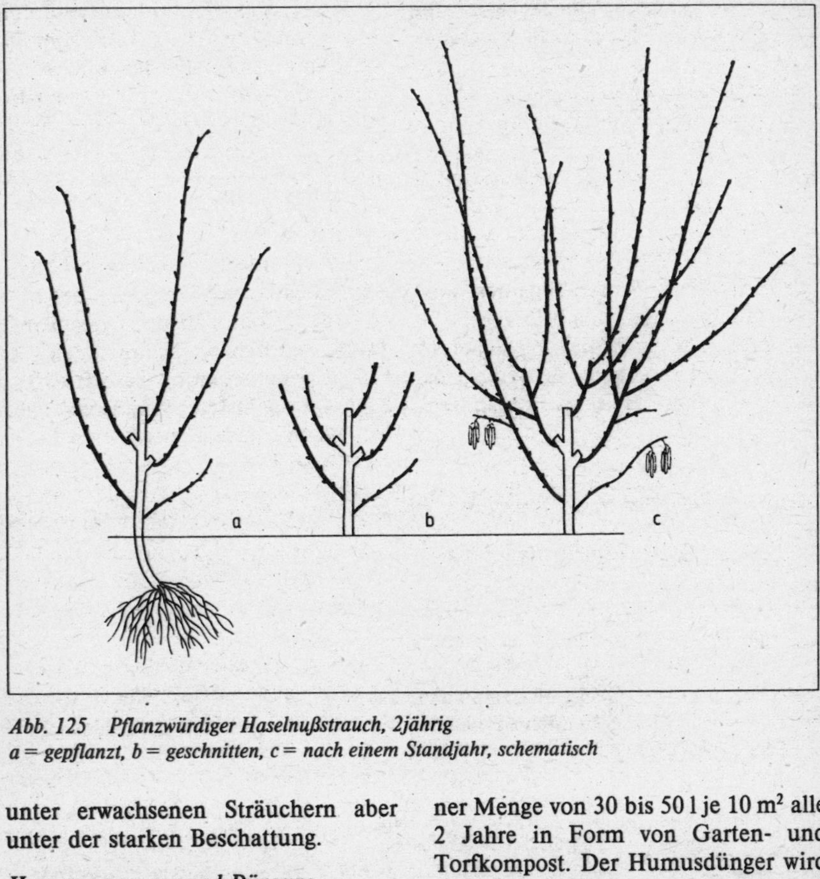

Abb. 125 Pflanzwürdiger Haselnußstrauch, 2jährig
a = gepflanzt, b = geschnitten, c = nach einem Standjahr, schematisch

unter erwachsenen Sträuchern aber unter der starken Beschattung.

Humusversorgung und Düngung

Regelmäßige **Humusversorgung** wirkt sich ebenso günstig aus wie bei den übrigen Obstgehölzen. Die Art und Menge der Versorgung richtet sich ganz nach der Art der Bodenpflege. Bei regelmäßiger Bodenbedeckung mit organischem Material erübrigt sich anderweitige Humuszuführung. Dort, wo der Boden offen gehalten wird, verabfolgt man, wie bei Beerensträuchern, organische Dünger in einer Menge von 30 bis 50 l je 10 m^2 alle 2 Jahre in Form von Garten- und Torfkompost. Der Humusdünger wird im zeitigen Frühjahr ausgebracht und mit der Grabegabel oder dem Handgrubber eingearbeitet. Bei Raseneinsaat gibt man die gleiche Menge fein zersetzten Kompost alle 3 Jahre. Er wird im Spätherbst ausgebracht und mit der Eisenharke gleichmäßig auf den kurzgeschorenen Rasen verteilt.

Auch beim Haselnußstrauch kommen wir nicht ohne **mineralische Düngung** aus, wenn wir befriedigende Erträge erzielen wollen. Während der Ertragszeit sind je 10 m^2 jährlich folgende Nährstoffmengen zu verabreichen:

40 g Reinstickstoff (N),
10 g Reinphosphor (P),
65 g Reinkalium (K).

Die Stickstoffgabe teilt man und gibt etwa die Hälfte im zeitigen Frühjahr, März/April, den Rest bis Ende Mai. Kalium und Phosphor werden einmal im Verlauf des Winterhalbjahres, wie beim übrigen Strauchobst, gegeben. Umgerechnet auf die verfügbaren Düngemittel ergeben sich die im nachstehenden Beispiel genannten Mengen:

großer Trockenheit im Früh- und Hochsommer wirkt sich mäßige Bewässerung positiv auf den Blütenknospenansatz und den Ertrag aus. Im Jahr nach dem Pflanzen ist jedoch für ständige, ausreichende Feuchtigkeit im Boden zu sorgen.

Kronengestaltung

Es ist im allgemeinen nicht üblich, Haselnußsträucher zu schneiden. Erziehung lockerer, lichter Kronen und durch jährlichen Schnitt bewirkte Fruchttrieberneuerung schaffen aber auch hier günstige Voraussetzungen für regelmäßigen, hohen Ertrag.

Düngebeispiel für 10 m^2 ertragsfähige Haselnußstrauchpflanzung bei zweijährigem Düngeturnus[1]

Düngezeitpunkt	Einnährstoffdünger	Volldünger
1. Jahr		
November/Feburar	30 l Kompost	
	60 g Schwefelsaures Kali	–
	45 g Alkalisinterphosphat	–
März/April	50 g Schwefelsaures Ammoniak	90 g Piaphoskan blau-extra
Mitte bis Ende Mai	15 g Piaphoskan grün	70 g Piaphoskan blau-extra
2. Jahr		
November/Februar	120 g Schwefelsaures Kali	–
	90 g Alkalisinterphosphat	–
März/April	100 g Schwefelsaures Ammoniak	180 g Piaphoskan blau-extra
Mitte/Ende Mai	50 g Piaphoskan grün	140 g Piaphoskan blau-extra

[1] *Alle 2–3 Jahre ist Kalkdünger in einer Menge von 1000 g je 10 m^2 zu verabreichen, um die neutrale Bodenreaktion aufrechtzuerhalten.*

Bewässerung

Zwar ist für den Haselnußstrauch ein frischer Boden günstig, doch kommt er unter günstigen Boden- und Klimaverhältnissen im allgemeinen ohne zusätzliche Bewässerung aus. Nur bei

Erziehung

Sofort nach dem Pflanzen werden die vorhandenen Triebe bis auf den kräftigsten, möglichst geraden und aufrechtstehenden vereinzelt und dieser auf Kniehöhe zurückgeschnitten.

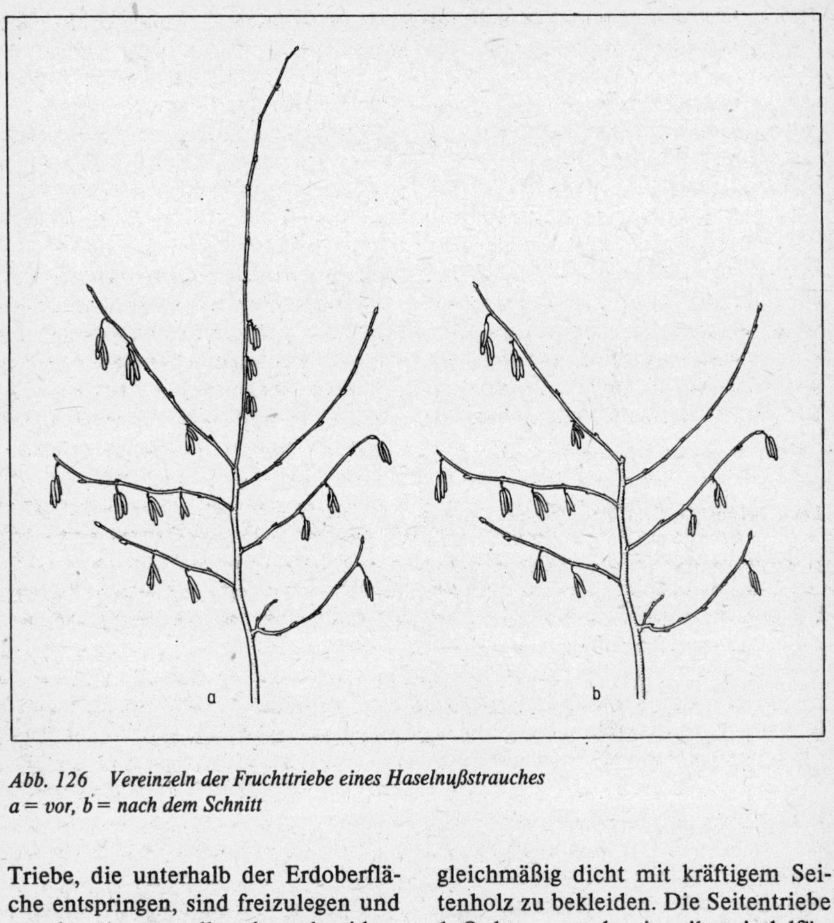

Abb. 126 Vereinzeln der Fruchttriebe eines Haselnußstrauches
a = vor, b = nach dem Schnitt

Triebe, die unterhalb der Erdoberfläche entspringen, sind freizulegen und an der Ansatzstelle abzuschneiden. Die in der Folgezeit an der Triebspitze entstehenden Seitentriebe schneidet man auf wenige Knospen zurück, bis die Austriebe eine Länge von wenigstens 60 cm erreicht haben. Von ihnen beläßt man 4 bis 5 als Gerüstäste und formiert sie durch Stäben und Spreizen zu einer Art **Hohlkrone**. Durch mäßigen Rückschnitt um etwa $^1/_3$ ihrer Länge veranlaßt man sie, sich gleichmäßig dicht mit kräftigem Seitenholz zu bekleiden. Die Seitentriebe 1. Ordnung werden jeweils spindelförmig eingekürzt. Stockausschläge sind regelmäßig jährlich restlos zu beseitigen. Dadurch erreicht man, daß die Strauchmitte frei bleibt und die Wuchskraft der Fruchttriebbildung zugute kommt.

Instandhaltung

Hat der Strauch eine Höhe von 2 bis 2,5 m erreicht, unterbleibt jeder weitere Rückschnitt einzelner Triebe. Vielmehr werden die Austriebe des Bekleidungsholzes jährlich auf einige basisnahe Triebe vereinzelt. Diese sollen möglichst waagerecht stehen. Dadurch erreicht man dauernde kräftige Triebbildung an den basalen Teilen des Strauches, gleichzeitig die Bildung kräftiger fruchtbarer Kurztriebe sowie eine Begrenzung des Wachstums nach oben und eine gute Belichtung aller Kronenteile. Unmittelbar am alten Holz (Gerüst- und Seitenästen) entstandene unfruchtbare Triebe, d. h. solche, die keine Troddeln aufweisen, beläßt man nur, wenn sie zur Ergänzung des Bekleidungsholzes herangezogen werden können. Sonst entfernt man sie restlos, ebenso wie in die Kronenmitte hineinstehende oder steil nach oben wachsende kräftige Triebe. Weiterhin sind aus der Strauchbasis entstehende Langtriebe regelmäßig zu beseitigen.

Nur gelegentlich sind abgängige Gerüstäste, ähnlich wie beim übrigen Strauchobst, durch günstig stehende Bodentriebe zu ersetzen. So behandelte Sträucher sind leichter zu beernten und tragen regelmäßiger als nur zeitweilig ausgelichtete oder gänzlich ungeschnittene.

Krankheiten und Schädlinge und ihre Bekämpfung

Am Haselnußstrauch sind eine ganze Reihe von Schädlingen und Krankheiten anzutreffen, doch nur wenige haben sich als wirtschaftlich bedeutsam erwiesen und erfordern besondere Bekämpfungsmaßnahmen. Einbeziehung des Haselnußstrauches in die üblichen obstbaulichen Pflanzenschutzmaßnahmen hat sich als günstig erwiesen.

Haselnußbohrer

Dieser kleine, gelbbraune Rüsselkäfer richtet in vielen Pflanzungen einen nicht zu übersehenden Schaden an, der ohne planmäßige Bekämpfung den Anbau in Frage stellen kann. Der 6 bis 9 mm große Käfer erscheint im Mai/Juni. Das Weibchen legt von Juni bis Juli seine Eier einzeln an den Nüssen ab. In diesen frißt die Larve bis September und begibt sich, nachdem sie ausgewachsen ist, nach außen, überwintert im Boden und verpuppt sich dort im Frühjahr. Der Schaden wird durch das vorzeitige Braunwerden, ggf. das Abfallen der Nüsse und das 1 bis 2 mm große Ausbohrloch deutlich.

Die **Bekämpfung** des sehr verborgen lebenden Käfers ist möglich durch Hühnereintrieb, Abklopfen und Sammeln der Käfer in den Morgenstunden des Mai und Juni, solange sie noch klamm sind, sowie das Spritzen mit Kontaktinsektiziden (z. B. „Wofatox-

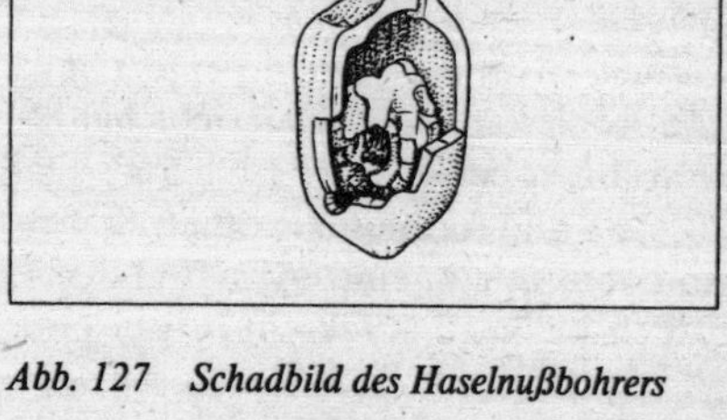

Abb. 127 Schadbild des Haselnußbohrers

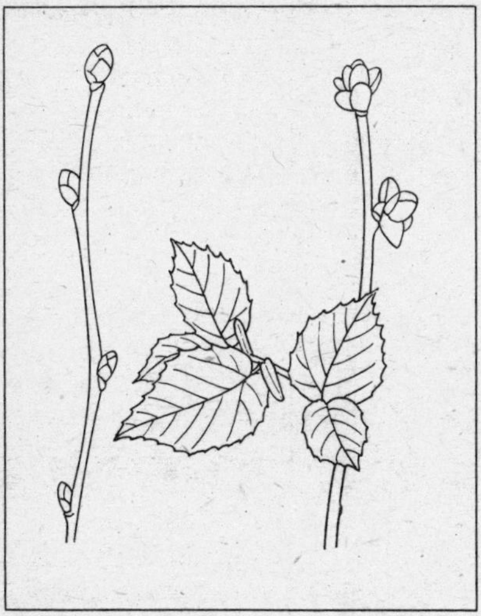

Abb. 128 Schadbild der Haselnußgallmilbe. Links im Winter, rechts nach dem Austrieb

Spritzmittel“, „bercema-Spritz-Lindan 50“) von Mitte Mai bis Mitte Juni im Abstand von 10 Tagen. Die Bekämpfung wird dadurch erschwert, daß der Haselnußbohrer auch die Eiche befällt und von dort zuwandert.

Haselnußgallmilbe

Kugelig angeschwollene Knospen an den Trieben zeigen den Befall mit der Gallmilbe an. Im Frühjahr treiben diese Knospen nicht normal aus; sie spreizen sich nur mit verkümmerten Blättchen. In ihnen haben die Gallmilben überwintert und sich vermehrt. Im Mai wandern sie ab und dringen in die Knospen des neuen Austriebs ein. Trockener Standort sowie feuchte und kühle Witterung im Frühjahr und Sommer begünstigen die Vermehrung.

Als **Bekämpfung** im Garten genügt es, neben guter Allgemeinpflege, die befallenen Triebe vor dem Austrieb im zeitigen Frühjahr abzuschneiden und zu verbrennen. Gegebenenfalls kann „Fentoxan“, wie bei der Johannisbeerknospengallmilbe beschrieben, eingesetzt werden.

Ernte der Haselnüsse

Haselnüsse werden je nach Sorte im Laufe des Septembers reif. Die Reife einer Sorte erstreckt sich über mehrere Tage. Sie zeigt sich daran, daß sich die Nüsse braun färben und aus den Hüllblättern fallen bzw. daß ganze Fruchtstände abfallen. Damit die abgefallenen Nüsse leichter gefunden werden, ist Unkrautbewuchs etwa 2 Wochen vor der Ernte zu beseitigen und der Boden unmittelbar vor der Ernte fein zu harken. Grasbewuchs ist kurzzuschneiden. Von Sträuchern, die nicht höher als 3 m sind, ist es zweckmäßig, nach Eintritt der Vollreife die Fruchtstände abzupflücken. Das geht am besten an einem trockenen Tag. Die Fruchtstände läßt man einige Tage in flachen Horden nachreifen und kann dann ohne Mühe die Nüsse aus den Hüllen lösen. Die geernteten Nüsse werden in Horden in dünner Schicht oder in grobmaschigen Säcken (Zwiebelsäcken) aufbewahrt. Auf diese Weise halten sie sich wenigstens ein Jahr.

Haselnußsorten

In unserem Raum kommen zahlreiche Sorten zum Anbau. An dieser Stelle werden nur die drei aufgeführt, die zur Vermehrung in den Baumschulen zugelassen sind.

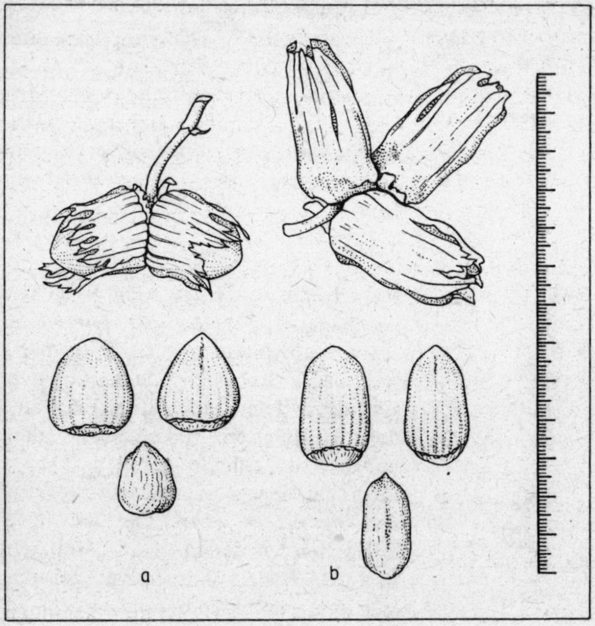

Abb. 129 Fruchtformen der Haselnuß (nach Stritzke). a = 'Hallesche Riesennuß', b = 'Webbs Preisnuß'

Cosford

Frucht: Nuß groß, länglich oval, Schale dünn, hell; Samenkern wohlschmeckend.
Strauch: Wächst stark, aufrecht; guter Pollenspender, z. T. selbstfruchtbar (50 % gegenüber Fremdbefruchtung).

Hallesche Riesennuß

Frucht: Einzeln oder in Büscheln bis zu 5 an mittellangem Stiel; Hülle zerschlitzt, so lang wie die Nuß; Nuß groß, kegelförmig, Schale mitteldick, glänzend braun; Kern groß, beschuppt.
Strauch: Wächst stark, breit; guter Pollenspender; Ertrag spät, hoch, regelmäßig.

Webbs Preisnuß

Frucht: Meist in Büscheln zu viert an sehr kurzem Stiel; Hülle etwas länger als die Nuß, bis zur Hälfte geschlitzt; Nuß groß, länglich oval, breitgedrückt, mit Längsfurchen, Schale dick, hellbraun, graufilzig behaart; Samenkern groß, glatt, wohlschmeckend.
Strauch: Wächst mittelstark, aufstrebend; guter Pollenspender.

Arbeitskalender

Januar

Die ruhige Zeit des Jahres dazu benutzen, den Gartenplan zu ergänzen und zu berichtigen. Zugleich die im kommenden Jahr vorzunehmenden Arbeiten im Beerenobstgarten aufzeichnen. Dazu den Düngemittel-, Pflanzenschutzmittel- und Pflanzenbedarf ermitteln. Geräte und Werkzeuge in Ordnung bringen, säubern, Metallteile einfetten, damit sie nicht rosten. Spalier- und Stützgerüste durchsehen, in Ordnung bringen, alte Bindungen durch neue ersetzen.
Bei offenem Wetter das Land, das für die Pflanzung von Beerenobst vorgesehen ist, tief lockern, Pflanzstellen ausmessen, markieren, Pflanzgruben ausheben, Pfähle setzen.
Bei mildem Wetter Sträucher auslichten, instand setzen, verjüngen. Rückschnitt von Trieben erst ab Februar vornehmen. Kräftige Triebe von Johannis- und Stachelbeeren zur Steckholzgewinnung aufbewahren und an schattigem Ort frostgeschützt einschlagen. Absterbende, kranke oder schwer geschädigte Sträucher roden und verbrennen.

Februar

Die im Januar nicht abgeschlossenen Aufräumungs- und Instandsetzungsarbeiten fortsetzen. Bei offenem Wetter ab Monatsende Boden unter den Sträuchern flach umgraben, Humusdünger, Kalk, Kali und alkalische Phosphordünger ausstreuen und einarbeiten.
Schnittarbeiten fortsetzen. Mit dem Fruchtholzschnitt bei Johannis- und Stachelbeeren und dem Rebschnitt Mitte des Monats beginnen. Kräftige Langtriebe von Johannisbeere, Stachelbeere und Weinrebe zu Steckholz verarbeiten und auf vorbereitete Beete stecken bzw. bis zum Stecken einschlagen.
Obstgehölze und Weinreben an Südwänden und Südhängen vor starker Besonnung durch Kalkmilchanstrich oder Bedecken mit Matten schützen. Erdbeeren an solchen Standorten mit leichter Strohdecke versehen.
Bei Schnittarbeiten die von pflanzlichen und tierischen Schädlingen befallenen Triebe und Äste – Stachelbeermehltau, Himbeerrutenkrankheit, Johannisbeerknospengallmilbe u. a. – abschneiden und verbrennen.

März

Bodenbearbeitung fortsetzen. Humusdünger und Düngesalze ausstreuen und flach einarbeiten. Gegrabenes Land mit Grubber und Harke glätten. Pflanzscheiben mit Stroh, Stalldung oder Torf bedecken. Erdbeerbeete säubern, abgestorbenes Laub beseitigen.
Schnitt der Beerensträucher und Weinreben bis Mitte des Monats abschließen. Triebe und Ruten von

Weinreben und Beerensträuchern, die an Stützgerüsten stehen, einzeln anbinden.
Bei offenem Wetter Beerensträucher pflanzen, sofort Pflanzschnitt vornehmen, gut angießen, Pflanzscheibe mit Stalldung oder Torf bedecken. Stämmchen lose an den Pfahl binden.
Triebe von Stachelbeeren, Gartenheidelbeeren und Haselsträuchern zur Gewinnung von Ablegern bzw. Absenkern in den Boden einlegen.
Nachwinterspritzung mit Oleo-Wofatox bis zum Beginnn des Knospenschiebens durchführen. Stachelbeeren bei starkem Befall mit Amerikanischem Stachelbeermehltau mit Schwefelmitteln spritzen. Beerensträucher, insbesondere Johannisbeeren, zum Schutz der Knospen gegen Verbiß durch Vögel zusammenbinden oder mit Netzen und alten Gardinen überspannen.

April

Frühjahrspflanzung der Beerensträucher bis Mitte des Monats fortsetzen. Ballenpflanzen, z. B. von Brombeere, Gartenheidelbeere und Weinrebe, können auch bis in den Mai hinein gesetzt werden. Sträucher nach dem Pflanzen gut wässern, Pflanzschnitt nicht versäumen. Erdbeeren jetzt pflanzen.
Bodenbearbeitung fortsetzen. Im Herbst tief gelockerten oder in guter Kultur befindlichen Boden zum Schutz gegen Wasserverlust nur oberflächig lockern. Bei tieferer Bodenbearbeitung zwecks Unterbringen von Unkraut, Gründüngung oder Stalldung nach Ende April – bei leichtem Boden auch früher – Boden sofort danach antreten, um Bodenschluß herzustellen; danach mit der Harke aufrauhen. Anfang des Monats Stickstoff und Kalisalze, Superphosphat und Volldünger streuen und flach einarbeiten.
Erdbeerbeete säubern, trockenes Laub entfernen, Boden flach bearbeiten, glätten, ggf. formieren und mit schwarzen Folienbahnen bedecken; vorher Dünger einbringen.
Stachelbeeren zum Schutz gegen Stachelbeerblattwespe vor der Blüte mit Phosphorinsektiziden stäuben. Erdbeerstauden bis 10 Tage vor der Blüte gegen Erdbeermilbe spritzen. Bei allen späteren Spritzungen insbes. zu Baumobst auf blühende Unter- und Nachbarkulturen achten. Diese zum Schutz der Bienen mit Papier oder Folie bedecken. Sonnenschutzmatten an trüben Tagen entfernen. Matten und Stroh als Frostschutzmittel bereitstellen, bei Frostgefahr aufbringen, danach umgehend abziehen.

Mai

Flache Bodenbearbeitung fortsetzen. Bei trockenem Wetter die frisch gepflanzten Sträucher und Erdbeeren wässern. Ertragsfähige Erdbeeren bei Trockenheit vor der Blüte bewässern. Nach der Blüte zum Schutz der Früchte gegen Verschmutzung Stroh oder Holzwolle auslegen. Mitte Mai zweite Stickstoff- bzw. Volldüngergabe verabfolgen und einarbeiten bzw. flüssig düngen. Bei Bestellung der im Sommer oder im Herbst mit Beerenobstgewächsen zu bepflanzenden Flächen solche Vorkulturen wählen, die rechtzeitig das Land räumen können. Bei akuter Spätfrostgefahr Erdbeerbeete und Wandspaliere mit Matten, Stroh und dgl. bedecken, diese danach sofort wieder entfernen. Erdbeeren gegen Grauschimmel behandeln. Weinreben vorbeugend mit Kupfermitteln gegen Falschen Mehltau spritzen. Schutz gegen Vögel nach dem Austrieb wieder beseitigen.

Juni

Flache Bodenbearbeitung fortsetzen. Bei Trockenheit zur Sicherung des Fruchtertrages Beerensträucher und Erdbeeren wässern. Vermehrungsbeete von Unkraut frei halten. Zu Gartenheidelbeeren die dritte Volldüngergabe ausbringen.
Triebe der Weinrebe nach der Blüte vier Blatt über dem obersten Geschein entspitzen, Tragreben heften, Geiztriebe auf 1 Blatt entspitzen.
Blattläuse nach der Blüte allgemein mit Phosphorinsektiziden bekämpfen; Mittel wirken auch gegen Stachelbeerblattwespe. Reifende Beeren gegen Vogelfraß durch Scheuchen schützen, diese nach der Ernte sofort wieder entfernen.
Mit Erdbeerernte beginnnen. Ende des Monats volltragende Stachelbeersträucher auspflücken (Grünpflücke).

Juli

Erdbeeren nach der Ernte säubern, Laub abschneiden, Bandbreite der Reihen begrenzen. Zur Jungpflanzengewinnung Boden mit Komposterde verbessern, wässern. Erdbeerbeete für Neupflanzungen vorbereiten, mit Torfkompost oder verrottetem Stalldung verbessern. Ab Ende des Monats Erdbeerpflanzen zum Zweck der Jungpflanzengewinnung abranken, Jungpflanzen setzen, möglichst Ballenpflanzen verwenden, gut angießen, feucht halten.
Bodenbearbeitung unter Sträuchern fortsetzen. Ende des Monats ggf. Gründüngungspflanzen einsäen. Erdbeeren nach der Ernte mit Volldünger versorgen: einmaltragende Sorten einmal Ende des Monats, mehrmalstragende Sorten zweimal, sofort nach der ersten Ernte, dann nach drei Wochen. Beerenobst bei Trockenheit wässern.
Bei Weinreben fruchtbare Triebe an das Spalier heften, Geiztriebe entspitzen, unfruchtbare Triebe beseitigen. Bei Brombeeren junge Ruten an das Stützgerüst heften, Geiztriebe, sobald sie mehr als handlang sind, auf 2 Blatt entspitzen. Triebspitzen rankender Brombeersorten zwecks Bewurzelung flach in den Boden einlegen.
Blattläuse an Beerenobststräuchern bekämpfen. Erdbeeren Ende Juli/Anfang August zweimal gegen Erdbeermilbe spritzen. Fruchtbehangene Äste der Beerensträucher abstützen bzw. hochbinden. Tragruten von Weinreben und Brombeeren nachheften. Johannisbeeren, Stachelbeeren, Himbeeren und Gartenheidelbeeren ernten. Erdbeerernte fortsetzen.

August

Pflanzpläne für Herbst und Frühjahr fertigstellen, nachdem die Gehölze zuvor (über den VKSK) bei der Baumschule bestellt wurden. Erdbeerpflanzung bis Ende des Monats fortsetzen.

Strauchbeerenobst nach der Ernte mit Superphosphat düngen, nach sehr hohem Ertrag unmittelbar nach der Ernte auch eine Volldüngergabe verabreichen. Bei sehr starker Trockenheit wässern, besonders die im Spätsommer reifenden Arten und Sorten. Abgeerntete Himbeerruten und überflüssige schwache Wurzelschosse zwischen den Reihen beseitigen. Auch an Johannis- und Stachelbeeren können fällige Auslichtungsarbeiten im Anschluß an die Ernte durchgeführt werden. Brombeerruten weiterhin an das Stützgerüst heften. Geiztriebe entspitzen. Wein entgeizen, Haupttriebe heften und über dem 8.–10. Blatt kappen.
Blattfallkrankheit an Johannis- und Stachelbeeren sofort nach der Ernte mit Kupferspritzmitteln bekämpfen, ferner Fallaub sammeln und verbrennen.
Beerenobsternte fortsetzen. Brombeeren und Weintrauben werden reif. Geerntetes Weichobst kühl und trocken aufbewahren.

September

Erdbeerbeete säubern und Ausläufer entfernen. Pflanzgruben für die Herbstpflanzung ausheben und nach ein bis zwei Wochen, nachdem der Aushub mit Torf oder Komposterde verbessert wurde, wieder schließen. Ab Ende des Monats können Ballenpflanzen von Brombeere und Gartenheidelbeere gepflanzt werden. Baumpfähle für Beerenobststämmchen setzen.
Ernte von Gartenheidelbeere, Brombeere und Wein fortsetzen. Haselnüsse ernten. Obsterträge aufzeichnen, um entsprechend der Ertragshöhe Düngungs- und Schnittmaßnahmen sowie ggf. Umstellungen oder Erweiterungen der Anlage vorzunehmen.

Oktober

Ab Anfang des Monats nach entsprechender Bodenvorbereitung pflanzen, angießen und Pflanzscheibe dick mit Torf, Stalldung oder Stroh bedecken. Beerenobststämmchen an die Pfähle binden, brüchige Bindungen erneuern.
Bewurzeltes Steckholz sowie Absenker und Ableger nach dem Laubfall herausnehmen und aufschulen, starke Pflanzen an Ort und Stelle pflanzen. Himbeerjungpflanzen gewinnen und pflanzen. Erdbeerbeete letztmals abranken.

November

Bei frostfreiem Wetter die Pflanzarbeiten fortsetzen. Für spätere Pflanzungen vorgesehenes Land tief lokkern, den Boden mit Humus und Düngesalzen verbessern (Vorratsdüngung). Boden umgraben, vorher ggf. Humusdünger ausstreuen. Zum Zwecke der Bodenbedeckung die Bodenoberfläche einebnen, glätten, organisches Deckmaterial aufbringen. Bei Erdbeeren Folienbahnen aufnehmen und unter Dach überwintern. Gründüngungspflanzen niedertreten. Kali- und Phosphatdünger ausstreuen. Laub zusammenharken, unter Kalkzugabe kompostieren.
Abgetragene Brombeerruten am Bo-

den abschneiden, am Stützgerüst belassen.

Dezember

Arbeitsplan, insbesondere Aufzeichnungen über Erträge, Dünge- und Pflanzenschutzmittel auswerten und Schlußfolgerungen für den neuen Arbeitsplan ziehen. Pflanzplan für das nächste Jahr vorbereiten. Gartenplan entsprechend den erfolgten Veränderungen ergänzen.
Pflanzung von Johannisbeeren, Stachelbeeren, Himbeeren und Haselsträuchern fortsetzen, bald abschließen. Pflanzvorbereitungen für das kommende Jahr bei offenem Wetter fortsetzen. Baumpfähle und Stützgerüste setzen und erneuern.
Beerensträucher auslichten, instand setzen, verjüngen. Pflanzschnitt spät gepflanzter Gehölze erst ausgangs des Winters vornehmen. Abgängige Sträucher oder Anlagen bei offenem Wetter roden, alsbald beseitigen.

Sachwortverzeichnis